博士论文
出版项目

环境标准法律制度研究

Research on Legal System of Environmental Standards

周骁然　著

中国社会科学出版社

图书在版编目(CIP)数据

环境标准法律制度研究 / 周骁然著 . —北京：中国社会科学出版社，2020.7
ISBN 978-7-5203-6447-8

Ⅰ.①环…　Ⅱ.①周…　Ⅲ.①环境标准—环境保护法—司法制度—研究—
中国　Ⅳ.①D922.680.4

中国版本图书馆 CIP 数据核字(2020)第 077392 号

出 版 人　赵剑英
责任编辑　梁剑琴
责任校对　闫　萃
责任印制　郝美娜

出　　　版　中国社会科学出版社
社　　　址　北京鼓楼西大街甲 158 号
邮　　　编　100720
网　　　址　http://www.csspw.cn
发 行 部　010-84083685
门 市 部　010-84029450
经　　　销　新华书店及其他书店

印　　　刷　北京君升印刷有限公司
装　　　订　廊坊市广阳区广增装订厂
版　　　次　2020 年 7 月第 1 版
印　　　次　2020 年 7 月第 1 次印刷

开　　　本　710×1000　1/16
印　　　张　23
字　　　数　322 千字
定　　　价　138.00 元

出 版 说 明

　　为进一步加大对哲学社会科学领域青年人才扶持力度，促进优秀青年学者更快更好成长，国家社科基金设立博士论文出版项目，重点资助学术基础扎实、具有创新意识和发展潜力的青年学者。2019 年经组织申报、专家评审、社会公示，评选出首批博士论文项目。按照"统一标识、统一封面、统一版式、统一标准"的总体要求，现予出版，以飨读者。

全国哲学社会科学工作办公室

2020 年 7 月

序

　　自 1986 年德国著名社会学家乌尔里希·贝克出版《风险社会》一书建立起风险社会理论体系后，该理论受到了普遍的关注和广泛的运用。其根源在于该理论揭示出了现代社会的本质特征，从而使得其具有强大的解释力。发轫于西方、起源于启蒙时代的现代性曾经是甚至依旧是国家成长的重要任务和目标，其中蕴含的一个重要目标在于通过科学技术的发展实现人类美好生活的愿景。科学技术的迅猛发展将人类从农业文明带到了工业文明社会，产业经济在急速发展之时却始终与风险相伴。这不仅仅表现在现代社会的风险无处不在且具有整体性，还意味着原本旨在控制风险的技术手段本身亦有异化为新风险之可能。因而，欲实现通过法律的社会控制，就必须往返于规范与实践之间，在导入技术理性的基础上建构适应风险的法律制度。

　　一般认为环境风险和弱势群体大量出现是工业文明所带来的现代性风险最为突出之表现，在此意义上，环境法产生的社会基础便是现代工业社会。作为一门相对年轻的学科，其具有明显的交叉学科特点，即其需要融合法律规则和生态科学法则两种逻辑。概而言之，环境法既需要遵循法律规范以人之行为为基础的固有逻辑，又必须尊重规制过程本身的科学理性逻辑。具体到制度建构中，即需将生态环境的承载能力作为整体社会制度设计的基础性考量因素。作为保障环境法与环境标准有效融合的环境标准法律制度也就在此背景下应运而生。工业社会之下的环境风险的整体性、潜在性，加之环境法本身的特质，催生出环境标准法律制度构建的必要性；而体现法律规范内在逻辑的环境法与彰显科学规律的环境标准在价值追求的一致性、认识基础的同质性以及作用方式的耦合性，使得环境标准法律制度的构建具有可能性。

骁然博士的专著《环境标准法律制度研究》正是在该领域进行的初步探索。纵观全书，问题意识明确、结构合理、论证充分、新见迭出，值得推荐。首先，以风险社会相关理论为起点，详细论证了环境标准法律制度的生成基础。工业文明的推进使得现代社会在整体上和普遍意义上受到风险的威胁，而环境风险便是其应有之义，并进一步从理论上证实了环境法与环境标准融合的可能性。在此基础上，有力地论证了环境标准法律制度是保障环境法与环境标准实现有效融合的制度路径这一观点。其次，从环境标准兼具科学理性和社会理性的特性，论证了其在环境法体系中的基础性地位。环境标准的双重特性使其成为区分"环境危险"和"环境风险"的客观依据，从而明确了国家环境危险防御义务之边界，由此决定其在环境法中的基础性地位。并进一步论证以"保护和改善环境"为核心价值的环境标准法律制度本身需要具备形式正当性、内容合理性以及实施有效性。最后，结合前文的理论分析和我国现行环境标准法律制度的症结所在，讨论如何具体建构"三位一体"的环境标准法律制度。以环境标准的定位、体系以及援引方式三个方面来确立实现形式正当性保障功能的环境标准援引法律制度；从完善制定程序、构建修订程序以及建立环境标准诉讼程序三个方面来建立实现内容合理性保障功能的环境标准制定修订法律制度；从权力制约效力、行为管制效力和侵害矫正效力的体系整合来实施实现有效性保障功能的环境标准法适用法律制度。

当然，本书依然存在一些"不掩瑜"的"瑕"。在形式上，作为制度研究的著作在域外文献的掌握和运用上显得单薄和一定程度上的流于形式；在实质论证上，将风险社会作为论证的起点，在具有相当新颖性的同时也存在结合不够紧密导致说服力不够的问题，并由此导致环境法和环境标准之间逻辑差异以及对风险社会的融合之论证也存在不足。这有待于骁然在以后的研究中进一步深挖。

骁然是我指导的博士生，为人谦逊，勤奋好学。博士学位论文获得评审专家和答辩委员会的一致好评，被评为优秀论文，并以此为基础申请获得了国家社科基金后期资助项目。本书便是在其博士论文的基础上进一步修改而成的。为人师者，看到学生能够著书立说，心中不由多了些自得甚至些许骄傲。更为重要的是，希望骁然能够进一步凝练研究命题，游走于理论与现实之间，从而在环境法研究方面取得更多的成果。

是为序！

徐以祥
2020 年 2 月于山城重庆

摘　　要

　　在环境法应对和解决环境问题的过程中，必须将以体现人类社会行为逻辑的法律规则与体现自然生态规律的科学法则相结合，以真正实现人类社会与生态环境之间的和谐、有序。环境标准法律制度之所以生成的基础，在于在环境法律体系内部形成一种常态化、稳定化、体系化的制度支撑，以保障体现社会理性的环境法律规范与体现科学理性的环境标准规范之间的融合，以在环境法内部实现社会理性与科技理性的协调、互动。

　　构筑能够实现环境法与环境标准有序融合的环境标准法律制度，需要在理论上全面阐释环境标准法律制度的体系地位、价值目标、功能定位以及结构体系，并结合我国环境标准法律制度的存在的问题，提出构筑环境标准法律制度的具体实践方案。首先，环境标准法律制度在现代环境法治国家的环境法律制度体系中处于基础性地位，其在根本上决定了国家应对和解决具体环境问题的具体方式。其次，环境标准法律制度作为基础性环境保护法律制度，其价值目标的确定应当与国家环境保护义务和环境基本法的目标保持一致，即"保护和改善环境"。再次，构建环境标准法律制度的目的就在于保障环境法与环境标准的有效融合，故而应将环境保护法律制度的功能定位于保障环境标准的形式合法性、内容合理性以及实施有效性。最后，在功能定位的指引下，确立由实现形式正当性保障功能的环境标准援引法律制度、实现内容合理性保障功能的环境标准制定修订法律制度以及实现实施有效性保障功能的环境标准法适用法律制度，组成的"三位一体"的环境标准法律制度体系。

我国现行的环境标准法律制度存在援引法律制度缺失、制定修订法律制度残缺以及适用法律制度混乱的问题，针对上述问题应确立以构建环境标准援引法律制度、完善环境标准制定修订法律制度以及整合环境标准适用法律制度为内容的回应方案。首先，通过明确环境标准的法律性质、优化环境标准的体系结构以及确立环境标准援引方式，构建环境标准援引法律制度。其次，通过完善现有残缺的环境标准制定法律制度、落实现有处于虚位状况的环境标准修订法律制度、建立环境标准诉讼制度，完善环境标准制定修订法律制度。最后，通过强化环境标准权力制约效力和重塑环境标准侵害矫正效力，整合环境标准适用法律制度。最终使以保障环境标准形式正当性、内容合理性以及实施有效性为功能的"三位一体"的环境标准法律制度最终形成，进而实现对环境法与环境标准融合全过程的制度性支撑，以保障在风险应对过程中社会理性与科技理性的有效互动与配合，确保环境法能有效地回应风险社会中的环境风险。

关键词：环境标准；环境标准法律制度；国家环境保护义务；保护并改善环境；环境标准援引法律制度；环境标准制定修订法律制度；环境标准适用法律制度

Abstract

In the process of using environment laws to deal with environmental issues, legal rules revealing the behavioral logic of the human society should be combined with scientific rules reflecting the laws of the nature, to achieve harmony and order between human society and the environment. The legal system of environmental standards is based on a regular, stable, and systematic institution within the environmental law system, to ensure environmental laws reflecting social rationality integrated with environmental standards reflecting scientific rationality, and to achieve coordination and interaction between social and scientific rationality within environmental laws.

To build a legal system of environmental standards that can integrate environmental laws with standards, it's required to have a comprehensive theoretical interpretation on the positioning, value proposition, functions, and structure of the legal system of environmental standards and put forward specific proposals based on the existing problems confronting China's legal system of environmental standards. First, the legal system of environmental standards enjoys a fundamental position in the environmental law system of a country with environmental laws in modern times, which essentially determines how the country deals with specific environmental problems. Second, the value proposition of the legal system of environmental standards as the basic legal system of environmental protection, should be consistent with the objectives set out in the national environmental protection obligations and the basic environment law, i. e. "environmental protection and improvement". Third, as the legal system of environmental standards is built to ensure effective integration of environmental laws with environmental standards, the functions of the legal system of environmental protection should be defined as ensuring the legality of the form of environmental standards, rationality of their contents, and effectiveness of their implementation. Last but not least, a "trinity" legal system of environmental standards is to be built based on the functions, featuring a legal system of invoking environmental standards with the function of form legality, a legal system of developing and revising environmental standards with the function of content rationality, and a legal system of applying environmental standard laws with the function of implementation effectiveness. There are some problems in the current legal system of environmental standards in China, such as the lack of reference legal system, the incomplete formulation and revision of legal system, and the confusion of applicable legal system. In view of the above problems, a response plan is established to construct the reference legal system of environmental standards, improve the formulation and revision of legal system of environmental standards, and integrate the applicable legal system of environmental standards. First of all, by clarifying the legal nature of environmental standards, optimizing the system structure of environmental standards and establishing the way of environmental standards citation, the legal system of environmental standards citation is constructed. Secondly, through the improvement of the existing incomplete environmental standard formulation legal system, the implementation of the existing environmental standard revision legal system, the establishment of environmental standard litigation system, improve the process of environmental standard formulation and revision legal system. Finally, by strengthening the power restriction effect

of environmental standards and reshaping the correction effect of environ-
mental standards violations, the applicable legal system of environmental
standards is integrated. Finally, the "Trinity" environmental standard
legal system with the function of ensuring the form legitimacy, content ra-
tionality and implementation effectiveness of environmental standards is fi-
nally formed, thus realizing the institutional support for the whole process
of the integration of environmental law and environmental standards, so as
to ensure the effective interaction and cooperation between social rationality
and scientific and technological rationality in the process of risk response,
and ensure the effective return of environmental law Environmental risk in
risk society should be considered.

China's current legal system of environmental standards is faced with
the problems of lack of a legal system for invoking environmental standar-
ds, an incomplete legal system for developing and revising environmental
standards, and a confusing legal system for applying environmental stand-
ards. To solve these problems, a solution that seeks to build a legal system
of invoking environmental standards, improve the legal system of develop-
ing and revising environmental standards, and rectifying the legal system
of applying environmental standards. First, build a legal system of
invoking environmental standards by defining the legal nature of environ-
mental standards, optimizing the structure of environmental standards,
and establishing the way in which environmental standards are invoked.
Second, improve the legal system of developing and revising environmental
standards by optimizing the current incomplete legal system of developing
environmental standards, implementing the current legal system of revising
environmental standards, and building a litigation system of environmental
standards. Third, rectify the legal system of applying environmental stand-
ards by enhancing the efficacy of power restriction of environmental stand-
ards and reshaping the efficacy of rectifying encroachments upon environ-

mental standards. Hence, a "trinity" legal system of environmental standards with the functions of ensuring the form legality, content rationality, and implementation effectiveness of environmental standards can be put in place in the end, laying an institutional foundation for the integration of environmental laws with standards and ensuring that environmental laws can effectively respond to environmental risks in the risk society.

Key Words: Environmental Standards; Legal System of Environmental Standards; State Obligations of the Environmental Protection; Protection and Improvement of Environment; Legal System ofInvoking Environmental Standards; Legal System of Making and Revising Environmental Standard; Legal System of Applying Environmental Standard

目　录

Contents

引　言

一　问题提炼

"这是最好的时代，也是最坏的时代；这是智慧的时代，也是愚昧的时代"①。随着科学技术的不断发展，人类利用自然、改造自然的能力得到了不断的提升。在大量地创造物质财富的同时，也不可避免地产生了大量的现代性风险，环境风险就是这类现代性风险的典型代表。我国作为后发国家，在40多年社会经济的快速发展过程中，累积了大量的生态环境风险。近15年来，我国已经进入生态环境问题的高发期，从2005年的松花江水污染事件、2011年的康菲渤海石油泄漏事件，到持续发酵的大规模雾霾，再到最近几年曝光的腾格里沙漠污染事件、常州"毒地"事件，反映了经济发展和生态环境保护之间冲突烈度的持续上升。② 环境污染事件的不断发生，不仅影响正常的生活、生产秩序，更严重地威胁人类的生命健康和财产安全。

为了应对日益严重的生态环境问题，党的十八大将"生态文明

---

① ［英］查尔斯·狄更斯：《双城记》，宋兆霖译，国际文化出版公司2015年版，第2页。

② 参见周骁然《论环境民事公益诉讼中惩罚性赔偿制度的构建》，《中南大学学报》（社会科学版）2018年第2期。

建设"纳入"五位一体"的总体布局，之后的一系列政策文件中也对生态环境保护方面的工作进行了重点阐述，环境保护工作的地位不断上升。党的十九大报告更是在第九部分中专门阐述了"加快生态文明体制改革，建设美丽中国"的具体要求。生态文明最显著的特点在于强调人与自然的和谐，其要求人类对于自然的利用应当遵循自然规律，对自身的发展依照自然规律加以约束。[①] 法律作为生态环境保护工作的重要制度保障，在相关工作中具有基础性的地位。在环境法体系中，环境标准虽然不是环境法的直接渊源，但其作为自然生态规律的体现，几乎为所有环境法律制度运行提供了根本性的科学性、技术性保障，其与环境法运行实施的效果、国民的生活和福利紧密关联。党的十九大报告中更是强调了通过提高环境标准以着力解决突出的环境污染问题，最终打赢"绿水青山、蓝天白云"保卫战。

尽管将环境标准法律制度视作我国环境保护法律制度体系中的基础性制度业已成为理论和实践的共识，但在相关环境保护法律规范中却尚未形成体系化的环境标准法律制度体系。在现有《环境保护法》《标准化法》《环境标准管理办法》以及各环境保护单行法中极为有限的涉及环境标准法律制度的条款中，仅仅对环境标准的类型、制定主体等环境标准法律制度中极为有限的部分制度内容进行了概括性的规定。相关法律规定的抽象性和片面性导致长期以来，我国环境标准在实践过程中面临着诸多的困境。其中代表性的问题包括：第一，环境标准的科学性、合理性存在缺陷，[②] 环境标准的实施无法保障环境保护目标的实现。在工业企业集中的区域，即使各企业严格执行污染物排放标准，环境污染状况依

[①] 参见王树义《论生态文明建设与环境司法改革》，《中国法学》2014年第3期。

[②] 参见张晏、汪劲《我国环境标准制度存在的问题及对策》，《中国环境科学》2012年第1期；施志源《环境标准的现实困境及其制度完善》，《中国特色社会主义研究》2016年第1期。

然无法得到有效改善，甚至有日趋加重的趋势。第二，缺乏有预见性、定期性的环境标准修订制度，[①] 众多环境标准在制定实施后长期未得到及时修订，导致环境标准的内容远远落后于社会发展的进程、与生产生活实际脱节严重。第三，环境标准在适用过程中效力不清晰，实践中不同领域环境标准效力存在矛盾之处。在环境污染侵权案件的审理中，法院对不同领域环境标准的效力持不同的态度，在噪声污染领域认可环境标准的效力，而在水污染等领域否认环境标准的效力。[②] 前述列举的困境，仅仅是环境标准在实践运用中的代表，而诸如此类的困境反映了我国现阶段立法中未能形成体系完整、结构合理的环境标准法律制度。立法层面上的不足则根源于，在现有理论研究中未能形成对环境标准法律制度全面、系统的认识，究其根本，现有理论研究中未能很好地回答环境标准法律制度"缘起为何""应为何物"以及"如何架构"三个层面的问题。

　　本书围绕上述三个方面的问题展开研究，以期对未来环境标准法律制度的完善和发展有所裨益。首先，通过探明环境法与环境标准融合的社会基础、理论支撑以及制度路径，阐明环境标准法律制度同环境法与环境标准融合之间的关系，以阐明环境标准法律制度"缘起为何"。其次，通过明确环境标准、环境标准法律制度与现代环境法治国家的关系，阐释环境标准法律制度的价值目标、功能定位以及体系结构，以明确环境标准法律制度"应为何物"。最后，在环境标准法律制度功能定位和体系结构的指引下，结合现有环境标准法律制度存在的问题，构建、完善、整合环境标准法律制度体系中的各个具体法律制度，以描绘环境标准法律制度"如何架构"。

---

　　① 参见白贵秀《基于法学视角的环境标准问题研究》，《政法论丛》2012 年第 3 期。
　　② 参见周骁然《环境标准在环境污染责任中的效力重塑——基于环境物理学定律的类型化分析》，《中国地质大学学报》（社会科学版）2017 年第 1 期。

二　研究综述

环境标准法律制度作为环境保护法律制度中的基础性法律制度，受到了环境法学、环境管理学以及环境科学研究者的长期关注，形成了大量有关环境标准法律制度的研究成果。为了更好地对现有研究成果进行梳理，笔者将相关研究成果按照环境标准法律制度基本问题研究、环境标准制定法律制度研究以及环境标准适用法律制度三个类型进行梳理。

（一）环境标准法律制度基本问题的研究述评

针对环境标准法律制度基本问题的研究主要包括：环境标准的概念、环境标准的法律属性、环境标准法律制度的概念和体系结构，以及环境标准法律制度的价值目标四个问题。

1. 环境标准的概念

环境标准是环境标准法律制度的逻辑起点。在我国，环境标准的定义最早来源于现已失效的《中华人民共和国环境保护标准管理办法》第3条，该条规定"环保标准是为了保护人群健康、社会物质财富和维持生态平衡，对大气、水、土壤等环境质量，对污染源、监测方法以及其他需要所制订的标准"。除此之外，有关环境标准的概念均在相关环境法学教材中有所阐释。金瑞林①，蔡守秋②，吕忠梅③，曹明德④，黄锡生、李希昆⑤，汪劲⑥，陈泉生⑦，常纪文、王宗延⑧，周训芳、李爱年⑨，

---

① 参见金瑞林主编《环境法学》，北京大学出版社2016年版，第76页。
② 参见蔡守秋主编《环境资源法教程》，高等教育出版社2010年版，第175页。
③ 参见吕忠梅主编《环境法学概要》，法律出版社2016年版，第171页。
④ 参见曹明德主编《环境与资源保护法》，中国人民大学出版社2013年版，第42页。
⑤ 参见黄锡生、李希昆编《环境与资源保护法学》，重庆大学出版社2011年版，第126页。
⑥ 参见汪劲《环境法学》，北京大学出版社2014年版，第123页。
⑦ 参见陈泉生主编《环境法学》，厦门大学出版社2008年版，第103页。
⑧ 参见常纪文、王宗延主编《环境法学》，中国方正出版社2003年版，第74页。
⑨ 参见周训芳、李爱年主编《环境法学》，湖南人民出版社2008年版，第117页。

王社坤①，黄明健②，史学瀛③，窦玉珍④等学者在其最新版教材中，均对环境标准的基本概念进行了界定。针对上述环境标准的基本概念，有学者指出：相关教材中的定义大都是根据《标准化法》和《环境标准管理办法》的规定进行的简单套取，难以区分环境标准与一般标准之间的不同。⑤ 但上述的概念中已经涵盖了环境标准核心内涵，足以廓清环境标准与一般标准之间的区别：首先，环境标准本质属于技术性规则，其规定了环境保护工作中的技术规范、技术指标、技术要求；其次，环境标准属于法定性规则，环境标准需要依据法律规定，由法定主体按照法定程序加以制定；最后，环境标准属于价值性规则，环境标准本身体现了国家在环境保护工作中的价值取向，而这种价值取向由标准制定时的环境状况、经济技术水平以及公民诉求共同决定。

亚洲开发银行对环境标准的定义是"为了维护资源环境价值，对某种物质或参量设置的允许极限含量"⑥。英国皇家环境污染委员会在报告中指出："我们将环境标准理解为，任何对因人类活动所导致环境改变的可接受性的判断，将要满足如下条件（a）它是经过了某些考量之后，正式公布的，旨在适用于特定类型的案例；（b）由于它同特定的惩罚、奖励或者价值的联系，因此它被期待，将会对影响环境的行为施加正式的或非正式的影响。"⑦ 上述国外机构对于

① 参见王社坤编著《环境法学》，北京大学出版社 2015 年版，第 85 页。

② 参见黄明健《环境法制度论》，中国环境科学出版社 2004 年版，第 266 页。

③ 参见史学瀛主编《环境法学》，清华大学出版社 2010 年版，第 76 页。

④ 参见窦玉珍主编《环境法》，清华大学出版社 2008 年版，第 76 页。

⑤ 参见彭本利、蓝威《环境标准基础理论问题探析》，《玉林师范学院学报》2006 年第 1 期。

⑥ 参见张明顺主编《环境管理》，武汉理工大学出版社 2003 年版，第 243 页。

⑦ Royal Commission on Environmental Pollution, Setting Environmental Standards, 21st Report（1998）at 1.16. 转引自［英］Elizabeth Fisher《风险规制中的标准制定和对责任公共行政的探求》，宋华琳译，载杨建顺主编《比较行政法——方法、规制与程序》，中国人民大学出版社 2007 年版，第 319 页。

环境标准的定义，直截了当地阐明了环境标准的内涵特征，虽然由于法律制度的区别环境标准的法律地位在各国并不相同，但上述国外机构对环境标准的定义方式为环境标准概念的表达提供了可供参考的经验。正如有学者所言，环境标准概念应当避繁就简，直接突出环境标准的内涵特征，并指出环境标准是法律授权相关部门制定的用于控制污染、保护环境的各种技术规范的总称。①

2. 环境标准的法律属性

环境标准的法律属性是现有研究中分歧较大的问题，早期的代表性学说有：（1）违法性判断准则说。认为污染物排放标准是衡量排污行为是否合法的判定依据，② 认为"超标即违法"③。（2）环境法肯定说。主要为各类教材所采纳，认为环境标准是我国环境法体系中一个独立的、特殊的、重要的组成部分。④ （3）环境法部分肯定说。认为只有强制性的环境标准具备了法规的性质，才属于环境法体系中不可缺少的组成部分，而推荐性环境标准不属于环境法律体系的组成部分。⑤ （4）环境法关联说。该观点认为纯粹的环境标准并不属于法的范畴，即不具有环境法规的性质，但与环境法规有着紧密的联系，它只有与相关的法律规范结合成整体才属于环境法的体系。蔡守秋教授指出环境标准法是环境法的组成部分，而环境标准只有与有关环境标准的法律规定即环境

---

① 参见施志源《环境标准的法律属性与制度构成——对新〈环境保护法〉相关规定的解读与展开》，《重庆大学学报》（社会科学版）2016年第1期。

② 参见金瑞林主编《环境法学》，北京大学出版社2002年版，第134页。

③ 参见蓝文艺《环境行政管理学》，中国环境科学出版社2004年版，第151页。

④ 参见韩德培主编《环境保护法教程》，法律出版社2003年版，第124页；金瑞林主编《环境法学》，北京大学出版社2002年版，第130页；常纪文、王宗廷主编《环境法学》，中国方正出版社2003年版，第130页；蔡守秋主编《环境资源法学》，人民法院出版社2003年版，第74页；吕忠梅《环境法学》，法律出版社2004年版，第53页。

⑤ 参见彭本利、蓝威《环境标准基础理论问题探析》，《玉林师范学院学报》2006年第1期。

标准法结合在一起，才能共同形成环境法体系中的组成部分。① 王灿发教授也认为，仅仅把环境标准作为环境法体系的组成部分是不全面的，因为环境标准仅是对环境保护的各项技术要求加以限定的规范，其本身不能确定自己的作用、效力以及违反标准要求的法律责任；它只有与关于环境标准管理的法律、法规结合在一起，才能构成完整的法律规范。②（5）环境法否定说。强制性环境标准本身不属于法的规范，其具体适用需附于环境行政决定即公法上的判断……环境标准不具有判断或决定平等主体间是否存在环境妨害或者侵害的法的效力。③

随着环境法理论的不断发展，对于环境标准法律属性的认识也不断深入。杨朝霞从六个方面论述了上述早期观点存在的不足之处，并经过与环境标准文件、环境标准值、环境标准法律规范和环境标准法律制度等相关概念的辨析后，指出环境标准是由具有规章制定权限的行政主体经过非严格立法程序的法定程序而制定，内容构成和编排体例不同于行政规章，缺乏法律规范的完整结构而无独立的法律意义，但可以被准用性法律规范援引作为该规范的构成要素，因而被赋予相应的法律效力和法律意义的行政规范性文件。④ 环境标准的行政性规则说近年来也逐渐为大多数学者所接受，进而成为环境标准法律属性的主流学说，持有相似观点的学者有宋华琳⑤，栾志红⑥，常纪文⑦，

①　蔡守秋：《论环境标准与环境法的关系》，《环境保护》1995 年第 4 期。

②　王灿发：《环境法学教程》，中国政法大学出版社 1997 年版，第 55 页。

③　参见汪劲《环境法学》，北京大学出版社 2006 年版，第 210 页。

④　参见杨朝霞《论环境标准的法律地位——对主流观点的反思与补充》，《行政与法》2008 年第 1 期。

⑤　参见宋华琳《论行政规则对司法的规范效应——以技术标准为中心的初步观察》，《中国法学》2006 年第 6 期。

⑥　参见栾志红《论环境标准在行政诉讼中的效力——以德国法上的规范具体化行政规则为例》，《河北法学》2007 年第 3 期。

⑦　参见常纪文《环境标准的法律属性和作用机制》，《环境保护》2010 年第 9 期。

张晏、汪劲①，白贵秀②，施志源③等。

虽然对于环境标准的法律属性问题学界已出现达成统一的趋势，但梳理环境标准属性争议不难发现，困扰准确认识环境标准性质的根源，在于环境法与环境标准的关系问题以及环境标准法律制度范畴的问题。在展开进行进一步研究的过程中应当注意以下问题：第一，环境标准是环境法实施的重要依据和保障，并不等于环境标准本身属于环境法组成部分。第二，环境标准虽然属于具有价值性、法定性的规范性文件，但这些特征只是法律规范的必要而非充分条件，具有这些特征不能说明环境标准具备法律规范的性质。第三，属于环境法组成部分的规则，应当是指有关环境标准的法律规则，而这些法律规则共同构成了环境标准法律制度。环境法理论研究的重点应当侧重于环境标准法律制度中相关法律规则的研究，而非高度专业性、技术性的环境标准规范本身。

3. 环境标准法律制度

在有关环境标准法律性质的学说中，"环境法关联性说"虽然未能直接解决环境标准的法律性质问题，但其观点基本阐明了环境标准、环境标准法与环境标准法律制度之间的关系。蔡守秋教授认为，环境标准法是指因环境标准而发生的社会关系的法律规范的总称，是有关制定、实施、管理环境标准的法律规范的总体。④ 王灿发教授认为，环境标准法即指环境标准及其管理的法律规范的总称，它是由环境标准管理的法律、法规和各种环境标准共同组成。⑤ 由此可见，环境标准法是环境标准间接作用于社会关系的桥梁，而一系列

---

① 参见张晏、汪劲《我国环境标准制度存在的问题及对策》，《中国环境科学》2012 年第 1 期。

② 参见白贵秀《基于法学视角的环境标准问题研究》，《政法论丛》2012 年第 3 期。

③ 参见施志源《环境标准的法律属性与制度构成——对新〈环境保护法〉相关规定的解读与展开》，《重庆大学学报》（社会科学版）2016 年第 1 期。

④ 参见蔡守秋《论环境标准与环境法的关系》，《环境保护》1995 年第 4 期。

⑤ 参见王灿发《环境法学教程》，中国政法大学出版社 1997 年版，第 55 页。

环境标准法律规范便构成了环境标准法律制度。

在现有研究中有关环境标准法律制度的表述较为混乱，有的称为"环境标准制度"，有的称为"环境标准法"，故在对相关成果的梳理中应注意甄别。有学者认为，环境标准制度是指有关规定环境标准的制定、修改、分类、分级、标准限值、法律效力、法律意义、适用和监督的有关法律规范与文件所组成的整体。其包括：（1）环境标准文件；（2）管理性环境标准法律规范；（3）准用性环境标准法律规范。[①] 有的学者则概括了环境标准制度的内容、主体、客体及其特征，其中内容包括：环境标准本身规定的内容和环境标准法律规定形成的具有法律约束力的内容；主体包括：环境标准的制定主体和环境标准的适用主体；客体包括：制定环境标准的行为和适用环境标准的行为；特征在于其二元特征，即环境标准制定和适用的有机结合。[②] 从相关观点中不难发现，对于环境标准法律制度范围的界定学界尚未统一，而前述蔡守秋教授和王灿发教授观点的不同之处也在于环境标准法律制度的范围。综合现有观点，环境标准法律制度可能包含以下三个部分：第一，环境标准文件；第二，环境标准管理法律制度；第三，环境标准效力法律制度。从逻辑上讲，在确定环境标准属于行政规则，将其排除在法律规范的范围之外后，其本身就不应纳入环境标准法律制度之中，故而在探析环境标准法律制度具体体系结构时，应当将其排除在外。

现有的环境标准法律制度在实践之中暴露出了诸多方面的不足，直接影响了我国整体环境法运行的效果。针对环境标准法律制度存在的问题，学界进行了大量的研究。现有的研究成果主要表明了环境标准法律制度存在以下三个方面的问题：第一，环境

---

① 参见杨朝霞《论环境标准的法律地位——对主流观点的反思与补充》，《行政与法》2008 年第 1 期。

② 参见施志源《环境标准的法律属性与制度构成——对新〈环境保护法〉相关规定的解读与展开》，《重庆大学学报》（社会科学版）2016 年第 1 期。

标准援引法律制度的缺位。第二，环境标准制定修订法律制度的不完善，其具体表现为环境标准制定程序的残缺和环境标准修订程序的虚位。第三，环境标准适用法律制度的混乱，一方面，未能突出环境标准在确保落实国家环境保护义务中对政府的制约效力；另一方面，未能理顺环境标准作为国家对私人主体实施环境规制的约束效力。

4. 环境标准法律制度的价值目标

环境标准法律制度作为环境法体系中的具体法律制度，其制度目标既需要与现阶段整体环境法的价值目标相契合，又需要突出其自身制度的特色。在 2014 年全面修订《环境保护法》之后，我国环境法整体的价值目标从原有立法中的"促社会主义现代化建设的发展"转向了"推进生态文明建设，促进经济社会可持续发展"。[①] 虽然 2015 年后在此指引下，我国出台了多项环境标准，[②] 但仍无法改变我国现有整体以"经济优先"为导向的环境标准法律制度价值目标取向。

针对上述问题，现有部分研究指出我国环境标准法律制度中未能树立健康价值理念，[③] 没有确立保障人体健康的核心地位，同时过于注重技术标准而轻视价值标准。[④] 现有目标取向与建设生态文明的时代要求不相协调，把人与自然的和谐相处放在了相对次要的位置，与建设生态文明的时代要求不相符合。[⑤] 导致现有环境标准体系中健

---

① 参见 1989 年《环境保护法》第 1 条、2014 年《环境保护法》第 1 条。

② 参见王灿发主编《新〈环境保护法〉实施情况评估报告》，中国政法大学出版社 2016 年版，第 8 页。

③ 参见蒋莉、白林《关于完善我国环境标准体系的若干思考》，《理论导刊》2012 年第 5 期。

④ 参见吕忠梅、刘超《环境标准的规制能力再造——以对健康的保障为中心》，《时代法学》2008 年第 4 期。

⑤ 参见施志源《环境标准的现实困境及其制度完善》，《中国特色社会主义研究》2016 年第 1 期。

康价值导向不明确,① 标准项目中污染防治指标和公众健康指标混同不分,② 存在环境标准与健康保护之间的严重脱节。③

现有研究针对环境标准法律制度在价值目标体系上的偏差,在未来价值目标选择的问题上,基本形成了"人体健康保障说"和"二元可持续发展说"两种类型的学说。"人体健康保障说"认为,未来应确立保障人体健康在环境标准法律制度中的核心地位。其理由在于:保障人体健康是环境法律的核心价值追求,环境标准是环境法律保障人体健康的制度路径④和健康价值诉求的载体⑤。"二元可持续发展说"认为,未来应确立保护环境平衡经济发展的二元可持续发展理念。其理由在于:在中国当前的具体国情下,运用环境法阻止环境状况急剧恶化的势头,是现阶段环境法的侧重。⑥ 环境标准法律制度的价值目标应与现阶段环境法的价值目标相适应,应当在环境保护与经济发展之间寻求均衡点。⑦ 结合现阶段的情况,以"二元论"为基础的"可持续发展"的理论应当是比较恰当的选择。⑧ 张晏、汪劲则提出了折中的解决方案,建议借鉴美国、日本的做法对不同类型的环境标准分别设置其价值标准。⑨

① 参见赵立新《环境标准的健康价值反思》,《中国地质大学学报》(社会科学版) 2010 年第 4 期。

② 参见张晏、汪劲《我国环境标准制度存在的问题及对策》,《中国环境科学》2012 年第 1 期。

③ 参见谈珊《断裂与弥合:环境与健康风险中的环境标准问题研究》,华中科技大学出版社 2016 年版,第 95 页。

④ 参见吕忠梅、刘超《环境标准的规制能力再造——以对健康的保障为中心》,《时代法学》2008 年第 4 期。

⑤ 参见赵立新《环境标准的健康价值反思》,《中国地质大学学报》(社会科学版) 2010 年第 4 期。

⑥ 参见胡静《环境法的正当性与制度选择》,知识产权出版社 2009 年版,第 20 页。

⑦ 参见田信桥、吴昌东《环境标准的法学分析》,《标准科学》2009 年第 12 期。

⑧ 参见白贵秀《基于法学视角的环境标准问题研究》,《政法论丛》2012 年第 3 期。

⑨ 参见张晏、汪劲《我国环境标准制度存在的问题及对策》,《中国环境科学》2012 年第 1 期。

从现有有关环境标准法律制度价值目标的研究成果来看，其制度目标正在经历着从"经济优先兼顾环境保护"转向"在保护环境的前提下平衡经济的发展"，但制度目标的具体表达方式尚未达成一致，需要在未来的研究中予以明确。

（二）环境标准制定修订法律制度的研究述评

现有针对环境标准制定法律制度的研究主要围绕环境标准制定依据、环境标准制定制度和环境标准修订制度三个方面展开。针对环境标准制定依据的研究主要针对环境基准研究的制度保障不足而展开；环境标准制定制度的不足主要包括编制主体的选择、公众参与程序以及其他程序问题三个方面；对环境标准修订制度的讨论则主要针对实施评估和定期复审问题。

1. 环境标准制定依据

现有环境标准的科学性不强，已成为现有研究成果的基本共识。① 而科学性本身又是环境标准正当性的基础，② 科学不足的背后暴露了我国环境基准研究的不足。长期以来，我国缺乏系统的环境基准研究，现行环境标准大多是参照发达国家的环境基准或环境标准制定；③ 事实上，中国在自然地理条件、生态系统特征等方面与发达国家的差异，使得现行环境标准难以适应我国环境管理工作的需求，导致对环境"过保护"或"欠保护"的现象普遍存在。④

---

① 参见张晏、汪劲《我国环境标准制度存在的问题及对策》，《中国环境科学》2012 年第 1 期；施志源《环境标准的现实困境及其制度完善》，《中国特色社会主义研究》2016 年第 1 期。

② 参见廖建凯、黄琼《环境标准与环境法律责任之间的关系探析》，《环境技术》2005 年第 2 期。

③ 参见毕岑岑等《环境基准向环境标准转化的机制探讨》，《环境科学》2012 年第 12 期。

④ 参见周启星、王如松《乡村城镇化水污染的生态风险及背景警戒值的研究》，《应用生态学报》1997 年第 3 期；李岩《我国环境标准体系现状分析》，《上海环境科学》2003 年第 2 期；Wu F. C. , Meng, et al. , "China embarking on development of its own national water quality criteria system", *Environmental Science & Technology*, Vol. 44, No. 21, 2010, pp. 7992–7993.

　　系统的环境基准研究是科学制定环境标准的基本前提，国外学者 Fernández 将环境标准分为 3 个等级：（1）屏蔽值（screening value），表示能引起潜在生态功能失调时污染物的浓度水平；（2）清洁目标（clean-up targets），即表示修复过程中有待达成的目标，一般是在修复所需的费用和生态效益之间进行平衡后所做出的决策，有时相当于屏蔽值；（3）应急值（intervention value），表示立即需要采取清洁和控制措施的严重污染指示浓度。[①] 此分类说明了环境标准对于环境基准的高度依赖，因为相关指标的设计均需要以环境基准为基础。

　　可见，加强环境基准研究的制度保障是未来环境标准法律制度乃至整体环境法制度建设的重要内容，这也是为何 2014 年在全面修订《环境保护法》时，在有关环境质量标准的条文中专款规定"国家鼓励开展环境基准研究"[②]。现有研究也指明有关环境基准的制度设计需要注意以下几个问题：首先，由于环境基准属于自然科学研究的范畴，因此相关的工作应最大限度地减少或者排除科学因素特别是环保管理机构的影响和干扰。[③] 其次，由于环境基准研究一般周期长、耗资大，尤其是准确的环境基准资料的获得需要较长的时间。因此，国家在资助这类研究项目或课题时，必须有连续的高投入来维持。[④] 最后，环境基准的研究受制于研究介质和对象的自然可变性，可能导致结果存在不一致性。因此，需要两家以上的研究机构

[①] See Fernández M. D., Vega M. M. and Tarazona J. V., "Risk-Based Ecological Soil Quality Criteria for the Characterization of Contaminated Soils: Combination of Chemical and Biological Tools", *Science of the Total Environment*, No. 366, 2006, pp. 466-484.

[②] 参见《环境保护法》第 15 条。

[③] See Russo R. C., "Development of marine water quality criteria for the USA", *Marine Pollution Bulletin*, No. 45, 2002, pp. 84-91.

[④] See US Environmental Protection Agency, *Water Quality Criteria and Standards Plan-Priorities for the Future* (*EPA 822-R-98-003. Office of Water*), Washington D. C.: U. S. Environmental Protection Agency, 1998.

独立展开研究，以便获取数据进行比较并矫正。①

综合现有研究不难发现，强化环境基准研究的制度保障是推进环境标准科学化的必要手段。故而，在未来，一方面应当明确环境基准作为环境标准制定依据的基础性地位；另一方面也应当将强化环境基准研究保障制度作为环境标准制定修订法律制度的有机组成部分。

2. 环境标准制定制度

第一，环境标准的编制主体。前述对于环境标准制定依据和环境基准的研究只能解决认识手段科学性不足的问题，而环境标准的科学、合理，还需环境标准制定主体制度的保障。现有研究认为我国环境标准的制定主体存在中立性不足②、主体单一③等问题。针对中立性不足的问题，现有研究主要指向通过引入公众参与的方式加以解决；而针对主体单一的问题，学者主张在未来应确立通过环境保护主管部门牵头，多部门配合协调的模式加以解决④。

第二，环境标准制定的公众参与。环境标准虽然不是正式法律渊源，但其作为环境行政的起点，为所有环境行政政策指明了基本方向和目标数值，实质上它与国民的生活和福利具有比法规更加重大的关系。因此，环境标准的设定，有必要通过民主讨论的过程使其反映民意从而授予其应有的正当性。⑤ 此外，环境标准本身就是以环境基准为依据，结合现有技术条件、经济发展水平、环境状况，在经过利益衡量和妥协之后的产物，其具有天然的利益冲突的特

---

① 参见周启星等《环境基准值的科学研究与我国环境标准的修订》，《农业环境科学学报》2007 年第 1 期。

② 参见张晏、汪劲《我国环境标准制度存在的问题及对策》，《中国环境科学》2012 年第 1 期；施志源《环境标准的现实困境及其制度完善》，《中国特色社会主义研究》2016 年第 1 期。

③ 参见白贵秀《基于法学视角的环境标准问题研究》，《政法论丛》2012 年第 3 期。

④ 同上。

⑤ ［日］原田尚彦：《环境法》，于敏译，法律出版社 1999 年版，第 73 页。

征。① 众多的研究成果也将公众参与不足视为现有环境标准法律制度的重要不足，并且将加强公众参与、意见征集作为日后环境标准法律制度完善的重要方向。②

但现有研究仅仅停留在宏观主张的层面，并未能针对环境标准制定过程的特点提出具有可操作性的完善建议。环境标准由于其本身技术性、科学性的特征，在参与制度的设计过程中需要注意其特征，结合公众参与阶梯理论，在明确参与的目标、强度等问题后，建立环境标准制定中的公众参与制度。公众参与阶梯理论主要用以确定不同类型公众参与的特点，并结合其特征设计具体公众参与制度。Sherry R. Arnstein 首先提出公众参与阶梯理论，按参与程度由低到高将其分为教育、治疗、告知、咨询、安抚、合作、授权、公民控告八个阶梯。③ D. M. Connor 认为原阶梯理论存在局限，并构建了自下向上分别为教育、信息反馈、咨询、共同规划、调解、诉讼和解决/预防的新参与阶梯，试图更加系统地预防和解决具体政策项目中的公共争议。④ John Clayton Thomas 从公共管理的角度，以参与的目的为标准，将公众参与划分为以获取信息为目标的和以增强决策可接受性为目标的两种类型，并指出后者的参与深度和强度均高于前者。⑤

---

① 参见白贵秀《基于法学视角的环境标准问题研究》，《政法论丛》2012 年第 3 期。

② 参见彭本利《完善我国环境标准制定程序的立法建议》，《玉林师范学院学报》2008 年第 2 期；张晏、汪劲《我国环境标准制度存在的问题及对策》，《中国环境科学》2012 年第 1 期；白贵秀《基于法学视角的环境标准问题研究》，《政法论丛》2012 年第 3 期；曹金根《环境标准法律制度的困境与出路》，《河南社会科学》2015 年第 11 期；施志源《环境标准的现实困境及其制度完善》，《中国特色社会主义研究》2016 年第 1 期。

③ See Sherry Arnstein, "A Ladder of Citizen Participation", *Journal of the American Institute of Planners*, No. 4, 1969.

④ See D. M. Connor, "A New Ladder of Citizen Participation", *National Civil Review*, Vol. 77, No. 3, 1988.

⑤ ［美］约翰·克莱顿·托马斯：《公共决策中的公民参与》，孙柏英等译，中国人民大学出版社 2010 年版。

　　第三，环境标准制定程序的其他问题。在现有研究中有学者指出，环境标准制定缺乏整体规划，导致标准的前瞻性和预见性不够。标准的制定者不能宏观把握只能是等环境管理中出现了这样或那样的问题后，才针对这些问题来制定相应的标准。环境标准的出台到实施间隔的时间很短，使企业毫无技术准备，所以标准实施起来很难。[①] 企业不知道 5 年后或 10 年后要实行什么标准，无法提前进行技术上的准备。[②] 但相关学者并未在相关成果中提出相应的解决办法，故需在未来的研究中予以关注。

　　3. 环境标准修订制度

　　虽然《中华人民共和国标准化法实施条例》（以下简称《标准化法实施条例》）规定环境标准实施后要适时进行复审，复审周期一般不超过 5 年，但由于具体涉及环境标准的专门性法律、法规没有规定确切的复审修订时间，也没有一套对环境标准的实施效果进行适时评价的机制，致使许多环境标准难以得到及时修订。[③] 在现有研究中，环境标准实施评估机制的缺失已成为学界的共识，几乎每个涉及环境标准管理制度的研究成果中均存在"缺乏有效的实施评估机制，应在未来的完善中建立切实可行的实施评估机制"的类似表述，但大多数成果未能明确未来的完善路径。

　　现有研究成果中，"日落条款"模式是解决上述问题最为系统和最有可操作性的方案，适用于环境标准领域的"日落条款"是在定期复审意义上的日落条款，该研究指出此类型"日落条款"在环境标准领域中具有以下三个方面的作用：第一，可以平衡法的稳定性与灵活性；第二，可以增强环境标准修订的可预见性；第三，可以增加环境标准修订的正当性。并且应当按照以下方案设计"日落条

---

　　① 参见李岩《我国环境标准体系现状分析》，《上海环境科学》2003 年第 2 期。

　　② 参见彭本利《完善我国环境标准制定程序的立法建议》，《玉林师范学院学报》2008 年第 2 期。

　　③ 参见白贵秀《基于法学视角的环境标准问题研究》，《政法论丛》2012 年第 3 期。

款"：首先，明确界定日落期限和期限届满效力；其次，完善实施后效果的评估工作；最后，完善环境标准的修订程序。① 有学者也指出相应的实施后评估应成为起草单位的义务和责任。② 需要注意的是"日落条款"是从内部对环境标准评估修订进行的约束，其虽然能够较好地解决环境标准的定期更新问题，但无法很好地应对环境标准的直接性缺陷，因此在进一步研究中需要对此问题予以关注。

（三）环境标准适用法律制度的研究述评

近年来，关于环境标准适用法律制度的研究逐渐受到学界的关注，而研究的具体问题则涉及环境标准侵权法效力、环境标准刑法效力以及环境标准对政府约束力的问题，其中对环境标准侵权法效力的探讨成为现阶段对环境标准适用法律制度研究的一大热点。

1. 环境标准侵权法效力

对环境标准侵权法效力的研究是环境标准适用法律制度研究中，起步最早、成果最多、研究最为深入的领域。此领域的研究可以分为两个阶段，第一个阶段较多地采用"一刀切"的研究路径，要么全面地承认环境标准在侵权法领域中的效力；要么全面地否定环境标准在侵权法领域中的效力。第二个阶段抛弃了"一刀切"的研究路径，开始结合不同类型环境污染以及不同类型环境标准的特点，讨论环境标准的侵权法效力。

第一个阶段的研究对环境标准在侵权法领域中的效力持否定态度。最早对环境污染责任进行规定的为《民法通则》第 124 条，该条将"违反保护环境防止污染规定"作为承担民事责任的条件，通常认为此处的"规定"是指环境行政法律法规和相关环境标准。修

---

① 参见黄锡生、谢玲《论环境标准制度中"日落条款"的设置》，《重庆大学学报》（社会科学版）2016 年第 1 期。

② 参见彭本利《完善我国环境标准制定程序的立法建议》，《玉林师范学院学报》2008 年第 2 期。

订前《环境保护法》第 41 条第 1 款，则改变了环境污染民事责任的成立条件，不再以违反"规定"作为承担民事责任的条件。"国家环保局（91）环法函字第 104 号复函"是该阶段研究中否定环境标准效力的直接依据，该复函中指出"国家或者地方规定的污染物排放标准，只是环保部门决定排污单位是否需要缴纳超标排污费和进行环境管理的依据，而不是确定排污单位是否承担赔偿责任的界限"。而《侵权责任法》、修订后的《环境保护法》以及《最高人民法院关于审理环境侵权责任纠纷案件适用法律若干问题的解释》（以下简称为《环境侵权司法解释》）等相关规定，则沿袭了修订前《环境保护法》第 41 条对于环境污染责任的立法模式。

一方面，单纯地否定环境标准在侵权法中效力的观点，受到了司法实践的挑战，由于《中华人民共和国环境噪声污染防治法》（以下简称《噪声污染防治法》）中对于噪声的定义是以是否超过噪声排放标准为依据，故而在噪声污染侵权案件中频频出现以侵权行为人的噪声排放未超过排放标准为理由，而判决侵权责任不成立的案件。为回应理论和实践中的矛盾，有学者开始放弃"一刀切"的研究进路；另一方面，民法学界对环境标准等管制规范在侵权法上的意义认识也不断发生变化，逐渐开始承认环境标准在侵权法中的功能。[1] 在此背景下，学者开始在对环境污染进行类型化分析后，根据不同类型环境污染的特点，讨论环境标准在责任认定中的效力。代表性观点包括：（1）以污染行为可标准化的程度不同，将环境污染分为行为可标准化程度较低的环境污染和行为可标准化程度较高的环境污染。[2]（2）以环境污染的作用机理不同，将环境污染分为实质型环境污染和拟制型环境污染。[3]（3）以污染致害要素的不同，

---

[1] 参见解亘《论管制规范在侵权行为法上的意义》，《中国法学》2009 年第 2 期。

[2] 参见宋亚辉《环境管制标准在侵权法上的效力解释》，《法学研究》2013 年第 3 期。

[3] 参见余耀军等《环境污染责任——争点与案例》，北京大学出版社 2014 年版。

将环境污染分为物质型污染和能量型污染。① 上述观点的共同性在于，根据不同污染类型，确定环境标准的侵权法效力。有学者在认识到前述研究过度关注污染物排放标准的问题后，将研究的重点转向环境质量标准，进而构建环境质量标准的侵权法效力模型。② 上述研究成果，要么过于关注污染物排放标准，要么过于关注环境质量标准，未能全面地把握整体环境标准的侵权法效力，在未来的研究中还有待进一步完善。

2. 环境标准刑法效力

在风险规制领域中对于违反技术标准的行为，不仅科以行政处罚，而且还每每科以更具威慑、阻吓功能的刑罚。此类规范较少带有传统刑事犯罪中强烈的伦理否定评价色彩，而更多地在于在现代行政国家下为了预防具有高度不确定性的风险，在这些具有高度专业性的技术领域，设置确保行政义务履行的制度，从而可以更好地跟上科技进步和社会变迁的步伐。③

技术标准在刑法中的效力更多的是通过空白构成要件而产生的，空白构成要件往往相对法定犯构成要件确定具体内容而言，其本质上是需要补充的构成要件，而所需补充的要素往往是规范性要素，只有待行政法规范乃至技术标准补充空白之后，才能成为完整的构成要件。其效力具体体现在以下两个方面：第一，对我国刑法典分则中某些用语和概念的解释与认定，必须以技术标准为依据。构成要件的不法内涵完全决定于技术标准，技术标准事实上构成了判断罪与非罪界限的重要基准。第二，我国刑法典分则部分，直接将相

---

① 参见张敏纯《论行政管制标准在环境侵权民事责任中的类型化效力》，《政治与法律》2014 年第 10 期。

② 参见陈伟《环境标准侵权法效力辨析》，《法律科学》（西北政法大学学报）2016 年第 1 期。

③ 参见张明楷《行政刑法辨析》，《中国社会科学》1995 年第 3 期；周佑勇、刘艳红《行政刑法性质的科学定位——从行政法与刑法的双重视野考察》（上），《法学评论》2002 年第 2 期。

对人违反技术标准的作为或不作为，作为刑法的构成要件。① 虽然技术标准的效力受到了罪刑法定原则主张者的质疑，但有学者指出，空白刑法规范中规定了犯罪的法定刑，而由行政法规来补充确定具体的罪状，可以说在原则上符合法律专属性原则，② 无论是环境标准以法规命令还是规范具体化行政规则的形式出现，都对刑事法院具有拘束力③。

3. 环境标准对政府的约束效力

近年来随着环境法学界对于环境保护国家义务研究的不断深入，④ 环境标准作为国家实现环境保护义务的重要方式，其本身对于政府的约束效力也逐渐为环境法学者所关注。有学者指出环境质量标准的核心作用在于对各级人民政府的约束，但是现有环境标准效力法律制度，未对环境质量不达标的责任后果作出明确的规定，导致环境质量标准的核心作用未能得到发挥和体现。⑤ 有学者指明环境标准对政府的约束效力是环境标准法律效力的核心和关键一环，并从构建政府环境义务和政府环境责任的角度指出，环境标准既可以作为明确政府环境义务的依据，也可以作为追究政府环境责任的依据。⑥ 但不得不承认，相比较现阶段已经讨论较为深入的对环境标准侵权法效力的研究，现有关于环境标准对政府约束效力的研究尚处于起步阶段，相关研究内容还有待进一步深化。

---

① 参见宋华琳《论行政规则对司法的规范效应——以技术标准为中心的初步观察》，《中国法学》2006 年第 6 期。

② 参见陈忠林《意大利刑法纲要》，中国人民大学出版社 1999 年版，第 17—19 页。

③ 参见许宗力《行政法对民、刑法的规范效应》，载葛克昌、林明锵主编《行政法实务与理论》，元照出版有限公司 2003 年版，第 79 页。

④ 参见陈海嵩《国家环境保护义务论》，北京大学出版社 2015 年版；陈真亮《环境保护的国家义务研究》，法律出版社 2015 年版。

⑤ 曹金根：《环境标准法律制度的困境与出路》，《河南社会科学》2015 年第 11 期。

⑥ 参见王春磊《环境标准法律效力再审视——以环境义务为基点》，《甘肃社会科学》2016 年第 6 期。

三　研究意义

从前述对于现有研究成果的梳理与分析中不难发现，现有关于环境标准法律制度的研究尚处于碎片化的状态，相关研究成果更多的是围绕环境标准法律制度中的某一具体问题而进行，即使在某些相对较为宏观的理论研究中，也是围绕环境标准法律制度中某几个具有关联性的问题展开。可以说，现阶段尚未形成对于环境标准法律制度系统化、体系化的研究，这使得我国环境标准法律制度在立法完善的过程中，处于一种"见招拆招"的状态，也使得至今为止尚未能够在立法中形成体系完整、结构合理的环境标准法律制度。

（一）破解环境标准法律制度碎片化的成因

法学理论研究是从纷繁复杂的法律现象中探寻出其内在的、具有一致性的规律，[①] 欲真正能够破除现有环境标准法律制度的理论和实践困境，只能从现行环境标准法律制度中寻找其内部的逻辑和规律，从而解决环境标准法律制度理论和实践中的困境。本书通过对现有环境标准法律制度研究成果和我国现行环境标准法律制度的分析与梳理，提炼出导致我国环境标准法律制度理论和实践中困境的根源在于，理论研究和实践中未能解决环境标准法律制度"缘起为何""应为何物"以及"如何架构"三个根本性的问题。

（二）揭示环境标准法律制度客观生成路径

针对环境标准法律制度"源起为何"的问题，通过风险社会理论的运用，阐明为了有效实现对环境风险的回应，需要科学理性和社会理性之间的互动和配合，作为科学理性代表的环境标准和作为社会理性代表的环境法律规范就呈现出一种融合的趋势。从环境法学的研究视角而言，环境法和环境标准根本上属于两种不同的规范体系。因此，为了实现两者之间的融合，需要通过环境标准法律制度使环境标准沿袭着环境法律规范的内部逻辑，成为环境法律规范

---

① 何海波：《法学论文写作》，北京大学出版社 2014 年版，第 19 页。

的组成部分并得以有效实施，进而实现两者之间的融合；可见，环境标准法律制度"缘起为何"的答案在于：为有效回应环境风险而实现环境法律和环境标准的有效融合。

（三）全面剖析环境标准法律制度理论架构

针对环境标准法律制度"应为何物"的问题，以宪法环境基本国策条款为起点，阐明环境标准作为现代环境法治国家体系中界分国家环境保护义务中环境危险防御义务和环境风险预防义务的客观依据的地位，阐释了环境标准法律制度在国家环境保护义务履行过程中的基础性、保障性作用；并沿袭着国家环境保护义务的内涵和《环境保护法》的立法目的，将"保护和改善环境"确立为环境标准法律制度的价值目标；同时，在借鉴运用法律规则效力理论的基础上，将环境标准法律制度的功能定位于确保与环境法律相融合的环境标准的形式正当性、内容合理性以及实施有效性；并在此指引下，证立了由环境标准援引法律制度、环境标准制定修订法律制度和环境标准适用法律制度组成的"三位一体"的环境标准法律制度体系结构，进而得以明确环境标准法律制度"应为何物"。

（四）准确指引环境标准法律制度完善实践

针对环境标准法律制度"如何架构"的问题，通过对现有法律规范的分析阐释，针对环境标准援引法律制度缺失、环境标准制定修订法律制度残缺以及环境标准适用法律制度混乱三大问题，分别提出：一是应当通过构建以环境标准法律性质、体系结构以及被援引方式为内容的环境标准援引法律制度，以解决环境标准援引法律制度的缺失；二是通过完善环境标准制定法律制度、落实环境标准修订法律制度以及建立环境标准诉讼制度的方式，完成环境标准制定修订法律制度的完善；三是通过强化环境标准权力制约效力和重塑环境标准侵害矫正效力的方式，形成由权力制约效力、行为管制效力以及侵害矫正效力构成的环境标准效力体系，以实现对现有环境标准适用法律制度的整合。上述方案对策不仅能够为未来完善环境标准法律制度的立法实践所借鉴，也能为环境标准法律制度现实运行中的自我完善提供参照。

四　研究方法与进路

（一）研究方法

第一，多学科交叉研究方法。现有研究中诸如环境法的科学性①以及环境法学研究的领域性②的观点，突出了环境法与环境法学相较于传统部门法和传统法学学科的开放性，这种开放性的特征要求在具体研究中需要通过交叉运用哲学、伦理学、经济学、政治学乃至环境科学等其他一级学科以及宪法学、民法学、行政法学、诉讼法学等法学二级学科的视角、方法和理论，观察、分析和研究环境法。环境标准法律制度作为实现体现社会理性的环境法律规范和体现科学理性的环境标准规范相融合的制度保障，在对其展开研究的过程中，将更加凸显出环境法学研究的开放性，这也决定了多学科交叉方法在本研究中的重要地位。在此需要强调，对于多学科交叉方法的运用并非简单地将其他学科知识直接吸收进入具体研究中，而在于将相关知识通过环境法学内部逻辑进行消化吸收，运用于环境法学视角下环境标准法律制度的研究中。③ 在本书中，对多学科交叉方法的运用主要体现为以下几个方面：首先，结合运用社会学、管理学等学科中关于风险社会的相关理论，阐释环境标准法律制度生成的社会背景；其次，结合运用宪法学中的公民基本权利、国家义务以及社会法治国等理论，阐释环境标准、环境标准法律制度在现代

---

① 在现有环境法学教材中，在涉及环境法的概念与特征阐释的章节中，大都会将环境法的科学性（科技性）作为环境法的重要特征加以阐释。例如：汪劲：《环境法学》，北京大学出版社 2014 年版；秦天宝主编：《环境法——制度·学说·案例》，武汉大学出版社 2013 年版。

② 参见吴凯《论领域法学研究的动态演化与功能拓展——以美国"领域法"现象为镜鉴》，《政法论丛》2017 年第 1 期。

③ 参见刘卫先《我国环境法学研究中的盲目交叉及其克服》，《郑州大学学报》（哲学社会科学版）2015 年第 6 期。

环境法治国家中的基本地位；最后，通过结合运用理论法学、立法学、行政法学、诉讼法学、民法学以及环境科学中关于法律规则效力、结构，立法程序、立法后评估，正当程序、公众参与，诉讼程序、判决类型，侵权归责原则、构成要件以及环境物理学定律等理论，分析环境标准援引、制定修订以及适用法律制度中存在的具体问题并予以解决。

第二，规范分析研究方法。对于法律规范的分析阐释是法学研究的核心和重要特质，规范研究意在于回答所研究的问题"应当怎么样"，具体包括法律解释论、立法论以及学理研究三个层次。[①] 本书的研究意在通过对现有环境标准法律制度规范的分析，阐释现有环境标准法律制度存在的具体问题，并结合运用解释论和立法论的方式对具体存在的问题提出应对和解决的方案。首先，通过对于《宪法》中环境基本国策条款的分析阐释，从学理上明确环境标准、环境标准法律制度与现代环境法治国家之间的关系，进而明确环境标准法律制度的价值目标、功能定位与体系结构；其次，通过对《环境保护法》《标准化法》《民法通则》《侵权责任法》《环境标准管理办法》以及各环境保护单行法中涉及环境标准的法律规范进行分析阐释，寻找我国现行环境标准法律制度与现代环境法治国家中应有的环境标准法律制度在价值目标、功能定位以及体系结构之间存在偏差、矛盾之处，阐明我国现有环境标准法律制度存在的问题；最后，针对我国现有环境标准法律制度存在的问题，从完善我国环境标准法律制度的体系结构出发，结合法律解释论和立法论的方法，明确环境标准援引法律制度、环境标准制定修订法律制度以及环境标准适用法律制度三大支柱的完善方向。

第三，比较分析方法。环境问题的本质是发展问题，我国作为后发国家，在发展过程中所遇到的环境问题，大多数在发达国家的发展历程中曾经出现。而环境标准法律制度作为应对环境问题的重

---

① 参见何海波《法学论文写作》，北京大学出版社 2014 年版，第 17 页。

要制度依托，发达国家的相关制度体系以及相关研究成果可以提供一定的借鉴。本书中对于比较分析方法的运用主要集中在以下几个方面：第一，在通过分析解释《宪法》环境基本国策条款指明环境标准、环境标准法制度与现代环境法治国家关系的过程中，借鉴运用德国、我国台湾地区宪法规范以及宪法学相关理论学说；第二，在分析环境标准制定法律制度的过程中，借鉴运用美国、加拿大等国在环境目标确定、形成环境基准、制定质量标准、确定排放标准中的具体实践经验；第三，在构建环境标准诉讼制度的过程中，借鉴美国环境标准诉讼类型划分、诉讼内容等方面的实践经验。

（二）研究进路

本书以环境标准法律制度为研究对象，以环境标准法律制度在实践中出现的具体问题为中心，依据探明环境标准法律制度的生成路径、阐释环境标准法律制度的基本架构、构建环境援引法律制度、完善环境标准制定修订法律制度和整合环境标准适用法律制度的逻辑脉络展开研究。本书在整体上分为环境标准法律制度基本理论研究和环境标准具体法律制度研究两个部分，前者包括正文的第一章和第二章，后者则包括正文的第三章、第四章以及第五章。在研究中为了避免研究结论脱离社会实际，全书整体贯穿以问题为中心的研究思路，以突出环境标准法律制度回应环境风险为核心的理论品格。

第一章着重通过交叉运用社会学、管理学、环境科学、经济学以及法学等一级学科的研究结论，充分把握环境标准法律制度形成的社会背景，明确环境标准法律制度"缘何而生"的问题。第二章着重通过交叉运用宪法学、理论法学以及环境法学等法学二级学科的研究结论，在结合运用规范分析方法分析《宪法》《环境保护法》等法律规范条款的基础上，通过整体化、体系化的视角回答环境标准法律制度"应为何物"的问题。第三章、第四章和第五章则着重通过运用规范分析和比较研究的方法，针对性地围绕环境标准援引、制定修订以及适用三个具体制度存在的现实问题，在阐释和掌握问

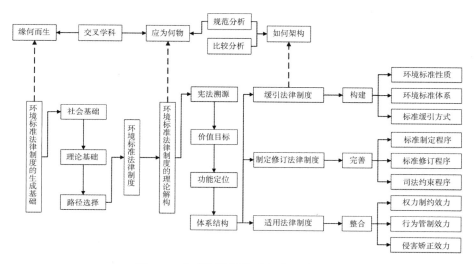

图 0-1 本书逻辑结构及研究思路示意

题成因的基础上提出解决相关问题的具体方案，以最终确立功能明确、运行有序的环境标准具体法律制度，进而在整体上建立体系完整、结构合理的环境标准法律制度，最终解决环境标准法律制度"如何构架"的问题。

五 可能的创新之处

第一，以风险社会理论为基础，全面系统地论证了环境标准法律制度系为有效回应环境风险而发生的环境法与环境标准融合的制度保障。首先，论证阐述环境风险是工业社会所造就的风险社会的结构性根源，为了有效应对环境风险需要通过环境法与环境标准的融合，实现社会理性和科技理性的相互支撑，以保障能够有效控制环境风险，实现人类社会与生态环境之间的和谐、有序。其次，在挖掘环境法与环境标准两种规范体系彼此之间价值追求的一致性、认识基础的同质性以及作用方式的耦合性的前提下，从理论上证成环境法与环境标准融合的可行性。最后，虽然环境法与环境标准的融合存在互为支撑的内在驱动，与此同时还能够强化环境法的实施效果，但两者根本上是不同类型的规范体系。因此，明确环境法与环境标准的融合应在保障环境法律体系稳定性、权威性、合理性的前提下，通过建立环境标准法律制度的间接融合路径予以实现。

第二，全面系统地阐述了环境标准法律制度在环境法治国家环境法体系中的地位，以及环境标准法律制度的价值目标、功能定位以及体系结构，形成了全面、系统的环境标准法律制度基本理论框架。随着环境问题和环境风险的出现与不断加剧，国家环境保护义务日渐成为现代法治国家义务体系中的重要组成部分。在国家履行国家环境保护义务的过程中，对于"环境风险"和"环境危险"存在不同的应对要求和回应强度。因此，对于"环境风险"和"环境危险"的界分事实上决定了国家环境保护义务的不同层次，而环境标准作为界分"环境风险"与"环境危险"的根本依据决定了环境标准法律制度在现代环境法治国家的环境法体系中，具有基础性的地位。鉴于此，环境标准法律制度的价值目标应当以国家环境保护义务为指导，体现"保护和改善环境"的核心价值；同时，为了保障国家环境保护义务层次界分的正当、合理，融入环境法体系的环境标准本身需要具备形式正当性、内容合理性以及实施有效性。故而，环境标准法律制度的功能应当定位于保障前述环境标准的形式正当性、内容合理性以及实施有效性。在此种功能定位的指引下，指明应当确立由实现形式正当性保障功能的环境标准援引法律制度、内容合理性保障功能的环境标准制定修订法律制度以及实施有效性保障功能的环境标准法适用法律制度组成的"三位一体"的环境标准法律制度体系。

第三，以保障环境标准形式正当性的功能为指引，全面设计环境标准援引法律制度的构建方案。源于对环境标准法律制度生成机理把握不全面，致使现有法律制度中环境标准援引法律制度处于空白的状态，尤其是涉及环境法与环境标准融合的关键性问题——环境法援引环境标准的具体方式，尚处于规范不明确的状态。因此，在提出环境标准援引法律制度构建方案的过程中，本书除了明确环境标准的法律性质、优化环境标准的体系结构以外，重点在阐释强制性环境标准"强制性"内涵的基础上，借助法律规则逻辑结构的分析工具，具体提出了类型化、模块化的环境法援引环境标准的具体方式，并体系化地指明了当存在援引不清情况下的法律解释方案。

第四，以保障环境标准内容合理性的功能为指引，结合现行环境标准制定修订法律制度中存在的制定制度残缺、修订制度虚位以及外部约束缺失的问题，有针对性地提出环境标准制定修订法律制度的完善方案。除了通过权威化制定主体、科学化制定依据、开放化制定程序以及落实实施后评估制度、定期复审制度的方式，完善、落实现有环境标准制定、修订法律制度外，本书提出，制定、修订法律制度根本上是从行政权内部对环境标准制定修订行为的内部约束，如果缺乏对环境标准制定修订行为的外部性约束，将会导致内部约束的逐渐丧失。基于此种判断，未来应该通过构建环境标准诉讼程序的方式，通过司法权实现对环境标准制定修订行为的约束。进而全面系统地从环境标准诉讼的类型划分、原告资格、审查标准以及判决类型四个方面阐述了环境标准诉讼程序的构建方案。

第五，以保障环境标准实施有效的功能为指引，指出现有环境标准适用法律制度的核心问题在于在理论上未能全面、系统地认识环境标准的效力体系，进而提出整合环境标准适用法律制度的方案。效力体系的残缺源于认识的割裂，传统理论人为地割裂了环境标准在公法与私法体系中的效力。从环境标准作为界分"环境危险"和"环境风险"依据的角度而言，其对于"环境危险"和"环境风险"的划分结果不因公法或私法的不同而不同，不同属性的法律只是在应对具体事实中的具体作用手段不同。因此，环境标准不仅应当在公法领域中发挥对于政府的权力制约效力以及对开发利用行为人的行为管制效力，还应当在私法领域中发挥对因生态环境致害行为所造成损害的侵害矫正效力，进而提出强化权力制约效力和重塑侵害矫正效力的制度整合方案。

第 一 章

环境标准法律制度的生成基础

在人类历史进入工业文明时代后，随着科学技术的不断发展，整体性的社会风险也在不断增加。环境风险作为现代风险体系中的结构根源，时时刻刻威胁着人类的环境安全。在此背景下，为了实现对于环境风险的有效回应，人类不断探索着行之有效的手段。一方面，沿袭着工业社会现代化的内在逻辑，以科学理性为基础，通过剖析人类活动与环境风险之间的科学规律，进而形成了以具体技术指标为内容的环境标准体系，用以指引相关主体在技术活动中的行为实施；另一方面，面对无法全面认识的巨大灾难和风险，基于对工业现代化内在逻辑的反思，以社会理性为基础，透析人类行为选择与环境风险之间的社会关联性，形成了以权利（权力）义务为内容的环境法体系，用以规范相关主体在社会活动中的行为选择。随着对于环境风险认识的不断深入，对环境风险的有效回应，需要实现科学理性和社会理性相互依赖、相互支持。[①] 这也意味着作为两种不同理性表现的环境标准体系和环境法体系之间也将呈现出一种互动配合的样态，"没有环境法体系保障的环境标准是空洞的，没有环境标准支撑的环

---

① 参见陈海嵩《国家环境保护义务论》，北京大学出版社 2015 年版，第 117 页。

境法体系是盲目的"①。形成两者间互动配合的样态，需要环境法与环境标准之间的深度融合，而深度融合的实现则有赖于体系化的环境标准法律制度的支撑和保障。可见，为保障回应环境风险而发生的环境法与环境标准融合的实现是环境标准法律制度生成的逻辑基础。本章以环境法与环境标准融合的社会现实需求为起点，在证明两者融合的理论可行性的基础上，通过明确融合过程中的内在动力和外在制约，确定以环境标准法律制度为保障的融合路径，最终还原环境标准法律制度的生成路径。

第一节　环境法与环境标准融合的社会基础

一切的制度和制度现象，均来源于对现实社会需求的回应。环境风险本身系社会发展进入风险社会阶段后的具体风险类型，环境法与环境标准的融合源于回应环境风险的现实需求，一方面，现实需求的强弱决定了环境法与环境标准融合的必要性程度；另一方面，现实需求的类型则决定了环境法与环境标准融合的具体方式和路径。对在风险社会下环境法与环境标准融合现实需求的分析，应当沿袭从整体社会背景到具体制度需求的路径。具言之，首先，从全面系统把握风险社会的现实背景出发，准确认识风险社会的样态以及风险的特性；其次，从解构风险社会产生的根源出发，把握环境风险在整体风险社会中的地位；最后，从环境风险产生的原因出发，分析在回应环境风险的过程中，未来环境法的发展趋势，并且阐释环境法与环境标准融合的内在逻辑。

---

① 参见［德］乌尔里希·贝克《风险社会》，何博闻译，译林出版社 2004 年版，第 30 页。原文表述为："没有社会理性的科学理性是空洞的，没有科学理性的社会理性是盲目的"，笔者根据本书的内容进行了一定的修改。

一　风险社会：工业文明的必然产物

"这是最好的时代，也是最坏的时代；这是智慧的时代，也是愚昧的时代。"① 狄更斯的名句反映了人类社会进入工业时代之后经济社会的真实写照，这种矛盾与挑战并存的社会现象背后，是与工业时代密切相关的科学技术和社会风险之间的矛盾。在文艺复兴之后，人类的科学技术水平得到了突飞猛进的发展，伴随着科学技术的不断发展，人类社会的生产力不断提升，尤其是经历了工业革命进入到了工业时代之后，这种发展可以说进入了井喷阶段。但随着时代的不断发展，进入了 20 世纪中叶之后，大量的灾害性环境事件的发生，使人们逐渐认识到了与工业文明相伴相生的不确定性，而这种不确定性又与工业文明赖以存在的科技理性和科学技术密切相关。

在现有理论研究中，这种不确定性被用"风险"这一概念概括。"风险"一词最早被运用于商船活动中，用以表达海事商业运输活动中，可能在航行中遭遇的风暴、触礁等事件所遭受损失的危险。② 在早期其被广泛用于指代在商业世界中探险等活动的结果不确定性，并与萌芽的保险概念相关。③ 在现代社会中，风险呈现出了两面性的特点：一方面，风险的本质决定了其导致不利后果的可能性；另一方面，风险又带来经济活力和众多创新，其是科学或技术创新的源泉，④ 也是社会发生变化的重要推动力⑤。风险概念的产生代表着一

---

① ［英］查尔斯·狄更斯：《双城记》，宋兆霖译，国际文化出版公司 2015 年版，第 2 页。

② Piet Strydom ed., *Risk*, *Environment*, *and Society*：*Ongoing Debates*, *Current Issues*, *and Future Prospects*, Buckingham：Open University Press，2002，p.75.

③ 参见［英］彼得·泰勒-顾柏等《社会科学中的风险研究》，黄觉译，中国劳动社会保障出版社 2010 年版，第 3 页。

④ 参见［英］安东尼·吉登斯《第三条道路及其批判》，孙相东译，中共中央党校出版社 2002 年版，第 139 页。

⑤ 参见［英］安东尼·吉登斯《失控的世界》，周云红译，江西人民出版社 2001 年版，第 20 页。

种文明，即更加关注主体决定中不可预见的后果，并使之具备可预见性，进而控制不可控制的不确定性事件，并通过有意识、有组织的预防行为以及构建相应的制度化措施，以克服种种未能预见的"副作用"。①

一般认为风险包含"自然风险"和"人为制造的风险"，而"风险社会"概念下及社会科学领域中所指向的风险，主要是后者。"人为制造的风险"指的是由于人类自身知识的增长而对整个世界带来的强烈作用所创造的风险，对于这种风险境况人类几乎没有历史遭遇的体验。② 这种风险本身具有"自反性"，即创造性地（自我）毁灭整整一个时代——工业社会时代——的可能性。这种创造性毁灭的"对象"正是工业现代化的胜利成果。③ 风险具有以下三个方面的特征：第一，其是现代制度长期作用的结果，是人类对社会条件和自然长期干预的结果；第二，其发展无法预测，也无法通过现有的方法来解决；第三，其所造成的严重后果具有全球性，可以影响几乎每一个人，乃至整个人类的存在。④ 在风险社会中，社会、政治、经济和个人的风险往往会越来越多地避开工业社会中的监督和保护制度。一方面，社会仍然根据旧工业社会的模式做出决策；另一方面，利益组织、司法制度和政治受到了原初风险社会的活力的争论和冲突的困扰。⑤

为了阐释在现代社会中风险对于社会发展的影响，德国学者乌

---

① 参见薛晓源、周战超主编《全球化与风险社会》，社会科学文献出版社 2005 年版，第 5 页。

② 参见 [英] 安东尼·吉登斯《失控的世界》，周云红译，江西人民出版社 2001 年版，第 22 页。

③ [德] 乌尔里希·贝克等《自反性现代化——现代社会秩序中的政治、传统与美学》，赵文书译，商务印书馆 2014 年版，第 5 页。

④ 参见 [英] 安东尼·吉登斯《失控的世界》，周云红译，江西人民出版社 2001 年版，第 155 页。

⑤ [德] 乌尔里希·贝克等《自反性现代化——现代社会秩序中的政治、传统与美学》，赵文书译，商务印书馆 2014 年版，第 9 页。

尔里希·贝克运用了"风险社会"的概念对这种社会状况进行概括。"风险社会"概念的产生，首先，标志着对于工业时代"风险"的研究进入社会科学的研究领域之中，社会科学对于风险的研究，虽然以风险的客观概念为基础，却更多地关注风险的主观概念。① 科学虽然够在一定的误差范围内估算出风险的程度，但既无法阐释何种程度的风险是人们可以接受的，也无法阐释风险的制度性来源。换言之，社会科学主要关注多大程度的风险可为社会所接受、这种接受该如何实现，并且寻找风险产生的社会制度根源，并对相应的制度进行调整，从源头上实现风险预防。其次，意味着对于风险的理解从传统的重视风险的物质特性，强调其可补偿性和可计算性，转向现代解读，即不仅关注风险的物质特性，还关注风险的社会特性，从社会建构的角度更全面地深化对于风险的认知。② 最后，意味着在未来应对风险的过程中，需要打破传统的思维方式，破除传统思维模式中坚信科技与工业发挥积极作用的前提，通过对科技和工业发展的反思，使人类进入了一个反思的时代，即通过对现代性的反思使人们意识到科学与工业化必须理性发展。③

二 环境风险：风险社会的结构根源

风险社会是现代性原则从工业社会中的分离和限制状态，得以重新表现的结果。正是由于工业社会的体制使得其自身变得不稳定，政治风险、经济风险甚至自然风险也进入集中爆发的阶段，使得工

---

① 谈珊：《弥合与断裂：环境与健康风险中的环境标准问题研究》，华中科技大学出版社 2016 年版，第 41 页。

② 参见杨冬雪等《风险社会与秩序重构》，社会科学文献出版社 2006 年版，第 15—16 页。

③ See Maurie J. Cohen, "Risk Society and Ecological Modernisation: Alternative Visions for Post-Industrial Nations", *Futures*, Vol. 29, No. 2, 1997, pp. 105-119.

业社会的连续性成为非连续性的"原因"。① 其中就生态危机而言，人们越来越清楚地认识到它已经不单纯是所谓的"环境问题"，而是工业社会本身的一个深刻的制度性危机。② 这种"生态危机"本身反映了由于人类主动行为引发自然界对人类产生不利影响的可能性，只是在工业社会之前，这种自然界对人类的影响不管是范围还是程度都比较小，被人类社会所疏忽，故引起人类关注的是风险从可能性转化为现实后，确实已经发生后的结果，即环境污染和破坏的不利后果及其对不利后果的认识。③

　　生态危机的背后所蕴藏的正是风险社会所面临的诸多风险中最为根本性、最具自反性和破坏性的风险——环境风险。具体而言，传统工业社会所建立和维护的社会秩序造成了生态环境秩序的无序化，而生态环境秩序的无序化直接威胁了现代法律制度中所保护的生命、健康、自由和财产等核心价值，甚至是人类社会存在的基础，进而导致传统工业社会秩序的自我瓦解。可以说，环境风险揭示了工业社会所面临的一种可能性，即一项决策会毁灭我们赖以生存的地球上的所有生命，④ 而这种毁灭根本上是通过颠覆生态环境秩序的方式而实现。

　　一般而言，环境风险是以科学意义上的客观风险概念为基础，同时结合了主观意义上的风险概念。从客观意义上看，环境风险与一般风险一样，也是由危害发生的可能性以及危害后果的严重程度两者相结合而构成的，因此，环境风险是指环境遭受损害的可能性，包括环境遭受风险的可能性以及风险所致损害的严重性。从主观意

---

① 参见〔德〕乌尔里希·贝克《风险社会》，何博闻译，译林出版社 2004 年版，第 9 页。

② 郭红欣：《环境风险法律规制研究》，北京大学出版社 2016 年版，第 10 页。

③ 同上书，第 2 页。

④ 参见〔德〕乌尔里希·贝克《从工业社会到风险社会（上篇）——关于人类生存、社会结构和生态启蒙等问题的思考》，王武龙译，《马克思主义与现实》2003 年第 3 期。

义上看，环境风险是指公众对环境危害发生的可能性以及危害后果的严重程度的认识。① 环境风险是对生态系统的长期稳定的持续性和多样性的不利影响，② 以不确定性为其核心，表现为一种系统性的风险，并且其内生于工业社会的制度本身。首先，在现代社会中，如何认知风险、评价风险，以及最终做出风险决策，是一个复杂的社会建构过程。在这个过程中，对于相关风险知识的传递与获取、社会认识的形成以及环境风险决策权和决策过程等，都是难以确定的，最终表现为一种不确定性。其次，环境风险与社会体制的共同作用使其成为一种系统性风险，即后果潜在并不可逆转、过程不可控制、影响广泛的特点。最后，环境风险本身内生于"工业社会"的制度之中，相关制度围绕着社会生产的财富是如何通过社会中不平等但又合法的方式进行分配，③ 但在这个过程中，由于环境的承受能力未纳入工业社会的制度结构中，故而产生了根本性的环境风险④。

环境风险的上述特征决定了，在反思并应对环境风险的过程中，应当注意以下三个方面的问题：第一，环境风险的不确定性，反映了相对于人类的认知水平而言，环境风险本身往往超出了人类现有的知识水平，这就要求人类在应对环境风险不确定性的情况下，应当秉持谨慎的态度，避免因这种无知而忽视环境风险发生的可能性。第二，环境风险的系统性，要求在环境风险管理中，不仅需要对现存的、已知的后果做出反应，还应当整体性、系统性地关注如何进行风险的公平配置，以及如何设计出有效制度来预料不利后果。⑤

---

① 谈珊：《弥合与断裂：环境与健康风险中的环境标准问题研究》，华中科技大学出版社 2016 年版，第 42 页。

② 参见郭红欣《环境风险法律规制研究》，北京大学出版社 2016 年版，第 15 页。

③ 参见［德］乌尔里希·贝克《风险社会》，何博闻译，译林出版社 2004 年版，第 16 页。

④ 参见郭红欣《环境风险法律规制研究》，北京大学出版社 2016 年版，第 16—22 页。

⑤ 谈珊：《弥合与断裂：环境与健康风险中的环境标准问题研究》，华中科技大学出版社 2016 年版，第 43—44 页。

第三，环境风险的制度性，要求在对环境风险进行管理和应对的过程中，应当从制度的角度来理解环境风险，以更有利于实现对环境风险的防控。①

前述环境风险的制度性特征决定了，环境法作为应对环境风险的主要制度性手段，将表现出一种反思性和超越性的特征。环境法从早期运用传统工业社会以来所形成的法律制度来应对环境问题，逐渐发展到超越传统法律制度体系，形成自己独特的理论制度体系来预防和控制系统性的环境风险。② 这种反思性和超越性意味着，相较传统法律制度框架，环境法所塑造的制度框架将在结构上发生根本性的变革。换言之，在现代环境法体系中为了有效对风险作出防范，需要通过其所构建的新型制度框架，影响引发环境风险的主体，尤其是利用环境资源的行为主体，在其行为逻辑上做出彻底改变。③ 这种源于自反性（现代性悖论）的改变沿袭着"人—社会—环境"的逻辑进路，力图改造人类社会的结构，以消解人类社会与生态环境的紧张关系。④ 其根本目标，就是将在工业时代法律体系中被忽略的生态环境承载能力，纳入环境法、未来法律制度乃至社会结构体系之中。最终改变工业文明时代的社会制度结构忽略生态环境承载能力的内在缺陷，塑造在风险社会中能够有效应对根本性生态环境风险的制度体系。

三　融合回应：环境风险的应对之道

在现代法治体系下处于应对和解决环境问题中心地位的环境

---

①　参见郭红欣《环境风险法律规制研究》，北京大学出版社 2016 年版，第 3 页。

②　同上书，第 2 页。

③　郭红欣：《环境风险法律规制研究》，北京大学出版社 2016 年版，第 3 页。

④　参见陈德敏、杜辉《环境法学研究范式变革的基础与导向》，《南京师大学报》（社会科学版）2009 年第 3 期。

法，① 突破了传统法律规范体系将人类社会内部稳定、有序作为制度目标的现状，进而要求将保证人类社会赖以存在的生态环境的稳定、有序作为实现人类社会内部稳定、有序的基本前提。这意味着未来的环境法，需要将生态环境规律作为约束人类行为的第一性约束，将社会主体之间的权利义务规则作为约束人类行为的第二性约束，即在未来的环境法规范中融合反映生态环境规律的技术性指标、操作性规则与反映社会主体之间关系的权利义务规则。

未来环境法融合生态环境规律以及人类行为规则的发展方向，表明了未来环境法对于风险社会中科学理性和社会理性之间的融合。工业时代的危机源于对于"科学理性"的绝对信任，在此逻辑下，人类所有的活动都需要沿袭着科学理性的逻辑路径展开，但是随着社会的发展，在面对巨大的灾难和危险时，"科学理性"变得不再可靠，其不但无法解决这些灾难和危险，甚至其本身就是这种灾难和危险的根源。此时，在风险回应和决策中，科学对风险的概率性、可能性的界定不再为社会公众所接受，对于风险的回应和决策逐渐走向了对风险感知和可接受程度的方向，这就导致了风险社会中科学理性和社会理性的分裂。②

在回应环境风险的过程中，来自公众的风险感知和"社会理性"是正当性基础的来源，而来自专家对风险的科学界定和"科学理性"是合理性基础的来源，两者在风险应对的过程中缺一不可。故未来环境法对环境风险进行有效回应的关键就在于通过恰当的制度形式，弥合在风险社会中科学理性与社会理性的分裂。在本质上，科学理性和社会理性确系处于分裂的状态，但两者之间却又相互交织、相互依赖，甚至说可以说"没有社会理性的科学理性是空洞的，但没

---

① 参见柯坚《事实、规范与价值之间：环境法的问题立场、学科导向与实践指向》，《南京工业大学学报》（社会科学版）2014 年第 1 期。

② 参见陈海嵩《国家环境保护义务论》，北京大学出版社 2015 年版，第 114—115 页。

有科学理性的社会理性是盲目的"①。

在弥合科学理性和社会理性的过程中,环境法和环境标准的融合是能够调和科学理性与社会理性分裂的必要路径。环境标准本身是以科学技术理论为基础,结合一定的社会、经济、技术状况,以技术指标、技术操作规程为内容的规范,其本身就是一种融合了科学理性和社会理性的规范,一方面,其以科学技术理论为基础,能够以科学的理论界定相关行为的风险水平,这体现了其科学理性的一面;另一方面,最终技术指标、操作规程的确定,是结合科学界定的风险水平和现实的社会、经济、技术状况,所最终形成的可接受的结果,这体现了环境标准社会理性的一面。但由于环境标准本身不具备法律规范的强制性,故而需要将其融入环境法的体系中,才能保证环境标准的有效实施,最终实现对于环境风险的有效回应。

综上,通过环境法与环境标准融合,可以将融合并体现科技理性和社会理性的环境标准内化于未来的环境法律规范之中。一方面,能够有效改变传统法律规范忽略生态环境规律的问题,保障未来环境法协调人类社会活动与生态环境关系目标的实现;另一方面,能够有效弥合科学理性和社会理性的分裂,使未来环境法能够更有效地回应现实中的环境风险。环境法与环境标准的融合,弥补了传统法律规范体系忽略生态环境规律的缺陷,将生态环境规律融入法律规范体系之中,使未来人类的社会活动能够在生态环境规律的约束下展开,最终有效管理和控制环境风险这一根源性的社会风险,实现人类社会与生态环境之间的和谐有序,可以说,环境法与环境标准的融合是在风险社会条件下,有效回应环境风险的必然选择。

---

① 参见〔德〕乌尔里希·贝克《风险社会》,何博闻译,译林出版社 2004 年版,第 30 页。

第二节　环境法与环境标准融合的理论证成

工业文明以大规模地开发和利用自然界提供的自然资源与环境容量作为其发展的物质基础,[①] 随着工业化生产的不断升级以及经济发展水平的不断提高, 在人类物质生活水平达到前所未有的历史高度的同时, 生态环境所承受的压力也不断接近极限。环境法与环境标准作为现代国家回应环境风险、治理环境问题的两套规范体系, 在风险社会的背景下, 由传统的彼此独立逐渐走向相互融合。融合是指, 两种或者两种以上的不同事物合成一体。[②] 但融合的发生需要具备一定的条件, 即两种事务之间存在一定程度上的共性或者相似性, 如同化学领域中"相似相溶"原理所指出的, 溶剂和溶质之间能否相溶, 取决于两者之间电性作用是否具有共性或者相似性, 而其决定了两种不同物质之间存在同性相溶、异性不相溶的规律。[③] 作为社会规范的环境法与环境标准, 有各自的价值追求、认识基础以及功能作用, 故而欲证明环境法与环境标准融合的可能性, 需要从上述三个方面剖析两者的内部结构, 分析两者是否具备"相似相溶"的条件。

一　融合的基础：价值追求的一致性

如前文所述, 环境法与环境标准本质上都是一种社会规范体系, 两者的目标都是通过对人类行为的调整, 而达成一种社会关系有序的状态, 换言之, 两者的价值追求, 都是实现其所欲达成

---

① 参见高中华《环境问题抉择论》, 社会科学文献出版社 2004 年版, 第 36 页。

② 参见《辞海》(第六版彩图本), 上海辞书出版社 2009 年版, 第 1901 页。

③ 参见中国百科大辞典编委会编《中国百科大辞典》, 华夏出版社 1990 年版, 第 870 页。

的有序状态，即秩序。根据马克思主义经典论述，秩序是一定的物质的、精神的生产方式和生活方式的社会固定形式，因而使它们相对摆脱了单纯偶然性和任意性的形式；建立社会秩序的目的归根到底是要创造一种安居乐业的条件。① 尽管不同理论家出于不同的秩序观对于秩序的认识有所不同，但秩序总是意味着一定程度的关系稳定性、结构一致性、行为规则性、进程连续性、事件可预测性以及人身财产的安全性。② 具体而言秩序有以下意义：一是与社会生活中行为的限制有关；二是表明社会生活中的联系性，每个人的行为不是偶发和无序的，彼此之间存在一种互动和联系；三是为社会生活提供某种可预测性的因素，使得人们在有预见的状态下进行社会活动；四是体现社会生活各部分之间的一致性；五是体现社会生活的稳定性，即在一定程度下长期保持其状态。③

在文明社会中，法律是预防并矫正无序状态的最重要的、最经常使用的手段。法律秩序是通过法律对社会关系的调整而形成的社会关系以及社会行为的规范化状态，是法律所设定的权利义务关系的现实生活状态。④ 法律主要发挥构建并维护秩序的作用。传统理论认为法律对秩序的构建和维护作用主要体现在以下几个方面：（1）建立和维护阶级统治秩序。（2）建立和维护生活秩序，具体包括：一是为人身提供安全保障；二是为社会成员规定明确的权利和义务及其相应的界限和边际，并以强力去维护这种权利义务关系，以预防和制止纷争；三是以公力救济的诉讼程序取代野蛮暴力的私力救济，通过和平文明的方式解决争端和冲突。（3）建立并维护社会生产和交互秩序。（4）建立和维护权力运行秩序。⑤ 在近现代，伴随着工业社会的

---

① 参见张文显《法哲学范畴研究》，中国政法大学出版社 2001 年版，第 196 页。

② 同上。

③ See P. S. Cohen, *The Modern Social Theory*, New York：Basic Books, 1968, pp. 18-19.

④ 参见柳经纬《标准与法律的融合》，《政法论坛》2016 年第 6 期。

⑤ 参见张文显《法哲学范畴研究》，中国政法大学出版社 2001 年版，第 197 页。

不断进步，安全已经成为秩序价值的核心，[①] 而对于安全秩序的需求已转化为法律体系中的制度性需求。受制于人类现有认知能力，无论是自然危险抑或社会风险，部分仍处于因无法预见、避免或克服，而成为不可抗力事件的状态，但部分风险，尤其是因社会制度安排本身所产生的社会风险，则可以通过制度安排的合理调整，在一定程度、一定范围上予以化解或转移。也因此，作为秩序核心构成要素的"安全"成为人类对法律制度的一项最为重要的价值追求。[②]

将秩序划分为社会秩序和非社会秩序是我国法学理论中业已达成的共识，社会秩序是指人们相互作用的正常结构、过程或变化模式，非社会秩序是指事物的位置所在、结构状态或变化模式。[③] 传统法律对于秩序的建立和维护，主要着眼于社会秩序的建立和维护，其所调和的冲突和矛盾也仅限于人类社会内部。随着科学技术的不断突破和进步，在进入工业社会之后，人类文明的冲突与矛盾由社会内部扩张至人类社会与生态环境之间的冲突与矛盾。这种冲突与矛盾的本质在于，随着人类利用自然、改造自然能力的不断提升，相关人类的生产、生活行为，已经超越了生态环境的承载能力，直接导致了现代社会生态环境危机的不断加剧，对生态环境安全的威胁也在不断增加。前述冲突和矛盾在秩序层面上就表现为，传统工业社会中所形成的社会秩序，对以生态环境秩序为代表的非社会秩序产生了影响，使其出现了混乱化、失序化。在此社会背景之下，为保障生态环境安全、应对生态环境危机、解决生态环境问题的环境法应运而生。环境法的这种时代特性就决定了其根本的价值追求，在于通过改变传统社会体系内部不利于人类社会与生态环境之间有序的状况，最终保障以生态环境安全为核心的、人类社会与生态环境之间的有序，环境法的这种对

[①]　See Abraham H. Maslow, *Motivation and Personality*, Harper & Row, Publishers, inc., 1954, p. 40.

[②]　参见冯彦君《论职业安全权的法益拓展与保障之强化》，《学习与探索》2011 年第 1 期。

[③]　参见卓泽渊《法的价值论》，法律出版社 2006 年版，第 386 页。

于秩序价值追求也在《环境保护法》第 1 条等环境保护部门法的立法目的条款中得到了充分的体现。①

　　相较于法律而言，标准本身也是建立和维护一定社会秩序的制度手段。我国 2002 年版的《标准化指南第 1 部分：标准化和相关活动的通用词汇》关于标准的定义中，特别指出制定标准是为了在一定范围内获得最佳秩序。② 最佳秩序是指通过制定和实施标准，使标准化对象的有序化程度达到最佳状态，最佳秩序既是制定标准和实施标准的目标，也是衡量标准化活动、评价标准质量的重要依据。③ 环境标准作为环境法之外的另一种为解决生态环境问题而存在的规范体系，其对传统标准规范体系价值目标的延伸也体现出了与环境法的相似性。传统标准主要运用于民事交易活动中，其主要功能是降低交易成本。环境标准从其学理定义和与其相关法律法规规定中，也反映出其以安全为核心的人类社会与生态环境之间有序的价值目标。相关学者关于环境标准的定义，都将环境标准的价值目标概括为维护环境质量、防治（控制）环境污染、维护生态平衡、保护人体（人身）健康四个方面。④ 这四个目标的背后正是人类社会与生

---

　　①　《环境保护法》第 1 条：为保护和改善环境，防治污染和其他公害，保障公众健康，推进生态文明建设，促进经济社会可持续发展，制定本法。

　　②　参见《标准化指南第 1 部分：标准化和相关活动的通用词汇》（GB/T 20000.1—2002）第 2.3.2 项。

　　③　参见李春田主编《标准化概论》，中国人民大学出版社 2014 年版，第 9 页。

　　④　相关概念的界定可以参见蔡守秋主编《环境资源法教程》，高等教育出版社 2010 年版，第 175 页；曹明德主编《环境与资源保护法》，中国人民大学出版社 2013 年版，第 42 页；黄锡生、李希昆主编《环境与资源保护法学》，重庆大学出版社 2011 年版，第 126 页；汪劲《环境法学》，北京大学出版社 2014 年版，第 123 页；陈泉生主编《环境法学》，厦门大学出版社 2008 年版，第 103 页；常纪文、王宗延主编《环境法学》，中国方正出版社 2003 年版，第 74 页；周训芳、李爱年主编《环境法学》，湖南人民出版社 2008 年版，第 117 页；王社坤编著《环境法学》，北京大学出版社 2015 年版，第 85 页；黄明健《环境法制度论》，中国环境科学出版社 2004 年版，第 266 页；史学瀛主编《环境法学》，清华大学出版社 2010 年版，第 76 页；窦玉珍主编《环境法》，清华大学出版社 2008 年版，第 76 页；张明顺主编《环境管理》，武汉理工大学出版社 2003 年版，第 243 页；徐芳等编著《现代环境标准及其应用进展》，上海交通大学出版社 2014 年版，第 14 页。

态环境之间的有序。1999 年国家环保总局颁布的《环境标准管理办法》第 4 条的规定,[①] 也体现了环境标准对于人类社会与生态环境之间有序性的追求。

从前文论述中不难发现,环境法和环境标准两个相互独立的社会规范体系,在对于秩序这一价值目标的追求上存在一致性,即两者都是为了实现以安全为核心的人类社会与生态环境之间的有序状态。这种价值追求上的一致性,为两者之间的融合奠定了价值基础。但两者毕竟属于不同的规范类型,两者对于秩序的实现方式存在一定的区别。具言之,环境法根本上是人类的行为规范,通过配置不同主体间法律上的权利义务,明确涉及生态环境行为的界限,即哪些影响环境的行为是可为的、哪些是不可为的,并通过国家强制力保障这些行为界限得到遵守。环境标准则根本上是技术规范,其通过依据科学技术原理所形成的技术指标和操作规范,界定"如何做才是科学的、合理的",引导人们依此行为,获得科学、合理的结果,这也就是环境标准所追求的"最佳秩序"。这些差异性要求在证成两者之间融合可能性的过程中,除了需要明确环境法与环境标准价值追求一致性这一基本前提外,还需系统地分析两者在规范内容形成的认识基础以及落实规范内容的具体作用方式两个方面的关联性。

二 融合的保障:认识基础的同质性

诚如前文所论述,环境法与环境标准对于秩序的追求在于,实现以生态环境安全为核心的人类社会与生态环境之间的有序状态,其制度目标是保障合理开发、利用、保护和改善环境。生态环境本身作为一个客观存在的整体系统,其是按照自己系统内部所固有的

---

① 《环境标准管理办法》第 4 条:为防治环境污染,维护生态平衡,保护人体健康,国务院环境保护行政主管部门和省、自治区、直辖市人民政府依据国家有关法律规定,对环境保护工作中需要统一的各项技术规范和技术要求,制定环境标准。

客观规律发展的，而这种规律不以人的意志为转移。因此，两者共同追求的有序状态，只能通过对社会秩序的自我反思、自我革新才能得以实现。首先，需要准确地认识生态环境自身的运行规律，了解其结构状态与变化模式；其次，以生态环境运行的规律为基础，检视工业时代所形成的社会秩序与生态环境秩序存在的冲突与矛盾；最后，根据检视中所存在的矛盾和冲突，改变和重塑社会结构中的结构状态与变化模式，以实现社会秩序和生态环境秩序之间的和谐、有序。不难发现，准确地认识生态环境内部所固有的客观规律是通过环境法与环境标准等规范手段，实现社会秩序与生态环境秩序之间和谐、有序的基本前提。对于生态系统内部客观规律的认识，并且将其转化为可以调整人类行为的规范，需要依靠和运用科学技术才能实现。

诚如环境法学者所言，环境法必须遵守自然生态规律、依靠科学技术才能达到其目的。科技性是环境法的重要特征，在环境法的研究中需要利用科学技术以及科学推理的结论确立行为模式和法律后果。① 环境法的重要特点在于，通过生态化调整机制为特点的综合调整机制追求以生态环境利益为特点的综合利益的最大化以及以环境生态安全为特点的人类生态系统的安全。② 其中，对于综合利益最大化、生态环境安全的衡量以及生态化调整机制的构建，都需要以科学技术为支撑，科学技术是认识和理解生态环境规律的依据，是发展环境保护事业的支柱和动力，是保护环境和合理开发利用资源的根本保证。③ 正是由于环境法在认识生态环境规律方面对于科学技术的依赖，才使得环境法律规范体现了法律规范、技术规范和道德规范综合的特点。④ 可以说，科学技术是环境法认识生态环境的基

---

① 参见汪劲《环境法学》，北京大学出版社 2014 年版，第 27 页。
② 参见蔡守秋《基于生态文明的法理学》，中国法制出版社 2014 年版，第 666 页。
③ 同上书，第 667 页。
④ 同上书，第 665 页。

础，是环境功能目标实现的基本前提和保护，正是由于科学技术在环境法中的重要地位，现行《环境保护法》也在规范体系中的显著位置，阐明了国家鼓励保障环境保护科学技术发展的义务。① 这在明确了国家相关义务的同时，也凸显科学技术作为环境法认识基础的地位。

相比较环境法，以具体技术性指标和操作规范为内容的环境标准，体现出更加明显的以科学技术作为其认识基础的特征。环境标准本身就是对科学技术理论成果的一种具体表达，环境标准是以科学技术与实践的综合成果为依据制定的，具有科学性和先进性，代表了今后一段时间内科学技术的发展方向。环境标准是随着科学技术和社会发展而发展的，环境标准的提升，标志着环境科学技术水平的提高。② 需要注意的是环境标准与纯粹以现有科学技术水平为依据的"环境基准"不同，其本身仍然是以科学技术为基础，在经过社会经济现实状况等价值衡量之后形成的规范体系。③ 这也就说明科学技术之于环境标准而言，仍然是认识生态环境规律、把握生态环境秩序的认识基础，但最终环境标准内容的确定，取决于现有社会秩序与生态环境秩序之间的冲突程度。

综合科学技术之于环境法与环境标准的功能和作用，不难发现，环境法与环境标准两种均以实现人类社会秩序与生态环境秩序和谐、有序为价值追求的规范体系，其在实现价值追求的过程中，都需要借以科学技术准确地认识和把握生态环境规律作为其有效实现社会控制的前提。因此，环境法与环境标准不但在价值目标上具有一致性；在实现其价值目标的过程中，两者认识生态环境规律的基础也具有同质性。

---

① 《环境保护法》第 7 条：国家支持环境保护科学技术研究、开发和应用，鼓励环境保护产业发展，促进环境保护信息化建设，提高环境保护科学技术水平。

② 徐芳等编著：《现代环境标准及其应用进展》，上海交通大学出版社 2014 年版，第 5 页。

③ 参见陈伟《环境质量标准的侵权法适用研究》，《中国法学》2017 年第 1 期。

三　融合的进路：作用方式的耦合性

根据我国法理学通说对于法的概念的界定，法是由国家制定、认可并保证实施的，反映由特定物质生活条件所决定的统治阶级意志，以权利和义务为内容，以确认、保护和发展统治阶级所期望的社会关系和社会秩序为目的的行为规范体系。[①] 从其概念内涵上来看，法本身是一种行为规范，其间接通过调节人的行为，以调整社会关系，[②] 进而实现正义、自由、秩序以及效率等价值。从对于法的概念的剖析中，不难发现规范性是法的第一性特征，法的其他特征都是建立在规范性特征之上。换言之，法对于社会关系的调整、对于阶级意志的体现、对于价值目标的追求，均要建立在法对人的行为加以规范的基础之上。

根据《标准化工作指南第 1 部分：标准化和相关活动的通用词汇》（GB/T20000.1—2002）中对于标准的定义："标准是指为了在一定范围内获得最佳秩序，经协商一致制定并由公认机构批准，共同使用和重复使用的一种规范性文件。"[③] 从其定义中也不难发现，标准本身也是一种社会规范，其目的是通过调整具有共性、重复性特征的行为，以实现一定范围内的最佳秩序。从标准的概念中，不难发现规范性也是标准的第一性特征。同前述对于法的规范性相似，标准所追求的最佳秩序的实现，也需要建立在标准调整相关行为的基础之上。

从前述对于法律和标准特征的分析不难发现，规范性均为两者的第一性特征，换言之，两者均以人的行为作为其直接调整的对象，只是两者在调整的方式上有所不同。法律通过权利和义务的配置并

---

① 张文显：《法哲学范畴研究》，中国政法大学出版社 2001 年版，第 32 页。

② 参见李清伟主编《法理学》，格致出版社、上海人民出版社 2013 年版，第 34 页。

③ 参见《标准化工作指南第 1 部分：标准化和相关活动的通用词汇》 （GB/T 20000.1—2002）第 2.3.2 项。

规定违反权利义务配置规则的后果，实现对行为的规范作用。通过三种不同的命题形式——允许命题、必须命题以及禁止命题，表达权利义务的配置情况，以明确哪些行为是可为的，哪些是不可为的；其中允许命题规范可以履行或实现的行为，义务命题规范必须履行或实现的行为，禁止命题规范禁止履行或实现的行为。① 并在前述权利义务配置情况的基础上，明确遵循或者违反相关配置规则的积极或者消极后果。标准对于社会行为的调整方式与法律相比有着本质的区别，标准规范与权利义务无关，不具有直接的法律意义。标准主要通过技术指标的形式，通过以科学技术为基础的技术指标揭示相关行为与可能发生的不利后果之间的关联性，以此来规范相关行为。

　　然而，随着社会的发展，法律和标准的作用领域不断扩大，两者的调整对象出现了一定程度的重合。在风险社会的背景下，为了有效应对并预防社会风险，一方面，法律规范对社会行为介入调整的阶段呈现出早期化的特征，例如：对于环境问题的应对从末端治理逐渐走向了源头预防，这就意味着法律规范将对更加细致的技术性行为进行规范，需要借鉴技术性规则；另一方面，现代法律通过权利义务的配置调整相关行为，在很多情况下需要建立在对于相关行为引发社会风险的盖然性的评估之上，而技术指标是判断这种盖然性程度的重要依据。从上述两方面的分析不难发现，在现代风险社会的背景下，为了有效回应社会风险，法律与标准两种不同社会规范，因为其规范对象的不断重合，两者的规范功能也不断地走向统一。

　　具体到环境保护领域之中，环境法通过权利义务规范人的行为，最终实现人类行为和生态环境之间的和谐，而人类行为与生态环境之间和谐的本质，就在于人类社会秩序与客观生态环境秩序之间的

---

　　① 参见陈历幸《法律规范逻辑结构问题新探——以现代西方法理学中"法律规范"与"法律规则"的不同内涵为背景》，《社会科学》2010 年第 3 期。

和谐、有序。为了保障前述环境法目标的实现，就需要首先掌握人类社会秩序与客观生态环境秩序之间的关系，以此为基础在法律规则中配置不同主体之间的权利义务，最终保证人类社会秩序与客观生态环境秩序之间的和谐、有序，这就催生了环境法体在调整方式上的特殊性，即运用环境科学、生态学原理，根据生态文明理念下的生态化方法，实现对人与生态环境之间关系的调整。① 而环境标准就是通过能够反映生态环境规律的技术指标，来阐明人类社会秩序与生态环境秩序之间的关系，为人类行为提供技术上的指引，保证人类行为能够与生态环境规律相契合，实现人类社会秩序与客观生态环境秩序之间的和谐、有序。通过上述分析不难发现，一方面，环境法与环境标准在实现人类行为能够与自然规律相契合的规范目标上具有一致性；另一方面，传统环境法规则虽然能够很好地通过强制性的权利义务规则约束人类行为，但由于其无法很好地揭示人类行为和自然规律之间的关系，需要环境标准予以补充；而反观环境标准，虽然其能够很好地反映人类行为和自然规律之间的关系，但其只能发挥对行为主体的指引功能，无法有效地约束人类行为，需要法律的强制性权利义务规则保障其能够有效实现。由此可见，环境法与环境标准在实现人类社会秩序与客观生态环境秩序之间的和谐、有序目标的过程中，存在规范手段上的耦合性。

综合前文所述，环境法与环境标准作为实现社会控制的规范体系，两者存在价值目标上的一致性、认识手段上的同质性和作用方式上的耦合性。价值目标追求上的一致性为两者的融合奠定了基本的逻辑前提，认识基础的同质性提供了两者在融合中的技术保障，作用手段的耦合性证明两者的融合能够更好地促进两者的实施效果。上述三个方面，一方面，揭示环境法与环境标准作为两种不同类型社会规范间的相似性；另一方面，也从理论上证明了环境法与环境标准融合在理论上的可行性，为两者的融合提供了理论上的有力支撑。

---

① 参见蔡守秋《基于生态文明的法理学》，中国法制出版社 2014 年版，第 454 页。

第三节　环境法与环境标准融合的制度路径

　　环境法与环境标准的融合，体现了环境法革命性的一面，其体现了环境法从世界图景、价值选择以及思维方式上对于传统法律体系的变革。[①] 但这种变革并不意味着环境法脱离了法律体系，法律系统本身就是一个规范上封闭但认知上开放的系统，[②] 这意味着法律体系可以开放性地接纳来自其他领域的认知因素，但这些认知因素进入法律系统后，需要沿袭着法律系统自身的逻辑进入其规范体系之中。从环境法学研究的角度来看，环境法与环境标准融合的实质，即将环境标准所蕴含的、以生态环境规律为基础的认知因素融入环境法系统中，最终在环境法系统内部形成新的制度样态的过程。在风险社会的背景下，环境法与环境标准的融合是有效回应环境风险的必然选择；而环境法与环境标准之间价值追求的一致性、认识基础的同质性以及作用方式的耦合性，证明了环境法与环境标准的融合具有理论上的可行性。但上述两方面的论证，只能证明环境法与环境标准融合的必然性和可行性，并不能够明确地指出环境法与环境标准融合的具体路径，而只有这种具体路径得以最终建立，才意味着环境法与环境标准能够实现有效融合。在具体路径选择的过程中，首先，需要全面地把握环境法与环境标准融合的内在驱动因素；其次，需要根据融合内在驱动因素的指引，明确在环境法研究领域中环境法与环境标准融合的现实意义，以充分理解环境标准融入环境法对于环境法体系的意义；再次，需要全面地分析环境法与环境

　　[①] 参见侯佳儒《环境法兴起及其法学意义：三个隐喻》，《江海学刊》2009 年第 5 期。

　　[②] 参见［德］尼古拉斯·卢曼《法社会学》，宾凯、赵春燕译，世纪出版集团、上海人民出版社 2013 年版，第 425—426 页。

标准两种规范体系之间的差异性，明确环境法与环境标准融合的外在约束；最后，在环境法与环境标准融合的内在动因、现实意义以及外在约束的共同指引下，选择能够保障环境法与环境标准有效融合的制度路径，在环境法律体系中建立保障环境与环境标准融合的法律制度。

一　技术效力互为支撑：融合的内在驱动

环境法与环境标准的融合，根本上的驱动力源于对于环境风险进行有效回应的现实需求。但环境法与环境标准作为长久以来应对环境问题的社会规范，在各自的发展历程中也体现出了互为融合的内在动力。

（一）环境法律标准化：法律作用延伸的技术需求

随着环境法的不断发展，环境法对于环境问题的应对，逐渐从环境法产生早期的末端治理，向着源头控制、风险预防的方向发展。这种发展趋势体现了环境法对于人类社会与生态环境之间关系调整的不断深入，这种发展趋势也要求环境法对于生态环境规律的认识不断深入。在此要求下，环境法规范逐渐呈现出一种标准化的趋势。

一方面，从环境法的目标来看。相较于传统部门法其呈现出向社会活动系统内纵深方向扩张的趋势。这是源于环境法目标的双重性，传统法律将人与人之间的社会关系作为法律调整的对象，其目标在于实现社会关系的有序性；而环境法的一大特征在于通过对人与人之间的社会关系的调整，以影响人类社会与生态环境之间的关系，其目标在于既保护社会环境、社会秩序，又保护人类共享的自然环境、自然之需。[①]故而在环境法所作用的社会活动系统里，环境法不能仅从保证社会关系稳定的角度出发，仅仅通过权利义务的配置实现社会关系的有序，还需要深入具体社会活动的内部，通过技术要求的方式保障人类活动与生态环境之间的和谐，只有这样才能

---

① 参见蔡守秋《基于生态文明的法理学》，中国法制出版社 2014 年版，第 665 页。

保证环境法双重目标的有效实现。例如：在向环境排放污染物的过程中，哪些物质可以向环境排放，排放物质的浓度、数量等问题，单纯以权利义务配置为规范方式的法律并不能对这些问题给出最终的答案，必须借助以科学技术为基础、以技术指标和操作规程为内容的环境标准，才能解决这些具有科学和社会双重属性的问题。

　　另一方面，从环境法的运行来看。环境法规定的权利与义务一般较为抽象，如《中华人民共和国水污染防治法》（以下简称《水污染防治法》）规定企业必须达标排放，但是所排放污水是否达标，就必须依赖相关污染物排放标准。此类情形表明，欲在一定程度上解决工业社会发展所产生的环境问题，控制环境危险、预防环境风险，环境法的实施必须借助环境标准，离开环境标准环境法将寸步难行。出现这种情况的原因在于，环境标准以科学、技术成果为基础而制定，具有科技性，可以弥补环境法规范因权利义务的抽象性，在面对具体与环境相关行为时存在的不足。①

　　综合上述两方面的因素不难发现，现阶段无论是环境法的目标还是环境法运行的过程，都体现了环境法规范对环境标准的依赖，而环境法律标准化本质上是这种依赖的具体表现。从根源上说，正是由于环境法目标的实现和环境法规范的运行，均需以符合生态环境规律为基本前提，而传统权利义务性规则无法表达生态环境规律，需要通过环境标准这一技术手段，实现环境法将传统法的作用范围从人类社会内部，延伸至人类社会与生态环境之间。可以说环境法律标准化的内在驱动力，源于环境标准对于环境法所能提供的技术支撑的需求。

　　（二）环境标准法律化：标准有效实施的效力保障

　　首先，从环境标准的制定目的来看。环境标准本身不是法律，不具有强制性，但制定环境标准的目的在于实现其所追求的最佳秩序，而此目的的实现则有赖于环境标准得到普遍适用（实施），否则

---

① 参见柳经纬《标准与法律的融合》，《政法论坛》2016 年第 6 期。

环境标准就失去了其制定的意义。环境标准的实施虽然可以通过诸如绿色产品认证等促进性、激励性措施完成，但如能借助法律的强制性，则可以得到更有效的实施。

其次，从环境标准的自身定位来看。环境标准是标准直接进入法律所固有调整领域的重要体现。从历史来看，标准适用的领域最早是产品；随着社会的不断发展，其适用范围逐渐扩大到服务、管理以及公权力领域，例如：环境保护、劳工保护、消费者保护以及社会责任等管理领域，而这些领域大多属于法律固有的作用领域。①当标准的适用领域扩大到环境保护领域时，环境法与环境标准发生融合也就无法避免。故而在环境保护领域中，相关行为不仅是环境法规范的对象，也成为环境标准规范的对象，环境法与环境标准以各自机制共同发挥着规范作用。

最后，从环境标准约束力的来源看。在现代国家中，标准化法律制度决定了标准在法律体系中的适用方式。最早，标准被运用于产品交易与生产之中，其运用的目的在于降低经济生活中的交易成本，以提升经济活动的效率。在此时期，标准实质上是各方经过长期反复协商所形成的共同意志，其在法律体系中被视为交易中各方主体合同约定的内容。如果交易方违反标准的内容则被视为违反合同的约定，承担民法规则中的违约责任。此时，标准在法律体系中效力来源于交易各方意思表示一致的自愿。随着社会的不断发展，标准的适用领域从私人的交易行为扩张至了环境保护等公共利益保护领域。在此背景下，标准在法律体系中效力的来源方式也由意思表示一致的自愿，扩张至了法律明确规定的强制。由此，在标准化法律体系中，将标准按照效力来源的不同分为推荐性标准和强制性标准，前者是各类主体自主决定是否受约束的标准，其效力来自自愿的意思表示；后者是依据一般法规定或被法规排他性引用强制实施的标准，其效力来自强制的法律规定。

---

① 参见柳经纬《标准与法律的融合》，《政法论坛》2016 年第 6 期。

在我国，根据《标准化法》《标准化法实施条例》以及《环境标准管理办法》的规定，环境标准也被分为推荐性标准和强制性标准，前者包括监测方法标准、样品标准以及基准标准，后者则包括环境质量标准和污染物排放标准。环境标准法律效力来源的法定化，反映了环境标准被实施的需求在现代社会中的不断上升，也说明了法律制度的支撑是环境标准有效化的重要保障。综合上述三个方面的情况来看，环境标准作为应对环境问题的另一重要手段，其能否有效解决环境问题、回应环境风险，根本上取决于环境标准是否能够得到有效的实施。正是源于其自身被实施的需求，使得环境标准出现了法律化的趋势，而发生这种现象的内在驱动，正是源于环境法规范的强制性能够为环境标准的实施提供效力上的保障。

环境法律标准化和环境标准法律化的趋势，一方面，表明了在环境法和环境标准各自的规范体系内部，分别在寻找着各自向前发展的技术支撑和效力保障，也正是这种内在驱动在不断推动着环境法与环境标准的融合；另一方面，这两种趋势的碰撞指明了在未来应对环境问题的过程中，将形成一种在内容上反映生态环境规律、在效力上具有强制性效力的规范体系，而这种规范体系也为环境法与环境标准融合的路径选择指明了方向。

二　强化环境法律实施：融合的现实意义

环境法与环境标准之间效力与技术的相互支撑关系，阐明了环境法与环境标准融合的内在动力。从环境法律体系完善的角度而言，之所以需要实现环境法律规范与环境标准规范的融合，其目的在于发挥环境标准的科学技术支撑作用，以保证人类社会与生态环境之间和谐、有序目的的实现。可以说在选择环境标准融入环境法的路径的过程中，能否有效发挥环境标准的科学技术支撑作用以保障环境法律规范的有效实施是评价相关路径选择是否恰当的关键。因此，系统地把握环境法律规范与环境标准规范融合，对环境法规范体系实施产生的影响是进行前述判断的基本前提。

（一）延伸环境法的调整范围

环境法律规范通过权利义务的配置规范着涉及环境保护的相关行为，其本身具有抽象性；而涉及环境保护的相关行为大都又涉及具体的技术性问题，需要借助环境标准规范以认定相关技术性问题，方可对具体涉及环境保护的行为发挥实质性的规范作用；如不借助环境标准，环境法就很难落实对涉及具体技术性问题的行为规范作用。此时，融入环境法律规范的环境标准规范事实上延伸了环境法律规范调整范围。

例如：《环境保护法》第 6 条第 3 款规定："企业事业单位和其他生产经营者应当防止、减少环境污染和生态破坏，对所造成的损害依法承担责任。"这是环境保护基本法对生产经营者规定的环境保护基本义务，但判断这种义务是否被履行、生产经营者的行为是否能够起到防止、减少环境污染和生态破坏的效果，已经超出了传统法律的权利义务规则所能作用的范围。此时，需要借助科学技术加以判断，将环境标准引入具体的环境法条文进行分析，才能判断生产经营者是否履行了环境保护的义务、其行为能否起到防止、减少环境污染和生态破坏的效果。因此，《水污染防治法》第 10 条规定了"排放水污染物，不得超过国家或者地方规定的水污染物排放标准和重点水污染物排放总量控制指标"，并分别在第 11、12、13、14、18 条规定了水环境质量标准、水污染物排放标准以及总污染物排放总量控制指标，要求生产经营者在排放水污染物时符合标准和指标。此种情形在环境法体系中不胜枚举，环境标准在此类情况下的作用，如同工具，当我们触手不及，无法取得物品时，就可以借助工具以延伸获取物品的距离。这说明了相关体现科学技术内容的标准、指标，在实际上具体化了环境法的权利义务规范，延伸了环境法律规范。

（二）保障环境法的准确适用

对环境违法行为的制裁以及对环境侵害结果的矫正是环境法律规范强制性的最显著表现。无论是在环境执法层面上还是在环境司法层面上，无论是在民事诉讼领域还是在行政诉讼、刑事诉讼领域，环境标准对于认定环境违法行为以及环境损害事实的作用越来越凸显。

在环境执法层面上，对生产经营者环境违法责任认定的核心就在于生产经营者是否违反污染物排放标准和重点污染物排放总量控制指标排放污染物，其认定的关键就在于污染物的排放指标是否符合相关标准中规定的具体指标。在环境司法层面上，一是侵权纠纷中认定侵害行为人的排污行为是否与损害结果之间存在因果关系、是否构成环境污染责任，其依据在于在排污行为发生后环境中的污染物存量指标是否超过了环境质量标准中规定的指标。① 二是行政案件中在判断行政执法行为是否合法的问题上，环境标准也具有十分重要的意义，一方面，在实体上，污染物排放标准是判断行政相对人行为是否构成违法行为的依据，行政主体是否严格依照污染物排放标准确定行政相对人行为的性质决定了行政主体处罚行为是否合法；另一方面，在程序上，是否构成违法行为需要以检验、监测行为所得出的结果为判断的基本前提，如果在检验、监测行为中未严格按照相关监测标准、样品标准和基础标准，可能会导致检验、监测所得出的结果出现科学技术上的偏差，最终影响对行为定性的判断。② 因此，如果行政主体在实施相关处罚行为的过程中，未能遵循相关监测标准、样品标准和基础标准，则可以认为其处罚行为存在程序上的瑕疵，认定其对行政相对人的处罚违反法律的规定。三是刑事案件中在认定污染环境罪的问题上，根据《刑法》第 338 条规定，构成污染环境罪的行为系违反国家规定，排放、倾倒或者处置有放射性的废物、含传染病病原体的废物、有毒物质或者其他有害

---

① 参见周骁然《环境标准在环境污染责任中的效力重塑——基于环境物理学定律的类型化分析》，《中国地质大学学报》（社会科学版）2017 年第 1 期。
② 参见王春磊《环境标准的法律效力——问题梳理及实践动向》，《中州学刊》2016 年第 11 期。

物质，严重污染环境的行为。一方面，从《刑法》规定来看，"违反国家规定"是构成污染环境罪的基本前提，如前所述，是否违反国家的规定其中重要的判断依据之一，就是行为是否符合相关环境标准；另一方面，从《最高人民法院、最高人民检察院关于办理环境污染刑事案件适用法律若干问题的解释》（法释〔2016〕29 号文件）第 1 条第 3、4 项对于"严重污染环境"的界定，分别是以排放特定污染物质超过相关污染物排放标准的三倍或者十倍以上为认定标准。从上述两个方面来看，环境标准是认定是否构成污染环境罪的重要依据。在上述环境法律规范适用过程中，如果离开了环境标准，环境行政执法部门或司法机关就无从对违法行为做出认定，可见，环境标准规范对于相关环境法律规范的准确适用具有决定性的意义。

（三）提升环境法的守法水平

根据各国实践经验，环境法的实施除公民、社会组织和国家机关自觉守法外，主要通过国家专门行政机关的行政执法以及公益诉讼和私益诉讼两种方式加以实施。[1] 前述两个方面的论述主要从行政执法和诉讼这两种以国家强制力作为保障的实施方式的角度研究环境标准进入环境法体系中的意义。毫无疑问环境标准可以通过延伸环境法的作用范围细化环境法的适用规则，以强化环境执法和环境司法实施环境法的效果。但与此同时环境标准也能够通过促进生产经营者自觉守法的方式，强化环境法的实施效果。

环境标准促进生产经营者守法的意义，有赖于标准化领域中的认证制度。根据《认证认可条例》的规定，认证是指由认证机构证明相关生产经营活动符合相关技术规范的强制性要求或者标准的合格评定活动。对认证合格的对象，由认证机构出具认证证书，允许在其产品和服务上使用认证标志。认证制度的主要功能是确认被评

---

[1]　参见奚晓明主编《最高人民法院关于民事公益诉讼司法解释理解与适用》，人民法院出版社 2015 年版，第 169 页。

估的生产经营活动满足了标准和技术规范的要求，并以公示评定结果的方式，向公众和消费者传递被评估对象符合相关要求的信息。[①]认证制度一是能够提升生产经营活动的水平、保证市场最佳秩序；二是能够使得生产经营活动所提供的产品和服务取得某些进入市场的资格；三是作为消费者选择产品和服务的重要依据。

在环境保护日益受到全社会重视的今天，从促进生产经营者守法的角度出发，环境标准化领域中的认证制度具有以下三个方面的意义：第一，能够通过使生产经营者在实施生产经营活动时，提前了解相关环境标准的要求，避免因为对于相关生产要求的不了解而引发环境污染，发生违法行为；第二，在日益注重企业环境信用的今天，认证制度能够使得生产经营者获得相应的环保凭证，有利于提升环境信用，使生产经营者能够获得政府、金融机构等主体对绿色生产经营者的支持；第三，由于获得环境认证的产品和服务是被证明已经满足了有关技术规范和标准的，相对于其他未获得认证的竞争商品，可能更受消费者的青睐，能够获得更大的市场份额。例如：以能效标准为基础的能效标识制度，就在引导整体社会遵守节能减排法律规范、减缓电器以及工业设备能源消耗等方面发挥了重要的作用。[②]

通过上述分析不难发现，环境法的实施虽然有国家强制力保障，但其通常体现在违法行为、侵害行为发生之后，通过对违法行为、侵害行为的事后制裁、矫正，以彰显法律的强制性，从而通过威慑作用促使人们遵守法律，使法律得到有效实施。与此不同，认证制度是通过事前对生产经营行为的"合格评估"来促使生产经营者遵守环境标准，在确保环境标准有效实施的同时，也保证相关环境法律规范得到有效实施。这种事前规制的理念，也与环境法预防原则

---

① 参见刘宗德《认证认可制度研究》，中国计量出版社 2009 年版，第 26—27 页。

② 参见王文革《我国能效标准和标识制度的现状、问题与对策》，《中国地质大学学报》（社会科学版）2007 年第 2 期。

相契合，故而可以预见到在环境法律规范与环境标准规范融合的趋势下，在未来环境法体系中，环境标准认证制度也将对环境法的实施起到重要的作用。

在标准化工作中，标准是认证的依据，是确保认证工作科学性、权威性、规范性的根本保证，认证工作只有以标准为依据，才能最大限度地获得权威性和公信力；认证则是标准实施最为有效的手段，是标准得到全面、深入、高效实施的最重要的方式。① 在环境法与环境标准融合的问题上，当环境标准进入环境法律规范后，环境标准得到有效的实施也就意味着环境法得到有效实施。环境标准的实施对于环境法的实施就具有直接的意义，换言之，环境标准认证能够通过促进生产经营主体自愿遵守标准的方式，而实现生产经营主体遵守环境法，最终与强制性实施手段一同强化环境法的实施效果。

三　规范体系相互独立：融合的外在制约

准确把握环境法与环境标准的基本关系是判断环境法与环境标准是否具备融合的可能，以及在可能融合的基础上如何实现相互融合的基本前提。具体而言，环境法与环境标准作为两套相互独立的规范体系，两者的关系体现为两者的联系和区别，前者决定了在应对环境风险背景下两者是否具备融合的可能；后者则在两者具备融合可能的前提下，影响并制约两者之间实现融合的具体路径。本章第二节在分析环境法与环境标准融合的理论支撑的过程中，已从两者价值追求的一致性、认识基础的同质性和作用方式的耦合性三个方面，阐明了环境法与环境标准之间的联系，并且充分论证了上述三个方面的联系能够在理论上为环境标准与环境法之间的融合提供充分的支撑。在具体到选择两者融合路径的过程中，应当着重分析环境法与环境标准之间的区别，以明确在选择融合路径的过程中所

---

① 参见刘宗德《认证认可制度研究》，中国计量出版社 2009 年版，第 33 页。

存在的具体约束。环境法与环境标准本质上系两种相互独立的社会规范类型，对两者区别的把握应当从外在形式和内在结构两个方面展开。

（一）环境法与环境标准外在形式的不同

第一，制定主体不同。环境法的制定主体为《宪法》及《立法法》规定的享有立法权的国家机关，包括：有权制定法律的全国人大及全国人大常委会，有权制定行政法规的国务院，有权制定地方性法规的省级、设区的市一级人大及其常委会，有权制定规章的国务院组成部门以及省级、设区的市一级人民政府。环境标准的制定主体则因为不同类型的环境标准而具有法定性和多样性，有权制定强制性环境标准的主体包括国务院环境保护主管部门、省级地方人民政府，而有权制定推荐性标准的主体则没有特定的限制。

第二，制定程序不同。环境法的制定需要根据具体的立法类型按照《立法法》规定的立法程序进行，具体包括：立法草案的拟定、审议、修改、表决、签署以及公布等程序，每一项程序均需要依照《立法法》的规定严格执行。环境标准的制定程序则因为环境标准类型的不同而存在较大的差异，强制性环境标准的制定一般按照《标准化法》《环境标准管理办法》的程序规定，具体包括：拟定标准草案、对草案征求意见、审议标准草案、审查批准标准草案以及发布；而推荐性环境标准的制定则无统一的程序性规定。

第三，外在约束力不同。环境法系国家制定和认可的、由国家强制力保证实施的规范，源于国家强制力保证其本身具有强制性，[①]环境法能够对违反环境法规范的行为主体产生直接性约束。环境标准则由于其类型不同其外在的约束力表现会有不同，就推荐性标准而言，其对相关行为主体的约束力主要来自相关主体自愿接受约束的意思表示；而就强制性标准而言，虽然强制性环境标准可以作为

---

① 参见蔡守秋《论环境标准与环境法的关系》，《环境保护》1995 年第 4 期。

事实认定的构成要件判断的依据，可能对行为主体产生外部约束的效果，[①] 但是这种约束效力并非来源于强制性环境标准自身，对于违反强制性环境标准的行为，仍需要援引法律的规定来实现最终的制约[②]。可见，强制性环境标准的外在约束是依赖法律规定的间接性约束。[③]

（二）环境法与环境标准内在结构的不同

第一，调整对象的不同。尽管环境法的价值追求在于实现人类社会和生态环境之间的和谐、有序，但此目标的实现仍然有赖于人类社会内部的有序。因此，从根本来说环境法的直接调整对象仍然为人与人之间的社会关系，即因人类开发、利用、保护生态环境的行为而形成的社会关系。[④] 虽然环境标准的价值追求也在于实现人类社会和生态环境之间的和谐、有序，但其目标实现的方式为，通过能够揭示人类活动对生态环境造成影响的技术指标、操作规范引导人类活动，以避免人类活动对于生态环境的不利影响。换言之，环境标准的直接调整对象实质为人类行为与生态环境之间的关系。

第二，规范内容的不同。环境法的调整对象为因人类开发、利用、保护生态环境的行为而形成的社会关系，而法律对于社会关系的调整是通过权利义务的配置而实现，因此，环境法的内容为不同主体在实施开发、利用、保护生态环境的行为时，所享有的权利以及应该承担的义务。环境标准则是通过能够揭示人类活动对生态环境造成影响的技术指标、操作规范引导人类活动，故而环境标准的内容应当为能够反映人类活动对生态环境影响的技术指标以及操作

---

① 参见宋华琳《论行政规则对司法的规范效应——以技术标准中心的初步考察》，《中国法学》2006 年第 6 期。

② 参见王伟《浅析我国强制性标准的法律化——以农业环境标准为例》，《生态经济》2012 年第 10 期。

③ 参见刘三江等《强制性标准的性质：文献与展望》，《学术界》2016 年第 2 期。

④ 参见金瑞林主编《环境法学》，北京大学出版社 2016 年版，第 20 页。

规范，其内容本身不具有法律意义而仅具有科学和技术层面的意义。①

第三，逻辑结构的不同。根据我国法理学界的通说，法律规范在逻辑结构上由假定、行为模式和后果三个部分组成。② 而一般认为，标准在逻辑结构中不规定行为模式和后果，只规定具体的技术要求。③ 环境法和环境标准分别属于法律规范和标准的具体形态，两者在逻辑结构上也体现出上述组成。但有观点认为，因为部分环境标准采用了"可以""应当""必须""不得"等行为模式用语，故而可以认为环境标准在逻辑上也具备行为模式的结构，进而得出环境法与环境标准具有相似的逻辑结构的结论。但需要注意的是，即使环境标准使用了上述行为模式用语，这些用语与环境法规范中同一用语的意义也完全不同。环境法规范中的"可以"表达法律赋予的权利，"应当""必须"或"不得"表达法律所要求的义务；而标准文本中的"可以""应当""必须""不得"，只意味着从科学技术性层面上判断相关行为是否具有技术上、科学上的合理性。④ 因此，即使可以认定环境标准存在行为模式的结构，但其行为模式中体现的内容也与环境法大相径庭。

从上述关于环境法和环境标准在外观形式和内在结构上的分析中，不难发现，环境法与环境标准虽然同属于规范，两者无论在制定主体、制定程序和方式以及约束力等外在形式上，还是在调整对象、规范内容以及规范结构等内在结构上，均存在较为明显的不同之处。在选择环境法与环境标准的融合路径的过程中，应当选择恰当的融合路径，避免因为两者的不同之处，最终影响两者融合的制

---

① 参见柳经纬《标准的规范性与规范效力——基于标准著作权保护问题的视角》，《法学》2014 年第 8 期。

② 参见张文显《法哲学范畴研究》，中国政法大学出版社 2001 年版，第 49 页。

③ 参见李晓林《法律与标准关系简析》，《标准科学》2009 年第 11 期。

④ 参见柳经纬《标准的规范性与规范效力——基于标准著作权保护问题的视角》，《法学》2014 年第 8 期。

度效果。

四　环境标准法律制度：融合的实现路径

环境法与环境标准融合的内在驱动和现实意义，为融合的制度路径明确了方向和具体要求。环境法与环境标准的融合意在形成在内容上反映生态环境规律、在效力上具有强制性效力的规范体系，并且具体的融合路径需要保障环境法与环境标准的融合能够强化环境法律规范的实施效果，最终保证环境法实现人类社会与生态环境之间和谐、有序的价值目标。

具体到环境法与环境标准融合的路径选择中，可能存在直接融合路径和间接融合路径，前者意指环境法与环境标准直接相融合，将环境标准中的技术指标以及操作规程与环境法中的权利义务规则相融合，在形式上形成一套具有完整结构的规范体系；后者意指环境法与环境标准间接融合，即在形式上环境法与环境标准保持各自的独立，但是通过相关法律规范的设计将两者结合为一个有机的规范整体。故而，在选择环境法与环境标准融合的具体路径时，应当在充分把握环境法与环境标准融合的内在驱动、现实意义以及外在约束的前提下，分别对直接融合路径和间接融合路径进行全面系统的考察，以选择恰当的融合路径。

前述环境法与环境标准在外在形式和内在结构上的不同，说明两者属于两种在性质上并不相同的规范体系，从法律技术的角度难以将环境标准直接融入环境法规范体系中，例如：《水污染防治法》第 74 条第 1 款规定，排放水污染物超过水污染物排放标准的，由县级以上人民政府环境保护主管部门按照权限责令治理，处应缴纳排污费数额 2 倍以上 5 倍以下的罚款。如果在此规定中，直接将环境标准融入规范中则存在以下困境：一是由于水污染物排放标准实际上是根据不同类型的生产企业、污染物、排污地点，来确定不同的排污限值，如果将相关内容全部纳入具体规范当中，会造成规范内容过多，条文表述过于冗长；二是环境标准的具体限值可能会随着科学技术的进步和生产工艺的改良而不断发生变化，故而环境标准相对于环境法规范其变化的频率会相对较高，如果将此类内容直接纳入环境法规范中，可能会加剧环境法规范合理性与稳定性之间的冲突。故而综合上述两方面的考量，环境法与环境标准的融合不宜采用直接融合的方式，此判断不仅符合理论上的分析，也符合我国乃至世界主流国家的实践做法。

环境法与环境标准的融合是一个长期的动态过程，环境法与环境标准的融合绝不可能毕其功于一役，故而在选择融合路径的过程中，必须建立一个具有长效性、稳定性的制度以保证环境法与环境标准融合过程的顺利、有序。环境法与环境标准两种不同规范体系融合的过程，不仅仅需要重视科学规律，还要充分尊重法律本身运行的规律，要避免在强调科学规律的同时，忽视环境法作为法律规范的自身规律。[1] 基于此，我国现有环境法制度体系中确立的环境标准法律制度，确系经过综合考量后最为合理、恰当的融合路径。一般认为，环境标准法律制度是指有关规定环境标准的分类、分级、标准限值、法律意义、法律效力、制定、修改、适用和监督的有关法律规范所组成的整体。[2] 但现阶段我国环境标准法律制度上存在诸多的问题，需要加以进一步的完善。

环境标准法律制度作为保障环境法与环境标准融合的制度支撑，总体上需要解决以下三个方面的问题：第一，如何在保证环境法体系的稳定性、权威性、合理性的前提下，将环境标准融入环境法体系之中。此问题可以具体化为以下三个子问题：一是融入环境法中的环境标准样态为何，即环境标准的体系问题；二是环境法与环境标准之间的关系为何，即环境标准在环境法律规范中处于何种地位；三是环境标准应该通过何种间接的方式进入环境法体系之中，即环

---

① 　参见巩固《环境法律观检讨》，《法学研究》2011 年第 6 期。

② 　杨朝霞：《论环境标准的法律地位——对主流观点的反思与补充》，《行政与法》2008 年第 1 期。

境法援引环境标准的方式。第二，因为环境标准经法律援引之后就会对相关主体产生间接的外在约束，故而需要保证环境标准本身的合理性。一是需要明确环境标准的制定主体、制定依据以及制定程序；二是在环境标准制定、适用之后，随着科学技术、生产工艺以及社会整体对美好环境的期望等因素的变化，应当如何对环境标准进行恰当的修订，即需要明确环境标准的修订程序；三是由于环境标准制定和修订程序只能从内部保证环境标准自身的合理性，当内部保障体系失灵时还需要外部约束程序从外部加以保障，因此需要构建环境标准诉讼制度通过外部约束保障环境标准自身的合理性。第三，在环境标准融入环境法体系之后，环境标准通将过环境法律规范的作用，对实施开发、利用、保护生态环境的主体产生间接性的约束力，应当进一步明确环境标准的约束力是如何具体体现的，即明确环境标准在环境法规范中的效力。

从上述对环境标准法律制度所应解决问题的分析中，不难发现环境标准法律制度应由三个部分组成①。第一个部分为环境标准援引法律制度，其由涉及环境标准的法律性质、体系结构以及援引方式等涉及环境法与环境标准融合基础性问题的环境法规范构成；第二个部分为环境标准制定修订法律制度，其由涉及环境标准制定、环境标准修订以及环境标准诉讼的法律规范构成；第三个部分为环

----

①　有学者指出环境标准法律制度应当由环境标准文件、管理性环境标准法律规范以及准用性环境标准法律规范三个部分构成。参见杨朝霞《论环境标准的法律地位——对主流观点的反思与补充》，《行政与法》2008 年第 1 期。但笔者认为，根据法理学的基本概念法律制度是指一个国家或地区范围内法律规范的总称，环境标准法律制度就应当指是一个国家或地区范围内所有涉及环境标准的法律规范的总称，故而环境标准法律制度的构成要素为法律规范。环境标准文件本身不具备法律规范的性质，即使其融入环境法规范体系后，其也只能作为环境法规范的组成要素，不能成为具有独立性环境法规范，故而环境标准法律制度中不应包括纯粹的环境标准。同时将环境标准法律制度进行管理和适用二元划分的观点也为部分环境法学者所支持。参见施志源《环境标准的法律属性与制度构成——对新〈环境保护法〉相关规定的解读与展开》，《重庆大学学报》（社会科学版）2016 年第 1 期。

标准适用法律制度，其由涉及环境标准在环境法律规范中具体效力体现形式的环境法规范构成。

本章小结

源于对风险社会中环境风险生成路径的反思，形成了以回应环境风险、应对环境问题为使命的环境法。环境法将保障人类社会与生态环境之间和谐、有序作为其制度目标，而这一制度目标的实现，有赖于将反应自然生态规律的环境标准融入环境法律规范体系中，以形成能够维护社会理性与科技理性之间互动、配合的环境法律规范体系。环境法与环境标准之间在价值目标上的一致性、认识基础上的同质性以及作用方式上的耦合性，能够在理论上证明两者具有融合的客观基础；诚然，两者的融合存在技术效力互为支撑的内部驱动以及强化环境法律规范实施效果的客观作用，但两者在外在形式与内在结构上的根本差异，决定了两者只能够通过在环境法律体系中建立环境标准法律制度的方式，实现两者在相互独立前提下的有机融合。可见，环境标准法律制度是保障环境法与环境标准实现有效融合的制度路径。

第 二 章

环境标准法律制度的理论解构

　　环境标准法律制度作为在风险社会中，融合环境法与环境标准以充分回应环境风险的制度保障，环境标准法律制度的合理构成及良好运行，直接决定了融入环境法律规范的环境标准的正当性、合理性以及有效性，而环境标准法律制度的合理架构则有赖于对于环境标准法律制度全面、系统的把握。本章为了更好地把握环境标准法律制度，将从理论来源、价值追求、功能定位和体系结构四个方面解构环境标准法律制度。首先，环境标准法律制度的宪法溯源，揭示了环境标准法律制度与整体环境法制度之间的关系，而这种关系反映了环境标准法律制度在整体环境法制度中的定位，而准确地认识和把握其制度定位是环境标准法律制度建立和运行的逻辑前提。其次，环境标准法律制度的价值追求，反映了环境标准法律制度的制度目标和所欲实现的效果，这种目标和效果则为环境标准法律制度的建立和运行提供了价值上的指引。再次，环境标准法律制度的功能定位，表明了环境标准法律制度在具体运行过程所应发挥的作用，而这种具体的作用为环境标准法律制度建立和运行提供了具体目标上的引导。最后，环境标准法律制度的体系结构，阐明了为实现环境标准法律制度的价值目标、发挥其制度功能，具体环境标准法律规范之间内在的逻辑关联，决定了具体环境标准法律规范的最终内容。

第一节　环境标准法律制度的宪法溯源

　　环境标准法律制度作为现代环境法应对环境问题和环境风险的重要制度支撑，对一个国家整体的环境法律制度体系有着极为重要的作用，准确把握其与整体环境法律制度之间的关系是展开系统性环境标准法律制度研究的逻辑起点。随着环境问题的不断变化和对环境问题认识的不断深入，法律对于环境问题的应对从早期的损害救济、末端治理，逐渐转向了现阶段的预防为主、风险控制，国家在应对环境问题中的角色也逐渐由传统解决环境损害纠纷，转向现代的全面系统地回应环境问题和环境风险。2018 年《宪法修正案》将"生态文明"纳入《宪法》序言第七自然段关于社会主义建设根本任务的表述中，其体现了宪法对长期以来我国经济社会发展中自然生态问题的回应，更表达了党和国家因应此种前述自然生态问题的政治决断。[①]"生态文明"入宪使得《宪法》中分散而缺乏彼此协调呼应的环境条款得以体系化，[②] 也标志着我国环境宪法体系得以进一步地完善。在此背景下，国家成为环境保护中最为重要的主体，现代环境法也成为国家实现环境治理中最为重要的制度工具。故而，准确把握国家在环境保护中所发挥的作用，并且了解环境标准法律制度与国家在环境保护中作用发挥之间的关系是准确理解和把握环境标准法律制度的重要支点。

一　环境问题与环境国家：国家环境保护义务的生成基础

　　环境问题和环境风险的出现，要求人类在未来的发展中探寻一

---

　　① 参见张翔《环境宪法的新发展及其规范阐释》，《法学家》2018 年第 3 期。

　　② 参见张震、杨茗皓《论生态文明入宪与宪法环境条款体系的完善》，《学习与探索》2019 年第 2 期。

条能够平衡生态环境承载力和社会发展的道路。在探索未来道路的过程中，环境问题自身的特征决定了环境问题的解决必须依赖代表社会整体公共利益的国家，而现代国家在公共治理中的地位也决定了国家必须承担解决环境问题的任务，上述两个方面的内容反映了国家在环境保护中的地位，奠定了国家环境保护义务的生成基础。

（一）环境问题：国家环境保护义务的必要性支撑

随着环境问题的不断升级，以及对环境问题认识的不断深入，环境问题所产生的原因也逐渐走向清晰，即在传统制度体系下因生态环境具有的整体性、不可分割性、广泛性以及共享性等特点，导致了相关行为的预期成本和预期收益之间存在扭曲，对行为主体的行为选择产生了负向激励，形成了市场失灵，造成了人类对于生态环境资源的过度利用，最终突破生态环境的承载能力进而引发环境问题。

首先，就生态环境的公共物品属性和产权缺失而言。一方面，由于环境本身所具有的广泛性、共享性，决定了生态环境本身具有公共物品的属性，公共物品本身具有非竞争性和非排他性的特征。非竞争性表明一个主体对于公共物品的使用不会影响到其他主体的使用，非排他性则表明任何主体均无法被排除在对公共物品的享受之外。[①] 由于环境本身在使用中的非排他性，导致当部分主体在实施改善或侵害生态环境的行为时，相关行为产生的影响不仅会影响到行为人自身，也会影响到其他不特定主体。另一方面，由于生态环境本身所具有的整体性、不可分割性的特点，造成了环境资源产权难以明晰。市场实现有效资源配置的前提在于存在产权并且产权可交易，而由于生态环境的整体性导致了生态环境产权难以界定，故而在市场中无法反映或充分反映生态环境的价值。这就导致了在现有的市场秩序下，环境成为一种免费的资源，其价值未能体现在市

① 参见［美］彼得·伯克、格洛丽亚·赫尔方《环境经济学》，吴江、贾蕾译，中国人民大学出版社 2013 年版，第 45 页。

场交易之中，导致了对于生态环境的过度开发利用。这两方面的原因导致了环境保护中外部性的出现。

其次，就环境保护的正外部性而言。当主体实施改善环境的行为时，改善行为的受益主体，既包括行为人自身，也包括在一定范围内的不特定社会公众，此时就产生了正外部性效应。然而，由于环境产权本身界定的困难，由于正外部性效应导致了存在得益却未支付成本的"搭便车者"，这使得实施改善行为主体所承担的行为成本超过了其本身所得到的收益，对相关行为主体产生了负向激励，造成环境改善行为供给不足、低于社会福利的最优量。[1] 经济学家指出，为消除正外部性对于环境改善行为的影响，需要使由正外部性产生的社会收益，转化为正外部性制造者的私人收益，[2] 消除正外部性对于环境改善行为的抑制，增加环境改善行为的供给。

再次，就环境侵害的负外部性而言。当主体实施侵害环境的行为时，受害主体既包括行为人自身，也包括在一定范围内的不特定社会公众，进而产生了负外部性效应。同样由于环境产权的缺失使得本应由致害行为人承担的环境成本由他人承担，[3] 这就导致了侵害行为主体所获得的收益大于其所承担的成本，进而对致害行为主体产生了正向激励，导致环境致害行为的频繁发生。而为了消除负外部性对环境侵害行为的影响，则需要将环境侵害行为所造成的社会成本转化为行为主体的成本，增加行为主体的预期成本，消除负外部性对于环境侵害行为的激励，抑制环境致害行为的发生。

最后，通过分析不难发现，因为环境公共物品属性和产权缺失所造成的外部性，使得现有的市场机制在没有外来强制干预的情况下，既无法对企业、个人的环境致害行为加以有效遏制，也难以直

---

[1]　王万山、谢六英：《正外部性激励优化的经济分析》，《江西农业大学学报》（社会科学版）2007 年第 2 期。

[2]　王冰、杨虎涛：《论正外部性内在化的途径与绩效——庇古和科斯的正外部性内在化理论比较》，《东南学术》2002 年第 6 期。

[3]　汪劲：《环境法学》，北京大学出版社 2014 年版，第 10 页。

接诱导企业和个人实施改善环境的行为。① 此时就需要国家介入，通过管制和激励的方式对外部性予以矫正，进而保证环境公共物品的供给。可见，因环境问题自身特征所导致的外部性效应，决定了国家应承担环境保护义务，并且通过国家行为介入环境保护工作、供给环境公共物品，从而在根本上解决因外部性所导致的环境问题。具体到我国，国家承担以环境保护为具体表现的环境治理任务，不仅是我国现阶段基本国情所决定的，也是现阶段生态文明建设的根本要求。②

（二）环境国家：国家环境保护义务的正当性基础

一般认为，近代以来国家形态的变化经历了三个阶段——警察国家、自由法治国以及社会法治国。首先，在警察国家阶段，国家被视为全能、神圣的"利维坦"，此时国家权力通过警察部门，对社会活动进行强制干预，国家权力处于绝对的状态不受任何因素的制约。其次，随着以理性主义为基础的自由主义思想的兴起，对于国家的认识发生了变化。认为国家本身不是目的，而是实现人的最充分的自由发展的手段，国家目的被认为是保护个人权利免遭内部侵害和外部威胁。③ 进而形成了自由法治国的国家形态，在此阶段信奉"小国家，大市场"的古典自由主义经济学思想，认为国家应扮演消极守夜人的角色，其核心任务在于维护社会基本的安全秩序，确保个人自由最大限度地实现。最后，随着自由市场的不断发展，自由竞争走向寡头垄断，贫富差距加大等社会问题不断出现，直接冲击了现代国家的正当性基础，要求国家积极地参与社会问题的解决，要求国家能够保障公民有尊严地生存，进而产生了社会法治国的国家形态，其核心任务在于通过国家权力的运行为公民有尊严地生存

---

① 参见陈海嵩《国家环境保护义务论》，北京大学出版社 2015 年版，第 13 页。

② 参见王树义《环境治理是国家治理的重要内容》，《法制与社会发展》2014 年第 5 期。

③ 参见徐健《19 世纪初德国的自由主义国家理论及其实践》，《北京大学学报》（哲学社会科学版）2007 年第 2 期。

提供经济、社会、文化等条件。至此，国家超越了消极守夜人的角色，转而承担了更加全面、积极的民生保障义务。[①]

在进入到 20 世纪后，环境问题的严重程度不断上升、影响范围也不断扩大，从传统以"八大公害事件"为代表的区域性环境问题，逐渐演化到气候变化、生物多样性破坏、能源枯竭等全球性环境问题。一系列环境问题的发生，使得人类逐渐意识到作为人类生存基础的生态环境是人类有尊严生存的基本前提。1972 年，在第一次联合国环境会议上通过的《人类环境宣言》，呼吁各国和全人类为了维持与改善人类环境，造福各国人民和后代而共同努力。自此，环境保护与社会法治国之间发生了结合，随着社会的不断进步，社会法治国的要求从对人民生活基本需求的满足，转向了促进人民的福祉与精神文明的满足。以实现人类社会与生态环境和谐、有序、可持发展为目标的环境保护，丰富了社会法治国的目标，即将保障人民最低的环境生存空间作为国家在环境保护中的最低目标，将使得环境品质更进一步符合人类精神文明的发展所需作为更高级的目标。[②]

环境保护与社会法治国的结合，丰富了社会法治国的内涵，在福利国家等内涵之外，形成了环境国家的概念。环境国家的概念产生于生态现代化理论，相关理论明确提出了现代环境治理中国家进行"元治理"的能力与功能，而这种理论具体到法学理论中，意味着国家需要在保护环境中承担基础性任务，即国家需要承担国家环境保护义务。对环境国家界定最具代表性的观点，来自德国著名公法学家库福尔教授，其观点指出环境国家的内涵具有以下三个层次：一是以环境保护作为国家目标；[③] 二是将不损害环境作为国家任务，

---

① 参见徐以祥《行政法上请求权的理论构造》，《法学研究》2010 年第 6 期。

② 参见陈慈阳《环境法总论》，中国政法大学出版社 2003 年版，第 89 页。

③ M. Kloepfer. Umweltstaat als Zukunft, Bonn：Economica, 1994, S. 103. 转引自陈海嵩《国家环境保护义务论》，北京大学出版社 2015 年版，第 34 页。

并以此任务作为决策基准和目标的国家;① 三是将环境保护作为一体化的有限义务②。有学者则进一步对环境国家从表述、规范体现和价值理念的层面进行了探讨，认为环境国家是以环境保护作为国家目的并采取多种方式加以实现的国家，环境国家一般在宪法中体现为基本权利条款、基本国策条款以及基本义务规范，其核心价值在于"综合多方利益平衡的目的，国家负有保护环境的责任"③。从上述观点中不难发现，环境国家是一个在内涵和外延上尚存在一定争议的概念，其本身具有一定的开放性，但其仍然阐释了现代国家在环境保护中的地位，即国家承担环境保护的责任，通过履行国家环境保护义务的方式，实现环境保护这一为保障人的生存尊严的国家任务。

　　环境公共信托理论和社会公共利益理论则进一步阐释了在环境国家框架下，国家环境保护义务的正当性基础。一方面，就环境公共信托理论而言。该理论最早由美国学者萨克斯提出，其认为空气、阳光等环境要素在国家框架体系内是全体公民的共有财产；公民为了管理他们的共有财产，而将其委托给政府，建立公民与政府之间的信托关系。在这种信托关系中将生态环境视为公共物品，其既不是国家主权控制的客体，也不是私人权利的客体，国家基于整体公民的委托对其进行适当的管理。④ 在此结构下，国家是公民权利的受托人，公民授权国家在授权范围内对生态环境进行保护和管理，国家承担保护和管理生态环境的义务，即国家环境保护义务。另一方

---

① M. Kloepfer. Umweltstaat, Berlin: Springer, 1989, S. 43. 转引自陈海嵩《国家环境保护义务论》，北京大学出版社 2015 年版，第 34 页。

② M. Kloepfer. Interdisziplinare Aspekte Des Umwltstaats, DVBL, 1994, 12. 转引自陈海嵩《国家环境保护义务论》，北京大学出版社 2015 年版，第 34 页。

③ 参见陈海嵩《国家环境保护义务论》，北京大学出版社 2015 年版，第 36、42—45、53 页。

④ See Joseph L. Sax, "The Public Trust Doctrine in Nature Resources Law: Effective Judicial Intervention", *Michigan Law Review*, Vol. 68, No. 4, 1970.

面，就社会公共利益理论而言。生态环境是人类及人类社会存在与发展的基础，生态环境状况直接关系到每个人。根据庞德教授的观点，生态环境属于社会利益中保护社会资源的社会利益。① 而国家作为社会公共利益的天然代表，需要对生态环境这种社会公共利益进行保护、管理和公平分配，在这个过程中对生态环境进行保护是进行管理和公平分配的前提。因而，国家环境保护义务是国家作为环境公共利益代表的根本性要求。

综合前文对于环境问题和环境国家的论述，不难发现，由于生态环境的整体性、共享性、不可分割性等特征，决定了生态环境的公共物品属性和产权的缺失，进而导致在公共物品的供给过程中产生了外部性效应，出现了对于公共物品的过度使用和供给不足的双重困境。为了克服这种困境，就需要国家的介入对外部性予以矫正，即环境问题的生成原因决定了国家必须承担环境保护的义务，进而阐释了国家环境义务生成的必要性前提。而环境国家的兴起则说明了环境保护已成为现代国家的重要目标和任务，环境保护是实现现代国家追求人类有尊严生存的根本目的的重要保障，环境国家揭示了环境保护与现代国家目的之间的关系，证明了国家承担环境保护义务是实现现代国家目的的重要方式。可见，环境国家的产生为国家环境保护义务的生成提供了正当性支撑。

二 环境人权与国策条款：国家环境保护义务的宪法依据

环境问题的特征与环境国家的产生，确立了国家环境保护义务的必要性支撑和正当性基础，但国家环境保护义务的落实还需要通过具体的法律制度加以确认。在现代公法理论和国家理论中，国家义务是现代宪法体系的核心，公民权利是国家义务的直接来源，而

① 参见［美］罗斯科·庞德《通过法律的社会控制、法律的任务》，沈宗灵译，商务印书馆1984年版，第89页。

国家义务又直接决定了国家权力。① 具体到国家环境保护义务，公民环境权利自然就成为国家环境保护义务的权利基础，更直接决定了国家机关在环境保护工作中所享有的权力。宪法作为公民权利的保障书，其对公民权利的具体规定及保障方式直接决定了国家义务的类型和范围。据此，我国宪法中对于公民环境权利的具体规定及保障方式，将直接决定国家环境保护义务的具体内容和范围，故欲全面把握国家环境保护义务，需首先准确剖析我国宪法中对于公民环境权利的具体规定及保障方式。

（一）作为人权的环境权：国家环境保护义务的价值基础

人权系人基于人之自然属性和社会本质所应当享有的权利，② 人权本身具有普遍性、抽象性、道德性、有限性、理想性和公共性③。对人权的尊重和保障是当代世界政治发展的主题、④ 是国际社会和各个独立国家所共同关注的议题。但需要注意，作为人类基本价值的人权是需要普遍尊重和保护的，但对人权的法律保护是以国别为限制的⑤。而宪法则是国家尊重和保障人权的起点，宪法作为人权的保障书，既是对已有人权的确认，也是人权发展的保障。⑥ 一般而言，现代国家宪法以保障以人之尊严为核心的人权为起点，进而构筑起

---

① 参见龚向和《国家义务是公民权利的根本保障——国家与公民关系新视角》，《法律科学》（西北政法大学学报）2010 年第 4 期。

② 参见李步云、邓成明《论宪法的人权保障功能》，《中国法学》2002 年第 3 期。

③ 参见张翔《论人权与基本权利的关系——以德国法和一般法学理论为背景》，《法学家》2010 年第 6 期。

④ 参见李步云、邓成明《论宪法的人权保障功能》，《中国法学》2002 年第 3 期。

⑤ 该学者用一段精辟的语言深刻地阐释了该观点，"当鳏寡孤独者不能从家庭、教会、社团等处得到应有救济的时候，都可以诉诸国家这个最后的机构，一旦国家通过司法判决否决了对相应人权的保护，那么原则上人权的保护就只剩下道德效力。因为超过民族国家这个最终机构，就只能寻求国际性帮助，涉及的因此就不再是法律上的义务，而是道德义务"。参见张翔《论人权与基本权利的关系——以德国法和一般法学理论为背景》，《法学家》2010 年第 6 期。

⑥ 参见李步云、邓成明《论宪法的人权保障功能》，《中国法学》2002 年第 3 期。

宪法中的国家义务规范体系和国家权力规范体系，最终形成人权的宪法保障体系。

　　我国在 2004 年修订《宪法》的过程中，在第 33 条第 3 款明确规定"国家尊重和保障人权"，该款规定表明了人权是国家权力的源泉，国家权力为保障人权而存在，保障人权不仅仅是国家权力的道德要求，更是宪法规定的强制义务，要求国家权力的设立、配置和运行应当有利于人权的实现。① 可见，"尊重和保障人权"已经成为国家的根本性义务，也是我国宪法规范的价值指引。故而，具体到环境保护领域之中，欲全面、系统地把握国家环境保护义务的内涵及其体系，必须首先厘清环境保护与人权保护之间的关系。截至 2020 年，我国已经制订了三个《国家人权行动计划》，无一例外地将"环境权利"连同"生存权利""政治权利"等视为我国人权的重要组成部分。可以认为，"环境权是一项基本人权"的观念不仅成为学界的共识，也得到了国家层面的认同，在我国对于环境保护的需求已经通过对于新型权利的诉求，转化为人权体系中的环境权。

　　从人权历史分期的视角看，环境权是第三代人权的重要组成。欧洲启蒙运动提出的"天赋人权"观念，既是近代资产阶级革命的理论基石，也是现代人权思想研究的发端。第一代人权系以"自由权"为核心的自由权利体系，其以反对国家干预为主要诉求目标，故而又被称为"消极权利"，希望能借此形成一个"政治国家"不能插手的"市民社会"领域，进而为资本主义的自由发展提供空间。"自由权"所派生出的自由放任体制极大地保障了资本家的自由，广大劳工却是"自由得一无所有"。备受现代社会推崇的财产权制度，对社会底层民众而言，也不过是维持其贫困的枷锁。在此情形下，消极的人权理念改弦易辙，要求国家积极作为或给付，力求社会平

---

　　① 参见焦洪昌《"国家尊重和保障人权"的宪法分析》，《中国法学》2004 年第 3 期。

等的第二代人权应运而生。第二代人权系以"生存权"为核心的社会权利体系，其以谋求国家积极参与生存保障为诉求，要求国家对这些权利的实现负担积极义务，故又被称为"积极权利"。在自由市场与福利国家协同配合下，社会财富与物质消费不断增长，然而物质财富的与日俱增与环境利益的江河日下，成为世界各国无法规避的一对突出矛盾。虽然从长远来看，经济发展与环境保护是互为表里、协调共进的，但就现实而言，基于物质财富和环境品质之间呈现出的巨大反差，使得全人类对安全、美好的生存环境的渴求最终演变为新型人权的诉求。此时，我们便迎来了第三代人权，即以"环境权"为核心的、关涉人类生存条件的、集体性的"连带关系权利"体系。[1]

从前述关于人权历史分期的梳理中不难发现，第一代人权是平民与封建政权斗争的结果，反映了公民与政府之间的矛盾；第二代人权是作为在资本主义生产方式中的劳动者反抗资本压迫的结果，反映了社会强者与社会弱者之间的矛盾；第三代人权则是人类繁荣与发展受生态环境承载能力限制的结果，反映了人与自然之间的矛盾。[2] 可以说，学术研究领域和国家实践层面对于作为人权的环境权的认可，反映了现阶段环境保护已在我国上升至人权保障的高度，这意味着通过环境保护实现对作为人权的环境权的保障，已经成为现阶段国家义务的重要组成部分。但作为人权的环境权仅系国家环境保护义务的逻辑起点，国家环境保护义务的履行并有效实现环境权的有效保障，还需要通过宪法规范对环境环境保护义务加以系统性阐释，并以其为基础指引和约束涉及环境保护的国家权力的配置

---

[1]　参见〔瑞士〕胜雅律《从有限人权概念到普遍人权概念——人权的两个阶段》，载沈宗灵、王晨光编《比较法学的新动向——国际法学会议论文集》，北京大学出版社1993年版，第134—135页；徐祥民《环境权论——人权发展历史分期的视角》，《中国社会科学》2004年第4期。

[2]　参见徐祥民：《环境权论——人权发展历史分期的视角》，《中国社会科学》2004年第4期。

和运行。

（二）环境保护国策条款：国家环境保护义务的规范体现

前文对于作为人权的环境权的立证，只能阐明宪法体系内国家环境保护义务的价值基础，但并不能够直接作为宪法中确立国家环境保护义务的规范立证。"国家尊重和保障人权"只明确了国家尊重和保障人权的宪法义务，① 其只能导出国家尊重和保障作为人权的环境权的宪法义务，而无法直接导出国家环境保护的宪法义务。"法律的思路是一种不同于情感和伦理的思路，它不能说'那我们去关心环境、生态、自然好了'就解决问题，它得有相应的概念和理性工具为之承载，才可以去追求某个目的。"② 宪法对于作为人权的环境权的保护，不能仅仅通过概括性的国家尊重和保障人权的宪法义务而实现，还需要更加具体的规范及制度工具清晰地界定国家环境保护义务。

在宪法理论上，对于如何保障并体现作为人权的环境权，存在两种不同的观点，一是认为应当将环境权作为新兴权利纳入基本权利体系之中，通过修宪的方式将"环境权"列于基本权利体系中，通过宪法基本权利体系的框架实现宪法对于作为人权的环境权的保护，即通过"基本权利—国家义务"的路径实现；二是认为环境权与基本权利的本质不相符合，应当放弃将其纳入宪法的基本权利体系之中，转而通过对现有基本权利体系的内涵加以扩充或重新界定，通过现有体系中所形成的客观规范内容及价值决定的方式，而确立国家环境保护义务，并对国家权力的形式予以限制，即通过"客观规范—国家义务"的路径实现。③

---

① 参见焦洪昌《"国家尊重和保障人权"的宪法分析》，《中国法学》2004 年第3 期。

② 江山：《法律革命：从传统到超现代——兼谈环境资源法的法理问题》，《比较法研究》2000 年第 1 期。

③ 参见陈慈阳《环境法总论》，中国政法大学出版社 2003 年版，第 88—89 页。

1. "基本权利—国家义务"路径的否定

从现有理论来看，前一种观点虽然更能够凸显国家对环境保护的重视，并且更加能够获得公民的共识和支持，但在具体实践的过程中却存在权利转化困难、权利内涵模糊、权利性质集体化等方面的困境。具言之，首先，将作为人权的环境权纳入宪法基本权利体系范围之内，本质上系将人权转化为基本权利的过程，在转化的过程中需要完成四个方面的缩限，即从普适性道德权利向民族性国家内部权利的缩限、从普遍道德化权利向法律秩序制度化权利的缩限、从内涵各种现实可能性的权利向具有科学知识品格的权利的缩限、从具有抽象普适价值的应然权利向特定文化背景价值的实证权利的缩限。① 就现有研究成果来看，长期以来理论界对于环境权的性质、主体、内容等基本问题存在大量的争议，此类争议的存在，决定了前述转化过程中权利制度化、科学化和实证化的缩限难以实现。此外，环境权本身的不确定性和开放性、多元属性以及对抗性，决定了环境权只能停留在"应然权利"层面，难以成为真正的法律权利。② 综上，目前尚不具备将作为人权的环境权转化为宪法基本权利的条件。

其次，在学理上"环境"的内涵，在不同的领域之中存在不同的内涵，如果将环境权作为基本权利，会导致其保护内涵和范围的不明确，③ 势必导致其在基本权利发挥司法请求功能的过程中，欠缺具体明确的权利范围，致使权利最终无法得到实际的保障④。具言之，"环境"概念内涵的广泛性，直接导致了"环境权"权利内容的模糊性，而这种模糊性导致了环境权理论上严密度和精确性的缺

---

① 参见张翔《论人权与基本权利的关系——以德国法和一般法学理论为背景》，《法学家》2010 年第 6 期。

② 参见周珂、罗晨煜《论环境权"入法"：从人权中来，到人权中去》，《人权》2017 年第 4 期。

③ 参见［日］原田尚彦《环境法》，于敏译，法律出版社 1999 年版，第 67 页。

④ 参见陈慈阳《环境法总论》，中国政法大学出版社 2003 年版，第 89 页。

乏，直接使得环境权权利性的稀薄化。① 不难发现源于"环境"概念本身的广泛性、多样性和不确定性，导致作为表达人类环境诉求的"环境权"，在规范化的过程中其保护范围必然就具有模糊性，致使在现有立法技术的条件下，环境权难以成为宪法中的基本权利。②

最后，现有宪法体系中的基本权利，主要是为了保障宪法上个人自由的权利，具有显著的个人性特征。但由于生态环境其本身具有的整体性、公共性的特征，导致其本身不可能专属于个人，直接导致了作为人权的环境权本身具有显著的整体性、公共性特征，使得其本身与基本权利个人主义的本质存在较大的差异性。③ 正是由于上述将作为人权的环境权转化为宪法基本权利的困难，导致了各国在环境保护"入宪"的思潮中，纵使承受了各界舆论主张的"环境权"入宪的压力，在将"环境权"纳入宪法基本权利体系的过程中，仍保持相对保守的态度。④ 这种保守态度具体到我国，即并未在宪法规范中将环境权纳入基本权利体系。⑤ 与此同时，即使在将"环境权"纳入宪法规范的国家，实践中相关条款并不具有独立的司法实施能力，更多的只是一种"宣示性权利"，而未能成为完整的宪法基本权利。这也证明了，现阶段尚无法在宪法理论和规范上，形成以环境基本权利为逻辑前提和理论依据的国家环境保护义务体系。

2. "基本国策—国家义务"路径的证立

上述分析证明了无法通过"基本权利—国家义务"路径实现对作为人权的环境权的保护，因此实现对作为人权的环境权的保护转向了"客观秩序—国家义务"的路径。而这种客观秩序在现代宪法

---

① 参见［日］大须贺明《环境权的法理》，林浩译，《西北大学学报》（社会科学版）1999 年第 1 期。

② 参见陈海嵩《国家环境保护义务的溯源与展开》，《法学研究》2014 年第 3 期。

③ 参见陈慈阳《环境法总论》，中国政法大学出版社 2003 年版，第 90 页。

④ 参见陈海嵩《环境权实证效力之考察——以宪法环境权为中心》，《中国地质大学学报》（社会科学版）2016 年第 4 期。

⑤ 参见张震《环境权的请求权功能：从理论到实践》，《当代法学》2015 年第 4 期。

中体现为基本国策规范，随着资本主义的不断发展，国家的任务从维护社会秩序，逐渐转向了包括：维持社会秩序、积极负担"生存照顾"任务以及维护社会正义在内的多元任务。国家的形态也从自由法治国转向社会法治国，而各国宪法的结构也从近代宪法的"基本权利+国家机构"的二元结构模式转向了现代宪法的"基本权利+基本国策+国家机构"的三元结构模式。

　　宪法基本国策条款的形成源于现代社会中，任何国家都不可避免地介入社会经济生活，宪法为了保障人权、避免国家权力对于人权的侵害，宪法需要对国家介入社会生活予以授权，① 设定明确的国家目标、确定国家义务、划定国家权力的边界。需要明确的是，现代宪法的三元结构模式和近代宪法的二元结构模式在本质上并无区别，其在手段上是控权法，在目的上是人权法。② 换言之，现代宪法和近代宪法均是通过控制国家权力的手段，而实现保障人权的目的。两者在结构上的区别在于，近代宪法通过"基本权利规范—国家义务"的一元路径实现对国家权力控制，而现代宪法则通过"基本权利规范+基本国策规范—国家义务"的二元路径实现对国家的权力控制。

　　如前所述，在现代国家形态转向社会法治国之后，由于生态环境压力的不断上升以及民众对于环境保护诉求的日趋强烈，环境保护与社会法治国的基本原则相结合形成了环境国家的概念。环境国家在宪法上最显著的体现就是环境保护入宪，并且环境保护条款在事实上设立了国家环境保护义务，对国家权力形成了事实上的约束。但在理论上，围绕环境基本国策是否应当进入宪法规范的问题，长期以来存在争议，反对者认为将环境保护作为基本国策纳入宪法中存在以下问题：第一，鉴于《魏玛宪法》基本国策的教训，将环境保护作为基本国策可能会导致"政治法律化"，进而破坏宪法的规范

---

① 参见许育典《国家目标条款》，《月旦法学教室》2005 年第 30 期。
② 参见王月明《宪法学基本问题》，法律出版社 2006 年版，第 7 页。

性、影响宪法的效力；第二，环境保护概念本身的模糊性，并不因
为将宪法规范的形式从基本权利规范转化为基本国策规范而得到改
变，也会导致实践中国家环境保护义务边界的模糊；第三，环境保
护可能与其他宪法基本权利以及基本国策产生冲突，明文列入宪法
将导致难以解决利益衡量的问题；第四，环境保护相对于传统基本
国策条款，其保障体系存在较大的差异，将其与传统的基本国策条
款相并列，可能会导致冲突的产生。①

　　尽管将环境保护作为基本国策纳入宪法体系中存在上述问题，
但世界各国通过宪法修改的实践，肯定了宪法中环境基本国策的地
位以及将其纳入宪法中的合理性。现阶段，已经有超过 100 个国家
和地区在宪法中引入了环境基本国策条款，明确了国家环境保护义
务，② 我国 1982 年全面修订后的《宪法》也在总纲部分第 26 条明确
规定了环境基本国策③。各国宪法中普遍存在的环境基本国策条款，
不仅直接体现环境国家理念，还在规范上确立了国家环境保护义务。
具言之，第一，将环境基本国策纳入宪法，明确了环境保护将成为
国家的目标、凸显了环境保护的价值，为在立法、行政以及司法权
力的运行中主张环境保护的诉求提供了依据。④ 第二，环境基本国策
明确了国家在环境保护工作中的目标，为公民监督和评价国家公权
力在环境保护中的运行提供了依据和标尺。⑤ 第三，作为宪法规范的

①　参见林明锵《论基本国策——以环境基本国策为中心》，载李鸿禧教授六十华诞
祝贺论文集编辑委员会编《现代国家与宪法——李鸿禧教授六十华诞祝贺论文集》，台
北：月旦出版有限公司 1997 年版，第 1483—1484 页。
②　参见蔡守秋《从环境权到国家环境保护义务和环境公益诉讼》，《现代法学》
2013 年第 6 期。
③　《宪法》第 26 条："国家保护和改善生活环境和生态环境，防治污染和其他公
害。国家组织和鼓励植树造林，保护林木。"
④　参见张嘉尹《环境保护入宪的问题——德国经验的初步考察》，《月旦法学杂志》
1998 年第 38 期。
⑤　参见刘东亮、郑春燕《宪法基本国策研究》，《西南政法大学学报》2000 年第
1 期。

环境基本国策并非仅仅具有象征意义，其一方面对国家权力产生引导和约束；另一方面对全体国民产生事实上的教育功能。① 第四，在环境权列入宪法基本权利体系尚存诸多制约、矛盾和冲突的情况下，采取环境基本国策这样的客观法来实现环境保护入宪，可以说是折中的现实选择。②

在确立了环境基本国策条款在宪法体系中的地位后，仍需进一步明确环境基本国策条款的规范性质，方能通过环境基本国策条款明确国家环境保护义务的具体内容。一般而言对于基本国策的规范性质存在以下四种不同的观点：一是"方针条款说"，该学说是早期对于基本国策条款性质的认识，认为基本国策条款只是一种单纯的立法原则对日后行为的提供方向性指示，对一般性法律不产生矫正作用，也不具有宪法约束力，即使与其直接相违背也不产生约束力。③ 总而言之，"方针条款说"认为基本国策条款只是一种指引，并不产生强制性的宪法效力。二是"宪法委托说"，在《魏玛宪法》后期，由于将基本国策视为"方针条款"的观点导致《魏玛宪法》中大量的基本国策条款被空置，为了增强基本国策条款的约束力，学者基于价值秩序的理念，提出了"宪法委托说"，认为宪法中的基本国策条款表明了，宪法对于某些事项无法或不欲加以详细地说明，通过原则性的规定委托立法者加以贯彻实施。④ 而这种委托虽然不能对立法者产生制裁性的后果，但相比"方针条款"其已经对立法者产生了一种明确性的指引和约束。⑤ 三是"制度性保障说"，由于

---

①　参见陈海嵩《国家环境保护义务论》，北京大学出版社 2015 年版，第 80 页。

②　参见陈慈阳《环境法总论》，中国政法大学出版社 2003 年版，第 90 页。

③　参见陈新民《德国公法学基础理论》（下），山东人民出版社 2002 年版，第 696 页。

④　See Maunz、Zippelius, Deutsches Staatsrecht, 24 Aufl.1982, S.41; H Kalkbrenner, Verfassungsauftrag und Verpflichtung des Gesetzgebers, DoV, 1963, S .42, 43.转引自张义清《基本国策的宪法效力研究》，《社会主义研究》2008 年第 6 期。

⑤　参见张义清《基本国策的宪法效力研究》，《社会主义研究》2008 年第 6 期。

"宪法委托说"只能对立法权产生指引效果，而无法作用于所有类型的国家权力，因而有学者进一步提出了"制度性保障说"，认为国家基本国策条款具有明确指引国家权力运行和法治发展方向的效力，[①]也有学者将此类型的基本国策条款称为"国家目标条款"，认为此类条款代表国家所追求的基本目标，国家权力体系的运作应遵循这些基本方向[②]。此类条款对立法权、行政权和司法权均产生实质性的约束，可以说该观点将基本国策条款的效力范围从立法权扩张至所有国家权力类型。[③] 四是"公法权利说"，该说认为基本国策条款在事实上向公民赋予了公法权利，而此种意义上的公法权利系一种可向国家请求实现的主观权利。[④]

　　由于各国家、地区在宪法中对于环境基本国策条款的表述不同，故而对于环境基本国策的效力认识需要结合各国家和地区基本国策条款的内容而进行。例如：我国台湾地区学者在分析台湾地区"宪法"第 10 条第 2 项[⑤]的过程中就指出，相比较德国《基本法》第 20a 条[⑥]的规定，第 10 条第 2 项并未赋予立法者制定环境立法的强制义务，而仅是如同其他"基本国策"条文为纲领宣誓性质的规定（即"方针条款"），虽然在宪法上具有一定的"拘束力"，但对"宪法"重要法益保护的强制性仍显不足。此外，该规定要求在"经济及科学技术发展"与"环境及生态保护"之间统筹兼顾，而并未如德国《基本法》第 20a 条直接指明在宪法秩序范围内实施环

---

　　① 参见刘东亮、郑春燕《宪法基本国策研究》，《西南政法大学学报》2000 年第 1 期。

　　② 参见许育典《国家目标条款》，《月旦法学教室》2005 年第 30 期。

　　③ 参见陈海嵩《国家环境保护义务论》，北京大学出版社 2015 年版，第 85 页。

　　④ 参见陈新民《宪法学导论》，三民书局 1996 年版，第 448—452 页。转引自吴卫星《生态危机的宪法回应》，《法商研究》2006 年第 5 期。

　　⑤ 我国台湾地区"宪法"第 10 条第 2 项规定："经济及科学技术发展，应与环境及生态保护并筹兼顾。"

　　⑥ 德国《基本法》第 20a 条规定："国家为将来之世世代代，负有责任以立法，及根据法律与法之规定经由行政与司法，于合宪秩序范围内保障自然之生活环境。"

境保护。① 依此，进而指出我国台湾地区"宪法"第 10 条第 2 项在原则上属于纲领式条款，但依该条虽然"国家"未必有立即实现的义务，从宪法整体而言其效力为不可明显违反之效力。②

从上述分析中不难发现，源于环境基本国策表述以及各国宪法规范体系的差异，导致各国环境基本国策条款具体的规范性质存在差异，因此，在确定特定国家宪法中环境基本国策条款性质的过程中，需要具体分析环境基本国策条款的内容以及其在整体宪法体系中的地位。一般认为我国《宪法》第 26 条规定了我国的环境基本国策，即"国家保护和改善生活环境和生态环境，防治污染和其他公害，国家组织和鼓励植树造林，保护林木"，对于该条款性质的分析和认识应当从条款在整体宪法规范结构中的地位和条文内容两个方面展开。

首先，环境基本国策条款在我国《宪法》第一章总纲之中，从我国宪法总纲所规定的内容来看，依次对我国的国家性质，政治、经济、文化、社会、国防方面的基本制度、基本国策以及国家行政区划和外国人待遇进行了规定，其中对于政治、经济、文化、社会、国防方面的基本制度、基本国策的规定，反映了宪法对于国家在落实上述五个方面工作时，所应当遵循的基本制度以及应当实现的任务和要求，体现了国家权力在运行的过程中所应当遵守的义务。其中基本国策条款通过其根本性、可持续性、中立性以及规范性的特征，明确了我国在较长历史时期内国家的任务和要求，③ 直接反映了包括立法权、行政权以及司法权运行的目标方向和受到的约束。而环境基本国策作为《宪法》总纲中关于国家在社会建设中有关环境保护的基本国策规定，也当然具备一般基本国策条款的上述特征，其本身体现了对国家在环境保护方面的任务和要求，反映了国家在

---

① 参见陈慈阳《环境法总论》，中国政法大学出版社 2003 年版，第 107 页。
② 同上书，第 103 页。
③ 参见张义清《基本国策的宪法效力研究》，《社会主义研究》2008 年第 6 期。

环境保护方面的义务。

其次，就环境基本国策的条文内容而言。一方面，该条款从主体、对象、手段和目标四个方面清晰地确立环境基本国策的内容。一是将国家明确为环境保护工作的主体；二是将生活环境和生态环境明确为环境保护的具体对象；三是将防治污染、其他公害以及组织、鼓励植树造林、保护树木确立为具体手段；四是将实现生活环境和生态环境的保护与改善确立为环境保护的目标。① 这四个方面的内容明确凸显了该条款的规范性，使得该条文具有明确的指向、为国家履行环境保护义务确立了目标；另一方面，从与其他国家和地区的条款相比较，《宪法》第 26 条也显示出其具有明确规范效力和目标指向的特征。与我国台湾地区的环境"国策"条款相比，《宪法》第 26 条具有环境保护价值一元、保护目标明确、保护对象清晰以及保护手段体系的特点，这意味着该条款的对国家权力的约束力要强于作为"纲领式条款"的台湾地区环境基本"国策"。与德国《基本法》中的环境国策条款相比，虽然《宪法》第 26 条未如德国《基本法》详细阐述环境保护对立法权、行政权和司法权的约束，但其直接将国家作为环境保护的主体，这意味着不同表现形式的国家权力将全面地承担环境保护的工作，环境保护将对国家的立法权、行政权和司法权产生全面的约束。此外，较于德国规定，《宪法》第 26 条在保护对象、手段和目标上更加清晰。综上，从条文内容上来看《宪法》第 26 条的约束力要强于我国台湾地区的环境"国策"条款，与德国的环境国策条款的约束力相近，在规范性质上应当与

---

① 有学者认为《宪法》第 9 条第 2 款和第 26 条均为环境基本国策条款，但笔者认为从《宪法》的逻辑结构来看，第 9 条第 2 款属于经济基本制度中自然资源所有制的规定，其目的是单纯从国家作为自然资源所有者的角度出发，对国家管理和控制自然资源相关权力的规定，而非从环境保护的角度出发对自然资源保护的规定。故而，笔者认为该款规定不属于国家环境基本国策条款，应当归属于基本经济制度的规定。因此，在此仅引用该学者对于《宪法》第 26 条的分析。参见张震《宪法环境条款的规范构造与实施路径》，《当代法学》2017 年第 3 期。

德国的环境国策条款相一致。

最后，从上述两个方面的分析不难发现，我国《宪法》第 26 条具有规范性、内容指向明确，从环境保护的主体、对象、手段以及目标四个方面，清晰地界定了环境保护对于以立法权、行政权、司法权为外在表现形式的国家权力的约束，确立了国家环境保护义务。值得注意的是，上述分析阐明了《宪法》第 26 条的性质应与德国环境国策条款的性质相一致。无论是德国学者，还是我国学者均认为德国《基本法》第 20a 条系典型的"国家目标条款"，其明确了"保障自然生存基础"的国家目的，对现在及未来的国家行为设定了环境保护的任务与目标，构成了国家环境保护义务的渊源。① 由此可见，我国《宪法》第 26 条也属于基本国策条款中的"国家目标条款"，其能够代表在环境保护中国家所追求的基本目标，并且能为包括立法权、行政权、司法权在内的国家权力体系的运作指明方向，②是国家环境保护义务的宪法规范来源。也证明了在我国宪法规范体系内，通过"基本国策—国家义务"分析路径的证立国家环境保护义务的恰当性。

三　外在形式到内容实质：国家环境保护义务的类型划分

宪法中的环境基本国策条款从环境保护的主体、对象、手段及目标四个方面，明确了现在及未来国家环境保护的任务与目标，设立了国家环境保护义务。但国家环境保护义务的履行，本质上系不同类型的国家权力，通过不同权力的具体运行方式实现国家环境保护义务的过程。因此，需要以国家环境保护义务实现中不同目标层次的权力运行为起点，对实质上国家环境保护义务的类型加以划分；

---

① 参见［德］施密特·阿斯曼《秩序理念下的行政法体系建构》，林明锵等译，北京大学出版社 2012 年版，第 148—155 页；陈海嵩《国家环境保护义务论》，北京大学出版社 2015 年版，第 85 页。

② 参见许育典《国家目标条款》，《月旦法学教室》2005 年第 30 期。

并在此基础上根据不同类型的国家权力的特点，从形式上对国家环境保护义务的类型加以明确。

（一）尊重、保护到改善：国家环境保护义务的实质分类

《宪法》第 26 条将国家对生活环境和生态环境的义务确定为"保护和改善"，从语义的角度来说"保护"意指"尽力照顾，使不受损害"①，"改善"意指"改变原有情况使好一些"②，不难发现两者均需要通过一定的积极行为才能得以实现，两者的区别在于"保护"所欲实现的结果是现有水平和状况的维持，而"改善"所欲实现的结果是在现有水平和基础之上取得相应的提升和进步。从宪法的发展历史来看，近代宪法对国家权力的约束主要体现集中于避免国家权力的侵害，突出国家权力的消极尊重义务；而在宪法上为国家权力设定积极义务是宪法从近代宪法发展到现代宪法的突出特点，现代宪法对于积极义务的设定，要求国家权力在遵循消极尊重义务不主动实施侵害行为的前提下，通过积极作为义务的履行实现现代国家义务。可见，国家承担消极尊重义务是实现其积极作为义务的基础和前提，国家除了需要按照基本国策条款承担保护环境义务和改善环境义务之外，仍需承担具有基础性和前提性的尊重环境义务。因此，笔者根据国家在履行环境保护义务中权力运行方式的不同，将国家环境保护义务划分为尊重环境义务、保护环境义务和改善环境义务。

1. 防御功能导向下的国家尊重环境义务

国家尊重环境义务属于国家义务中的尊重义务，在"公民基本权利+国家权力"的二结构模式下，尊重义务是公民基本权利的防御功能，其旨在要求国家权力不侵犯公民的基本权利。当宪法结构从二元转为三元之后，国家义务的来源从原有的公民基本权利，发展

---

① 中国社会科学院语言研究所词典编辑室编：《现代汉语词典》，商务印书馆 2012 年版，第 45 页。
② 同上书，第 416 页。

到公民基本权利以及基本国策条款，故而尊重义务还应包括国家权力不得侵害基本国策所确定的国家任务和目标。国家尊重环境义务属于尊重义务中，要求国家权力行使不侵害宪法环境保护基本国策条款中所确定的国家任务和目标，即国家权力的行使不得侵害保护和改善环境的任务与目标。国家尊重环境义务可以分解为两个层次的义务，一是国家权力行使不得直接侵害环境，二是国家权力行使不得阻碍有关保护和改善环境行为的实施。国家尊重环境义务从上述两个层次约束国家权力行使的同时，还要求立法在必要时对国家环境保护义务进行具体化，从而保障国家环境保护义务能够有效对国家权力实现约束。而当国家侵害行为发生，具体国家机关违背尊重义务侵害保护和改善环境的任务与目标时，司法机关应当通过适用相关法律对此种侵害实现救济。

2. 客观秩序导向下的国家保护环境义务

国家保护环境义务属于国家义务中的保护义务，在传统宪法二元结构模式下，保护义务强调对公民基本权利的保护，意味着国家负有积极义务，采取立法以及其他措施来预防、制止、惩罚第三人侵害公民权益和自由，从而尊重和保障人的尊严。[1] 在宪法转向三元结构模式后，保护义务的范围也应当如同前述尊重义务，扩展至对于基本国策条款中确定的国家任务和目标的保护，即国家有积极义务采取其他措施来预防、制止、惩罚第三人侵害环境公共利益、阻碍基本国策条款中确定任务和目标的实现。一般而言，保护义务可以分为预防、排除和救济三个阶段，根据侵害发生在事前、事中和事后的不同特点，各国家公权力机关在三个阶段中应积极发挥作用。相比较基于公民基本权利而形成的涉及"国家、私益受害者、侵害者"三方的保护义务而言，国家保护环境义务仅涉及"国家、公益受害者、侵害者"之间的三元关系，国家保护环境义务的功能就在于积极地维系现有环境状况，预防、

---

① 参见陈真亮《环境保护的国家义务研究》，法律出版社 2015 年版，第 116 页。

排除和救济非国家主体对现有生态环境的损害，进而侵害环境公共利益，确保宪法通过环境基本国策条款确立的保护生活环境和生态环境任务与目标的实现。

3. 增益功能导向下的国家改善环境义务

国家改善环境义务属于国家义务类型中的给付义务，在传统宪法二元结构模式下，给付义务强调国家为了使公民真正能够实现其基本权利而积极创造客观条件的义务。① 在宪法转向三元结构模式后，给付义务的内涵也随之而发生变化，扩展至通过国家权力的积极运行改变现有情况，使现有国情更接近于基本国策条款中确定的国家任务和目标。具体至环境领域，环境保护的目标已经不仅仅是保护人类生存的环境条件，而是向着追求舒适、保护人类可持续发展的环境条件提升。② 因而，环境问题的解决需要国家权力履行尊重、保护和给付三个层次的义务，在保障现有环境状况的基础上，使环境达到更好的状态、更高的水平。③ 而相较于国家尊重环境义务和国家保护环境义务而言，国家改善环境义务的实质就在于通过国家权力的积极运行，提升现有的环境水平，使整体生态环境状况达到更好的状态。具体而言，国家改善环境义务应当主要指向两个方面：一是积极地提升现阶段相对生态环境处于稳定状态的区域的状况；二是积极地治理现阶段因相关人类活动导致生态环境遭受较大损害的区域，以恢复相关区域的生态环境状况，使其不断改善逐渐恢复、超越受损之前的水平。可以说国家改善环境义务可以概括为优化义务和治理义务。需要明确的是，国家改善环境义务的实现会受到政治、经济、文化等社会条件的限制。换言之，国家改善环境义务的履行情况会受到国家阶段性国情的影响，但即使如此，其义

---

① 参见陈征《基本权利的国家保护义务功能》，《法学研究》2008 年第 1 期。

② 参见杜群《环境法融合论：环境、资源、生态法律保护一体化》，科学出版社 2003 年版，第 97—111 页。

③ 参见陈真亮《环境保护的国家义务研究》，法律出版社 2015 年版，第 127 页。

务履行的程度需要能够满足保障人之尊严的基本条件,① 即需要通过国家改善环境义务的履行，使环境状况满足人之尊严生存的基本条件。

4. 小结

从上述对于国家尊重环境义务、国家保护环境义务和国家改善环境义务三种类型的国家环境保护义务分析中，可以得出以下结论：首先，国家尊重环境义务属于消极义务，只需要通过国家权力在运行过程中，不实施侵害环境基本国策条款中设定的任务和目标的行为即可实现；而国家保护环境义务和国家改善环境义务则属于积极义务，需要通过国家权力在运行过程中，积极采取能够有效预防、消除、救济非权力侵害或优化、治理相关区域环境状况的行为，以实现环境基本国策条款中的任务和目标。其次，国家尊重环境义务和国家保护环境义务，主要是为了避免国家权力和第三人对环境的侵害，其目的主要在于维持现有生态环境状况，以实现对人类基本生存条件的保障；而国家改善环境义务，主要是为了积极地通过国家权力的运行，改善现有生态环境状况，以实现人类追求舒适、可持续发展的目标。最后，三种具体类型的国家环境保护义务的实现，均需要通过不同类型的国家权力相互协调、相互配合才可实现，故而对于上述义务的具体表现形态，仍需要结合具体国家权力的存在形态才能得以明确。

（二）立法、行政到司法：国家环境保护义务的形式分类

如前所述，三种具体类型的国家环境保护义务的实现，需要通过不同类型的国家权力运行方能得以实现。在现代国家中立法权、行政权和司法权是国家权力的具体体现形式，国家义务对于立法权、行政权和司法权具有规范效力。② 具体到国家环境保护义务中，此类

---

① 参见龚向和、刘耀辉《基本权利的国家义务体系》，《云南师范大学学报》（哲学社会科学版）2010 年第 1 期。

② 参见陈真亮《环境保护的国家义务研究》，法律出版社 2015 年版，第 112 页。

规范效力则体现为：一是对立法权而言，立法者在宪法所确立的秩
序范围内，有义务制定必要的环境保护法律；二是对行政权而言，
行政权应该遵照立法权所制定的法律行使行政权，在进行行政裁量
时，需要以国家环境保护义务为引导、标准和约束，并且通过行政
立法细化法律的规定、填补法律的空白；三是对司法权而言，司法
机关在审理具体案件中，适用和解释具体法律规范时，应以实现国
家环境保护义务为其解释的目标。① 但如前所述，国家环境保护义务
具体表现为国家尊重环境义务、国家保护环境义务和国家改善环境
义务三个不同层次，源于不同层次的国家环境保护义务对具体类型
国家权力运行的要求和约束不同。因此，需要结合不同类型国家权
力的具体特点，厘清不同层次国家环境保护义务对具体国家权力的
约束。

1. 立法机关的环境保护义务

首先，国家环境保护义务对立法权的规范效力体现为立法机关
的尊重环境义务。立法机关的尊重环境义务表现为消极和积极两个
层面：一方面，立法机关不得违背宪法通过环境基本国策条款所确
定的宪法秩序，以制定相关法律和通过重大国家决策的方式，对国
家环境保护任务和目标产生直接侵害或者阻碍其实现；另一方面，
立法机关应该积极地通过制定法律的形式，实现对国家环境保护任
务和目标的具体化和明确化，并且在此基础上对包括立法权、行政
权和司法权在内的国家权力的运行规则予以法定化、规范化，以避
免国家权力的运行有违宪法环境基本国策条款所确立的国家环境保
护任务和目标。需要特别强调，现代环境问题的产生在很大程度上
是源于以政府为代表的行政机关在决策和具体的执法行为中疏于考
量或有意识地回避环境因素，因此，在立法机关进行具体环境立法
的过程中，应当着重规范行政机关的决策和执法行为，全面地构建
决策和执法行为程序与实体规范，有效控制因行政权在实践中不作

---

① 参见陈海嵩《国家环境保护义务论》，北京大学出版社 2015 年版，第 84—85 页。

为和肆意作为而造成的生态环境损害。

其次，国家环境保护义务对立法权的规范效力体现为立法机关的保护环境义务，即立法机关应当依照宪法规定积极制定相关法律，以避免第三人损害生态环境、侵害环境公共利益、阻碍环境基本国策所确定的任务和目标的实现。立法机关保护环境义务的实现主要通过制定对第三人行为的约束性规则，以及确立当第三人行为违反约束规则时的救济性规则而实现。一方面，约束性规则的确定需要以具体化和明确化的国家环境任务与目标为前提，进而根据第三人在具体行为中可能存在的对生态环境的损害和对环境公共利益的侵害，在不违反宪法规定的前提下，设置约束性规则预防第三人的具体行为对环境保护任务和目标产生直接侵害或阻碍其实现；另一方面，救济性规则可以根据第三人所实施的违法行为对生态环境的损害以及对环境公共利益的侵害状态，分为事中救济性规则和事后救济性规则。事中救济性规则主要强调排除违法行为对生态环境和环境公共利益的威胁，其主要表现为管制性行政法律规则；而事后救济性规则主要突出对违法行为造成的生态环境损害和环境公共利益侵害的恢复，其主要体现为填补性民事法律规则。

最后，国家环境保护义务对立法权的规范效力体现为立法机关的改善环境义务，立法机关的改善环境义务表现为基础性义务和增益性义务。一方面，立法机关应当依照宪法规定积极制定相关法律、法规，明确各类享有国家权力的国家机关，尤其是行政机关，所应负担的以实现人之尊严的基本条件为指向的基础性改善环境义务，并以此为据确立各类国家机关所承担的具体义务和为履行该义务所享有的权力及其边界；另一方面，立法机关应当以宪法为依据，结合现有国家经济社会文化水平，确定在一定社会阶段内对为更全面地实现人之尊严的其他条件为指向的增益性改善环境义务，并以此为依据制定鼓励、支持各类国家机关以及非国家机关主体履行增益性改善环境义务的法律规范，同时在现有经济社会文化条件下对相关主体予以多种形式的激励。

综上，立法机关的国家环境保护义务根据其具体指向的不同体现为尊重环境义务、保护环境义务和改善环境义务。在立法机关通过行使立法权，为在履行不同类型的义务过程中的各类行为主体制定不同类型的行为规范时，需要注意，这些行为规范的核心在于明确不同类型主体在实施相关行为时所应承担的义务，不同类型主体的义务则有赖于立法机关国家环境保护义务的明确，而立法机关国家环境保护义务明确的前提则是基本国策条款中国家环境保护任务和目标的具体化与明确化。故而立法机关通过立法权的行使，在法律中将国家环境保护任务和目标予以具体化与明确化，是立法机关实际履行国家环境保护义务的重要内容。

2. 行政机关的环境保护义务

首先，国家环境保护义务对行政权的规范效力体现为行政机关的尊重环境义务。行政机关的尊重环境义务具体体现为以下三个层面：一是行政机关在行使行政权时必须严格遵守立法机关所制定的、以规范行政权力运行避免行政权直接侵害或者间接阻碍环境保护国家任务和目标实现的法律。二是行政机关在行使法律规定的裁量权时应当以尊重环境义务为约束，避免在进行具体的行政裁量行为时超出尊重环境义务所设定的边界，使得行政裁量行为产生直接侵害或者间接阻碍环境保护国家任务和目标的效果。三是行政机关在法律规定的范围之内，通过行政法规、规章以及规范性行政文件约束下级行政机关以及行政机关内部机构的行为时，相关行政法规、规章以及规范性行政文件不但不得直接与尊重环境义务相违背；而且需要通过相关规则对行政权的具体行使过程加以进一步地具体化、明确化规范，保证行政权在具体的运行过程中能够遵守尊重环境义务。

其次，国家环境保护义务对行政权的规范效力体现为行政机关的保护环境义务，即行政机关有积极义务采取措施，预防、制止、救济第三人损害生态环境、侵害环境公共利益，阻碍环境保护国家任务和目标的实现。具体而言，行政机关的保护环境义务包括以下三个层次：一是行政机关应该通过积极地执法行为，保障立法机关所制定的避免第三人损害生态环境、侵害环境公共利益的法律得到有效的实施；二是行政机关通过执法过程中，需要通过运用行政裁量权以保障前述法律得到实施的情况下，在行使自由裁量权时应当积极主动地采取措施，预防事前可能发生的侵害、制止事中正在发生的侵害以及救济事后已经发生的损害和侵害；三是行政机关在行使宪法、法律所赋予的行政立法权，制定相关的行政法规、规章时，应当在权限范围内积极制定相关法律，设置相关约束性规范和救济性规范，预防、制止和救济第三人实施的违法行为对生态环境的损害和环境公共利益的侵害，保障环境保护国家任务和目标的实现。

最后，国家环境保护义务对行政权的规范效力体现为行政机关的改善环境义务，即行政机关有积极义务通过行政权的运行直接或者间接地提升现有的环境水平，使整体生态环境状况达到更好的状态。如同立法机关的改善环境义务一致，行政机关的改善环境义务也包括基础性义务和改善性义务。一方面，行政机关在运用行政权实施行政执法、行政裁量以及行政立法等行政行为时，应当以实现人之尊严的基本条件为指向。严格履行立法中所规定的具体义务，最终保障现有环境状况能够达到实现人之尊严的基本条件；另一方面，行政机关在履行改善环境的基础性义务的前提下，通过行政执法、行政裁量以及行政立法等行政行为，具体化并积极履行立法机关所确定的在一定社会阶段内，为更全面地实现人之尊严的其他条件为指向的增益性改善环境义务，并积极鼓励、支持各类非国家机关主体实施增益性环境改善行为，并在行政权运行的范围内给予激励。

综上，行政机关的国家环境保护义务也具体体现为尊重、保护和改善三个方面。一方面，在工业社会发展阶段源于行政权本身具有的扩张性等特征，致使因行政机关的不当决策、不当行为成为对生态环境造成损害的重要原因。故而行政机关履行国家环境保护义务需要以严格履行法律所规定的具体义务为核心，避免因行政机关自身行为造成对生态环境的损害，即要求行政机关严格遵守法律中所明确的尊重环境义务，避免行政权直接或者间接侵害环境基本国策条款中所确定的环境保护任务和目标。另一方面，源于现代性风险的产生，导致行政机关仅仅消极地不侵害生态环境，已经无法满足生态环境保护的现实需求。因而，在严格履行尊重环境义务的基础上，还要积极履行法律中所明确的保护和改善环境义务，避免"第三人"行为的直接和间接侵害、保障环境状况满足实现人之尊严的基础条件，并积极促进环境状况满足更全面地实现人之尊严的其他条件。此外，由于法律本身的抽象性和滞后性，导致在行政权运行的过程中存在法律赋予的裁量空间和法律未尽的空白，因此，在行政机关履行环境保护义务的过程中，不仅需要在行政执法行为中严格遵守法律，还需积极且谨慎地通过行政裁量和行政立法行为弥补法律的抽象与滞后，以确保尊重、保护和改善三个方面义务的实现。

　　3. 司法机关的环境保护义务

　　首先，国家环境保护义务对司法权的规范效力体现为司法机关的尊重环境义务，即司法机关在行使司法权的过程中应当避免侵害环境基本国策所确定的环境保护任务和目标。具体而言，司法机关的尊重环境义务体现在以下两个层面：一方面，司法机关在行使司法权的过程中，应当严格遵守以实现环境保护任务和目标而为司法权设置的权限范围、实施程序等规则，避免因为司法权的不当行使而侵害环境保护任务和目标的实现；另一方面，当法律规则对司法权设置的权限范围、实施程序等内容存在模糊和空白等不确定性问题时，司法机关在行使司法权的过程中应当保持谦抑和审慎，以环境保护的任务和目标为指引，避免因前述不确定性问题导致司法权的行使有悖于环境保护的任务和目标。

　　其次，国家环境保护义务对司法权的规范效力体现为司法机关的保护环境义务，即司法机关应当积极地通过司法权的运行，预防和救济第三人对生态环境造成的威胁和损害，保障国家环境保护任务和目标的实现。具言之，司法机关的保护环境义务应当从以下两个方面加以理解：一方面，司法机关在行使司法权的过程中，应当充分、全面地适用法律，预防和救济第三人对生态环境和环境公共利益造成的威胁和损害；另一方面，虽然行政权在环境法律实施过程中占主导地位，但源于行政执法在环境法律实施过程中存在的局限性，需要司法权在此过程发挥补充作用。① 由于环境保护问题本身的复杂性以及环境公共利益的模糊性，导致了立法本身以及行政执法无法充分地实现保护环境的任务和目标，需要司法权改变原有消极、谦抑的状态，积极、主动地参与到对于生态环境和环境公共利益的保护中。② 因此，当立法本身存在不确定和行政执法存在不能的情况时，司法机关应当以环境保护任务和目标为指引，积极地、有创造性地解释现有的法律法规，在不违反宪法、法律所确定的基本原则的情况下，预防和救济第三人对生态环境和环境公共利益造成的威胁和损害。

最后，国家环境保护义务对司法权的规范效力体现为司法机关的改善环境义务。与立法机关、行政机关的改善环境义务相同，司法机关的改善环境义务也存在基础性义务和改善性义务；但由于司法权在国家整体权力结构体系中处于相对消极、被动的地位，因此，司法机关改善环境义务的履行需要依托具体案件而进行。一方面，司法权在环境公共利益的保护中处于最终保障的地位，故其对环境公共利益的保护更多地体现为对受损利益的救济，但由于生态环境本身的复杂性和动态性，致使对生态环境状况的恢复无法通过传统

---

① 我国的环境公益诉讼制度以及美国的环境公民诉讼、告发人诉讼制度等新型诉讼就是在此背景下，司法权在环境法等涉及公共利益保护的法律实施中发挥作用的具体体现。有关新型诉讼补充传统公共执法的论述，参见曹明德、刘明明《论美国告发人诉讼制度及其对我国环境治理的启示》，《河北法学》2010 年第 11 期。

② 参见陈虹《环境公益诉讼功能研究》，《法商研究》2009 年第 1 期。

利益救济中"恢复原状"等方式达成，① 故司法机关在适用、解释法律的过程中，需要精确把握和理解实现人之尊严的基本环境条件的具体形态，创造性地通过"复绿补植""异地补偿"以及"技术改造"等多元化的救济手段，改善因侵害行为而受到减损的生态环境状况，使生态环境状况能够满足实现人之尊严的基本条件；另一方面，司法权在具体案件的处理过程中，可以在侵害行为主体通过补救行为，使生态环境状况达到满足实现人之尊严的基本条件的前提下，创造性地解释适用法律，通过责任减免等多样化激励方式，引导侵害行为人实施增益性的环境治理行为，使生态环境状况能够进一步满足全面实现人之尊严的其他条件。

综上，司法机关的环境保护义务虽然也体现为尊重、保护和改善三个方面，但与立法机关全面履行和行政机关以尊重为核心、保护和改善为补充不同，源于司法机关的谦抑性和消极性，司法机关的环境保护义务应当着重于保护和改善义务两个方面。即在不打破现有国家权力结构基本格局的前提下，通过促进司法机关积极履行其保护和改善环境义务的方式，通过"环境司法专门化、精细化"以及"能动司法"等在环境保护领域中的具体手段，② 发挥司法权在环境保护中的积极作用。在法律制度的基本框架内，通过司法权创造性地解释适用法律，解决法律规范在环境公共利益保护中存在的抽象性、滞后性等问题，保障生态环境状况在满足实现人之尊严的基本条件前提下，进一步满足全面实现人之尊严的更高条件。

四　环境标准：国家环境保护义务层次界分的实质性依据

如前所述国家环境保护义务的履行需要立法权、行政权和司法

---

① 参见李兴宇《论我国环境民事公益诉讼中的"赔偿损失"》，《政治与法律》2016 年第 10 期。

② 参见吕忠梅、焦艳鹏《中国环境司法的基本形态、当前样态与未来发展——对〈中国环境司法发展报告（2015—2017）〉的解读》，《环境保护》2017 年第 18 期。

权的配合，通过履行国家尊重环境、保护环境和改善环境三个类型的具体义务来实现。但国家义务并非无边界、无层次的义务，一般而言伴随着经济社会历史的不断发展，国家义务的边界和层次也在不断变化和丰富。在古典时期，国家的主要任务是维持秩序，其核心在于通过法律的确定性制约绝对主义的国家权力；此后，国家的任务是公正分配社会财富，通过法律制度保障社会福利以克服资本主义产生的贫困；在现代社会，国家的任务是风险预防，通过法律制度来预防并应对科学技术引发的风险。① 从国家主要任务的变化之中不难看出，国家义务从"秩序维持"发展到"秩序维持+福利保障"再到"秩序维持+福利保障+风险预防"的过程中，国家义务的边界在不断扩充、层次也在不断丰富，由于履行不同层次和指向的国家义务，需要采取不同的措施和手段，因此准确地把握不同层次和指向的国家义务的特点是切实履行国家义务的基础。

（一）环境风险：划定国家环境保护义务层次的依据

国家环境保护义务系典型的、为回应因现代社会发展带来的系统性风险而产生的国家义务。进入 20 世纪 60 年代以后，风险成为全世界社会科学研究的重要议题，产生了丰硕的研究成果。在现有研究的基础上，可以从三个方面把握风险概念的核心内涵，即负面性、盖然性和不确定性。② 首先，风险的负面性凸显了风险实现对于

---

① 参见［德］哈贝马斯《在事实与规范之间——关于法律和民主法治国的商谈理论》，童世骏译，生活·读书·新知三联书店 2003 年版，第 535—538 页。

② 几乎所有涉及风险的著作中，在对风险概念的界定中，从不同的角度突出了风险的负面性、可能性和不确定性。乌尔里希·贝克就从四个方面阐述了风险的特征：一是风险后果的灾难性和破坏性，二是风险的程度超出预警和救济能力，三是风险发生的可能无法确定、无法计算，四是风险的后果不可把握性。笔者认为，在贝克所描述的四个特征中，第一个特征凸显了风险本身所具有的负面性，而后三个特征则在体现风险本身的盖然性的同时，强调了人类在认知风险过程中的不确定性（不可预测、无法计算）。参见［德］乌尔里希·贝克《从工业社会到风险社会（上篇）——关于人类生存、社会结构和生态启蒙等问题的思考》，王武龙译，《马克思主义与实现》2003 年第 3 期；（转下页）

人类社会所产生的不利后果；其次，风险的盖然性体现了风险本质上是一种可能性，其实现可能性的大小以及实现与否则取决于复杂的客观条件；最后，风险的不确定性反映了人类对于风险认知的特征，即人类对于风险本身在认知的过程中存在认知水平和能力上的不确定，无法根据现有的科学技术水平对风险实现过程中，人类行为与损害后果之间的关系得出一个确定性的结论，换言之，现有认知对于人类行为与损害之间的联系最多能够得出相关性的认知，而无法得出因果关联性方面的认知。

在进入现代工业社会之后，财富的生产系统地伴随着风险的社会生产，① 面对社会化生产所产生的系统性风险，人类社会在不断探索通过制度化的方式应对现代性的风险，而制度需要建立在对于风险的主观认识之上。因此，在现有社会科学的研究中对于风险的认识更多的也是从风险的主观面向而展开，这也决定了现有理论对于风险的界分和现有法律制度应对不同类型风险的过程，根本上系根据现有科学技术水平对于不同风险的认识程度，并且在不同认知程度的基础上，判断不同类型风险的可接受程度。一般认为，根据人

（接上页）杨雪冬《风险社会理论述评》，《国家行政学院学报》2005 年第 1 期。Robert Baldwin 在对风险概念的定义中指出，风险是在特定时间内特定危害发生的可能性或者某种行为引发特定危害的可能性。此概念的界定反映了风险后果的负面性和风险实现的盖然性。参见 Robert Baldwin eds., Law and Uncertainty: Risk and Legal Processes, London: Kluwer Law International, 1997, pp. 1-2，转引自赵鹏《风险、不确定性与风险与预防原则》，载沈岿主编《风险规制与行政法新发展》，法律出版社 2013 年版，第 240 页。唐双娥也在阐述现代环境风险的过程中指出，随着环境问题和环境风险的不断发展，人类逐渐认识到现代科学技术对于复杂生态系统的认识存在很多的不确定性，并且强调风险的特征在于人类引起风险的行为与风险的危害后果之间的因果关系缺乏科学上的确定性认识。此种对于风险特征的界定反映了人类对于风险认知过程中的不确定性，即无法通过现有的科学技术之人全面地认知和把握风险。参见唐双娥《环境法风险防范原则研究》，高等教育出版社 2004 年版，第 11 页。

①　参见［德］乌尔里希·贝克《风险社会》，何博闻译，译林出版社 2004 年版，第 15 页。

类对风险的认识程度和可接受性程度的不同,① 可以将风险具体划分为危险、狭义风险和剩余风险三个层次。首先,就危险而言,其是风险的一种形态,根据现有的经验和科技认知水平可以认识到其发生的盖然性,并且其盖然性程度已经大到无法容忍的程度。② 其次,就狭义风险而言,根据现有的经验和科技认知水平,无法准确判断此类风险损害结果发生的盖然性,同时又可能通过一定的干预手段,对损害发生的盖然性施加一定的影响,③ 人类基于风险实现的严重后果,对于此类风险持非常谨慎的态度。最后,除了"危险"和"狭义风险"外,另外存在一类风险是依据现有的经验和科技认知水平(实践理性),既无法认知,也无法对其损害发生的可能加以任何影响的"剩余风险"。④

(二) 国家环境危险防御义务与风险预防义务之形成

正是源于人类社会对不同类型风险认识程度和接受程度的不同,对于国家应对不同类型的风险就产生了不同要求,也就导致了国家在应对不同类型风险的过程中,产生了不同层次的国家义务。首先,对于危险而言,由于其损害发生的可能性已经达到无法容忍的程度,基于国家对于公民生命、健康、财产安全的最基本的承诺,⑤ 国家有

---

① 也有学者在对风险进行界分的过程中做出类似危险、狭义风险的划分,并且认为此种分类是根据风险发生的盖然性(可能性、概率)的高低做出划分。笔者认为,这种类型的划分混淆了风险概念本身所内含的盖然性和不确定性。换言之,通过盖然性程度对风险进行界分,必须以全面确定地认识风险的盖然性为前提,这种前提显然与风险本身的不确定性存在矛盾。而这种以盖然性程度作为依据划分,其实质上的认识基础仍然是认识的确定程度,其所谓的发生具有高度盖然性实质上系能够相对充分地认识损害发生的可能性,而盖然性不确定实质上是对损害发生可能性的认识存在较大的不确定性。参见唐双娥《环境法风险防范原则研究》,高等教育出版社 2004 年版,第 11 页。

② 参见陈海嵩《国家环境保护义务论》,北京大学出版社 2015 年版,第 94 页。

③ 参见郭淑珍《科技领域的风险决策之研究——以德国法为中心》,硕士学位论文,台湾大学法律研究所,1998 年。

④ 参见陈海嵩《国家环境保护义务论》,北京大学出版社 2015 年版,第 94 页。

⑤ 参见 [德] 汉斯·J. 沃尔夫等《行政法》(第一卷),高家伟译,商务印书馆 2002 年版,第 30—31 页。

义务对危险状态做肯定掌握及分析诊断，基于认定的事实和相关的经验，对将来发展的可能状态作预测，然后尽可能采取适当措施防治或减轻危险状态，① 这种国家对于危险的排除义务是一种绝对的义务②。其次，对于狭义风险而言，由于发生可能性的大小和干预措施作用的大小处于相对不确定的状态。因此，国家对于狭义风险的预防是相对的，必须考虑干预措施是否具有有效性，以及干预措施和最终目的之间是否相一致、符合比例。③ 最后，对于剩余风险而言，在一个完全高度工业化社会里面，容忍剩余风险亦是宪法所容许的，因为要求绝对的科技安全是不可实现的，因此，剩余风险在法律上是允许存在的，而且人民具有忍受义务。④

前述因不同类型风险而产生的不同层次的国家义务，将直接影响到国家环境保护义务的实际履行过程。具体而言，首先，在国家尊重环境义务的履行过程中。如果相关国家公权机关的公权行为所带来的风险属于危险的层次，那么对于此类公权行为就应当绝对地予以禁止；而如果相关国家公权机关的公权行为所带来的风险属于狭义风险的层次，那么对于此类公权行为就应当考虑现有干预手段的有效性、正当性，再综合公权行为的目的以及整体的社会经济状况，最终谨慎地实施相关公权行为。

其次，在国家保护环境义务的履行过程中。如果第三人实施的行为对生态环境状况直接产生损害或其所产生损害的风险属于危险层面，那么国家公权机关就应当通过积极的行为排除此种损害或危险状况；如果第三人实施的行为对生态环境状况所产生损害的风险属于狭义风险层面，那么国家公权机关应当要求第三人根据其行为，充分地考量应该通过何种干预措施谨慎地实施其行为。

---

① 参见郭淑珍《科技领域的风险决策之研究——以德国法为中心》，硕士学位论文，台湾大学法律研究所，1998 年。

② 同上。

③ 同上。

④ 参见陈慈阳《环境法总论》，中国政法大学出版社 2003 年版，第 200 页。

最后，在国家改善环境义务的履行过程中。如果一定区域的生态环境状况已经不能满足实现人之尊严的基本条件或存在不同满足该条件的危险时，国家公权机关应当积极地通过其公权行为，改善此区域的生态环境状况使之能够满足实现人之尊严的基本条件；而如果一定区域的生态环境状况处于有不能满足实现人之尊严的基本条件的狭义风险的状况，国家公权机关就需要通过考量现有干预手段的有效性、正当性，再行谨慎地做出相关的公权行为。

由此可见，具体条件下环境风险是属于危险范畴还是狭义风险的范畴，将直接影响国家公权机关履行国家环境保护义务过程中，所具体制定的规则、进行决策的程序和采取措施的强度。因此，如何准确地界分环境风险的具体类型对于国家环境保护义务履行有着极为重要的意义，甚至可以说对环境风险类型的界分，将直接决定国家环境保护义务的界限和具体内容。从前述对于危险和狭义风险的描述中不难发现，由于危险的"不可容忍性"要求国家积极、绝对地排除危险，对可能产生环境危险的行为加以约束；而对于狭义风险，由于其本身的不确定性、相对性，国家只能在一定条件下对其加以谨慎地预防和控制。前者就在国家环境保护义务体系中形成了国家环境危险防御义务，国家环境危险防御义务包括两个方面：一是对造成环境影响的行政相对人之行为进行管制；二是对造成环境影响的国家行为进行约束。① 后者则形成了国家环境风险预防义务，即通过确立环境风险领域的决策规则，明确国家对狭义风险加以干预、预防的具体条件和措施。

（三）环境标准：界分环境风险具体类型的规范依据

从国家履行环境保护义务的角度来看，恰当准确地界定"环境危险"是不同层次国家环境保护义务有序履行的重要基础。一方面，由于生态环境破坏在经济社会发展和工业化进程中的不可避免性，

---

① 参见陈海嵩《国家环境保护义务论》，北京大学出版社 2015 年版，第 100 页。

任何国家都不可能做到绝对禁止公民和企业生态环境破坏行为的存在。[①] 同时，对存在环境影响的行为的约束，并不意味着绝对地禁止环境影响行为或者将行为对环境的影响控制为"零"。这种约束的目的在于将行为对环境的影响控制在环境承载能力之内，进而确保相关人类行为对环境造成危险的可能性处于整体社会的"忍受限度之内"。[②] 另一方面，针对处于"忍受限度之内"的对环境存在狭义风险的行为，则在一定的约束条件下谨慎地加以预防和控制。

而在公共决策的过程中，"忍受限度"的确立需要经过从客观自然规律到主观价值判断的过程。首先，需要通过科学技术探寻自然规律，把握生态环境承载能力，了解生态系统运行的规律；其次，以生态环境承载能力、生态系统运行规律为基础，结合国家社会的经济技术状况，综合考量人民生存保障的物质需求与生态环境保护之间的关系，最终确定整体社会对于可能产生环境危险的行为的"忍受限度"。为了规范、准确地界定整体社会对于环境危险的"忍受限度"，在现代国家环境治理中均普遍性地通过环境标准规范具体表达"忍受限度"。一般认为，环境标准是指为了保护人群健康、保护社会财富和维护生态平衡，就环境质量以及污染物排放、环境检测方法以及其他需要的事项，按照法律规定程序制定的各种技术指标与规范的总称。[③] 其反映了一定时期环境政策指向的基本性计划值，[④] 是在环境承载能力的约束之下，结合现有技术条件、经济发展水平、环境状况，再经过利益衡量确定的技术性规范，[⑤] 进而作为判断相关行为对环境所造成的影响是否处于可

[①] 参见王世进、曾祥生《侵权责任法与环境法的对话：环境侵权责任最新发展——兼评〈中华人民共和国侵权责任法〉第八章》，《武汉大学学报》（哲学社会科学版）2010 年第 3 期。

[②] 参见陈海嵩《国家环境保护义务论》，北京大学出版社 2015 年版，第 100 页。

[③] 参见汪劲《环境法学》，北京大学出版社 2014 年版，第 123 页。

[④] 参见 ［日］原田尚彦《环境法》，于敏译，法律出版社 1999 年版，第 73 页。

[⑤] 参见白贵秀《基于法学视角的环境标准问题研究》，《政法论丛》2012 年第 3 期。

忍受范围之内的依据，最终确定相关行为是否违反相关约束性法律规范的要求。

可以说前述约束性法律规范体系保证了国家环境危险防御义务的实现，而环境标准规范体系则是此类约束性法律规范体系能够得以运行和实现的支撑与保障。首先，国家通过制定环境质量标准确定一定时期内整体社会基于环境质量状况的"忍受限度"。环境质量标准基于预期的积累效应确定可接受风险的限度，[①] 将抽象的可接受风险水平转化为量化的、可供判断的具体指标[②]。在结合现有科学技术水平和社会经济发展状况确定环境质量标准之时，就暗含了以下判断：只有能够为环境质量标准所反映的环境状况变化，可以通过现有的经验法则加以规范，其所产生不利后果的盖然性处于危险的范畴；不能为环境质量标准所反映的环境状况的变化，无法通过现有的经验法则加以直接、有效地规范，其所产生的不利后果的盖然性处于不确定的范围，属狭义风险的范畴。[③]

其次，源于生态环境的结构复杂性、难以恢复性以及生态环境损害对整体社会影响的规模大、程度深等原因，当发生能够为环境质量标准所反映的环境质量状况下降时，已经难以有效地排除危险结果、消除影响。故而，为了能够有效地预防环境危险和约束环境影响行为，将环境质量标准中以环境质量状况为指向的目标约束，转化为以行为规范为内容的行为约束，就要求国家根据环境质量标准，以及适用的污染控制技术，并考虑经济承受能力，制定对污染

---

① See Pinkau K. , O. Renn eds. Environmental Standards: Scientific Foundations and Rational Procedures of Regulation with Emphasis on Radiological Risk Management, Boston: Springer—Verlag, 1998: 1–11. 转引自张晏《风险评估的适用与合法性问题——以环境标准制定为中心》，载沈岿主编《风险规制与行政法新发展》，法律出版社 2013 年版，第 146 页。

② 参见张晏《风险评估的适用与合法性问题——以环境标准制定为中心》，载沈岿主编《风险规制与行政法新发展》，法律出版社 2013 年版，第 146 页。

③ 参见周骁然《环境标准在环境污染责任中的效力重塑——基于环境物理学定律的类型化分析》，《中国地质大学学报》（社会科学版）2017 年第 1 期。

源排入环境的有害物质和产生污染的各种因素加以限制的污染物排放标准。[①] 污染物排放标准的制定意味着，将一定时期内对于环境质量状况的要求以及整体社会对环境质量状况变化的"容忍限度"，分解并转化为对实际产生环境影响行为的具体约束。如果实际产生环境影响的行为符合污染物排放标准的要求，则认为该行为的环境影响致使危险实现的可能处于"容忍限度"内；反之，则处于"容忍限度"外，即使该行为最终并未引发能够为环境质量标准所反映的环境质量变化，也应当对此行为加以排除。

最后，环境质量标准和污染物排放标准已经在事实上发挥了在法律框架内界分危险和狭义风险的功能，直接决定了整体社会对影响环境行为的"容忍限度"，因而客观环境状况是否满足环境质量标准的要求以及影响环境的具体行为是否符合污染物排放标准的要求，将直接决定国家对于客观环境状况和影响环境行为的干预程度。但此种判断无法通过直接经验判决判断完成，需要依赖高度技术化、专业化的监测、检验等手段加以分析判断，故而为了保证监测、检验过程的准确、合理，需要通过制定以规范相应分析判断过程的技术标准，保证技术性分析判断的准确性，进而确保国家干预程度的合理适当。此类型技术标准在我国环境标准体系中，就具体表现为环境监测方法标准、环境样品标准和环境基础标准。

综上，以环境质量标准、污染物排放标准、环境监测方法标准、环境样品标准和环境基础标准构成的环境标准体系，通过具体的技术指标，反映了在一定社会经济条件下，社会整体对于环境不利后果发生可能的"容忍限度"。进而客观地界分了环境危险

[①]　参见杨志峰、刘静玲《环境科学概论》，高等教育出版社 2010 年版，第 383 页。在此需要明确，随着环境法律制度的不断发展，污染物排放标准不仅包括以污染物排放浓度控制为核心的狭义污染物排放标准，还包括以总量控制为内核的排放总量指标以及伴随排污许可制度的不断发展，在排污许可证上所记载的其他类型的以控制污染物排放为目标的技术性要求。

和环境狭义风险，在事实上决定了国家对于客观环境状况、环境影响行为的干预程度，即在国家环境保护义务体系中确定了国家环境危险防御义务和国家环境风险预防义务的界限，同时也保障了国家对客观环境状况、环境影响行为干预的合理、恰当。具体而言，如果环境标准规范体系具有较高的技术指标要求，意味着对于环境危险的"容忍限度"低，有更多的环境状况和环境影响行为属于环境危险的范畴，国家环境危险防御义务的范围较大，而国家环境风险预防义务的范围较小；反之，则意味着对于环境危险的"容忍限度"高，较少的环境状况和环境影响行为属于环境危险的范畴，国家环境危险防御义务的边界缩小，国家环境风险预防义务的边界扩大。

2018 年的《宪法修正案》基于环保问题专业性强、时效性要求高和社会关联性复杂，行政机关能够更为灵活快速地予以因应的特点，[1] 通过对第 89 条的修改确立了国务院在生态文明建设中的中心地位，明确了生态环境保护并非严格的法律保留事项，在国家环境保护义务履行的过程中，需要立法机关在一定程度上与行政机关分享立法权限。[2] 环境标准规范的形成并非单纯的科学技术决策过程，而是基于一定时期社会经济发展状况和生态环境状况的价值决策过程。现有立法基于环境标准内容的专业技术性、变动频繁性和利益冲突性，将环境标准规范的制定权授予行政机关，进而通过在立法中援引环境标准形成环境技术性法律规范的方式，最终确定不同层次国家环境保护义务的界限。综上，不难发现，无论从环境标准在实质上界分国家环境保护义务层次的角度，还是在此过程中所体现的行政权与其他类型国家权力互动与协调的角度，环境标准必将成为未来环境宪法实施和国家环境保护义务履行的重要支撑。

---

① 参见张震《宪法环境条款的规范构造与实施路径》，《当代法学》2017 年第 3 期。
② 参见张翔《环境宪法的新发展及其规范阐释》，《法学家》2018 年第 3 期。

第二节　环境标准法律制度的价值目标

环境标准法律制度作为环境法体系中的具体法律制度，其制度目标既需要与现阶段整体环境法的价值目标相契合，又需要突出其自身制度的特色。在 2014 年全面修订《环境保护法》之后，我国环境法整体的价值目标从原有立法中的"促社会主义现代化建设的发展"转向"推进生态文明建设，促进经济社会可持续发展"。[①] 虽然在此指引下，2015 年我国出台了多项环境标准，[②] 但仍无法改变我国现有以"经济优先"为导向的环境标准法律制度价值目标取向。近年来诸多学者指出，现行以"经济优先"为导向的环境标准法律制度与生态文明建设的时代要求不相符合，进而提出在新时代下应对现有环境标准法律制度的价值目标加以反思。

一　经济优先兼顾环境：价值目标的现状

《标准化法》《环境标准管理办法》作为我国环境标准法律制度的规范支撑，前者最早制定于 1988 年 12 月 29 日，2017 年 11 月 4 日全国人大常委会对其进行了修订，后者制定于 1999 年 4 月 1 日；现行共计 7 部环境质量标准中有 5 部（71.4%）、92 部污染物排放标准中有 85 部（94.4%）[③] 制定于 2015 年 1 月 1 日修订后的《环境保护法》施行之前。故而，无论是从我国环境标准法律制度的支撑性法律规范的制定时间，还是从具体环境标准文件的制定时间来看，现行环境标准法律制度体系和现行环境标准规范体系均形成于现行

[①]　参见 1989 年《环境保护法》第 1 条、2014 年《环境保护法》第 1 条。

[②]　王灿发主编：《新〈环境保护法〉实施情况评估报告》，中国政法大学出版社 2016 年版，第 8 页。

[③]　统计时间截至 2017 年 10 月 14 日。

《环境保护法》施行之前。

2014 年对《环境保护法》进行全面修订的重要内容之一，就是将《环境保护法》立法目的的归宿从"促进会主义现代化建设的发展"修改为"推进生态文明建设，促进经济社会可持续发展"。这意味着现行环境标准法律制度和环境标准规范体系，主要形成于"促进社会主义现代化建设的发展"（1989 年制定的《环境保护法》确立的立法目的）甚至"促进经济发展"〔1979 年制定的《环境保护法（试行）》〕的立法价值取向之下。1979 年制定的《环境保护法（试行）》所确立的"促进经济发展"的立法目的，直接反映了当时以经济建设为中心的国家发展理念，也反映了将环境保护作为促进经济发展手段的价值倾向。1989 年制定的《环境保护法》以"促进社会主义现代化建设的发展"替代了"促进经济发展"，但结合当时的背景来看，经济发展仍系社会主体现代化建设的核心，仍然反映了环境保护只是经济发展过程中的工具和手段。①

将《环境保护法》立法目的的归宿确定为"促进经济发展"和"促进社会主义现代化建设事业的发展"，直接使得"保护改善环境、防止污染公害以及保障人体健康"的直接立法目的最终落空，最终形成了"经济优先兼顾环境"的价值追求。故而，主体架构形成于"经济优先兼顾环境"价值追求下的现行环境标准法律制度，自然也就被打上了相似的时代烙印，在此种环境标准法律制度指导下形成的环境标准规范体系自然也就过分迁就经济增长的需求，② 经济指标对环境与健康价值的冲击，使得"保护改善生态环境、保障健康"的价值灵魂始终未能贯穿环境标准制定和实施的过程，③ 这也就不难解释为

---

①　参见高利红、周勇飞《环境法的精神之维——兼评我国新〈环境保护法〉之立法目的》，《郑州大学学报》（哲学社会科学版）2015 年第 1 期。

②　参见蒋莉、白林《关于完善我国环境标准体系的若干思考》，《理论导刊》2012年第 5 期。

③　参见赵立新《环境标准的健康价值反思》，《中国地质大学学报》（社会科学版）2010 年第 4 期。

何我国环境标准实施呈现出为了经济数字而一味放宽的特点。[1]

在全面修订《环境保护法》之后，《环境保护法》立法目的的归宿转变为"推进生态文明建设，促进经济社会可持续发展"。立法目的归宿的变化体现了现阶段我国对于环境保护与经济社会发展间关系的认识，已经进入新的历史阶段，即经济社会发展的目标从发展的速度转向发展的可持续性，而发展的可持续性要求的实现，必须以生态环境状况良好、生态文明建设的不断前行为前提。

与我国一衣带水的日本，也曾经历了环境基本法的立法目的转变，即从《公害对策基本法》中以在经济法发展的框架内实现环境保全"协调条款"中的"经济优先"，发展到了《环境基本法》在"环境有限"的前提下谋求经济发展的"环境优先条款"中的可持续发展。[2] 在立法目的转变的过程中，具体环境法律制度的价值追求也经历了自身调整和变化的过程。因此，我国的环境标准法律制度的价值追求也应当摒弃注重经济性、技术性的"经济优先兼顾环境"，转向在"推进生态文明建设，促进经济社会可持续发展"指导下的新的价值目标。

二　保障公众健康权益：价值目标的反思

针对我国现有环境标准法律制度和环境标准规范体系的价值目标过分注重经济发展的缺陷，我国环境法学界进行了全面的反思，现阶段主流观点认为，为了破除过分注重经济发展造成的"保护改善环境、控制污染公害、保障人体健康"等环境立法目的的悬置的问题，应当确立以保障人体健康价值追求为核心的环境标准法律制度和环境标准规范体系。相关观点认为，我国未在法律上明确环境标

---

[1]　参见肖攀《建立以保障健康为中心的环境标准制度》，载《生态安全与环境风险防范法治建设——2011 年全国环境资源法学研讨会论文集》，广西桂林，2011 年 8 月 6—9 日。

[2]　参见［日］交告尚史等《日本环境法概论》，田林、丁倩雯译，中国法制出版社 2014 年版，第 134—135 页。

准法律制度和环境标准规范体系的核心价值，更未围绕保障公众健康这个核心价值来构建环境标准法律制度和环境标准法律体系，[1] 导致现有环境标准法律制度中未能树立健康价值理念[2]、健康价值导向不明确[3]。致使现有环境标准规范体系过于注重技术标准而轻视价值标准[4]、标准内容中污染防治指标和公众健康指标混同不分，[5] 存在环境标准与健康保护之间的严重脱节[6]。进而指出"保障人体健康"是环境立法的根本任务，在环境立法目的中处于核心地位，而环境标准是实现环境法律保障人体健康的制度保障，[7] 是承载健康价值诉求的载体，[8] 故而在未来应当构建以保护人体健康为核心价值的环境标准法律制度和环境标准规范体系。

前述观点的关键在于将"保障人体健康"作为环境标准法律制度和环境标准规范体系价值追求的核心，但笔者认为此类型的观点存在对环境法立法目的认识的片面性和制度完善进路与价值追求的矛盾性。一方面，就对环境法立法目的认识的片面性而言。根据我国环境法学界的通说和环境立法的表述，一直以来对于我

①　参见吕忠梅、杨诗鸣《控制环境与健康风险：美国环境标准制度功能借鉴》，《中国环境管理》2017 年第 1 期。

②　蒋莉、白林：《关于完善我国环境标准体系的若干思考》，《理论导刊》2012 年第 5 期。

③　赵立新：《环境标准的健康价值反思》，《中国地质大学学报》（社会科学版）2010 年第 4 期。

④　吕忠梅、刘超：《环境标准的规制能力再造——以对健康的保障为中心》，《时代法学》2008 年第 4 期。

⑤　张晏、汪劲：《我国环境标准制度存在的问题及对策》，《中国环境科学》2012 年第 1 期。

⑥　谈珊：《断裂与弥合：环境与健康风险中的环境标准问题研究》，华中科技大学出版社 2016 年版，第 95 页。

⑦　参见吕忠梅、刘超《环境标准的规制能力再造——以对健康的保障为中心》，《时代法学》2008 年第 4 期。

⑧　参见赵立新《环境标准的健康价值反思》，《中国地质大学学报》（社会科学版）2010 年第 4 期。

国环境法立法最终目的的认识均为"目的二元论"，即环境法最终目的包括保护人身健康和保障经济社会可持续发展两个方面。环境保护立法的"目的二元论"破除了"环境优先论"或"经济优先论"认识片面性的局限，正确认识了经济发展与环境保护之间相互制约、相互依存的对立统一关系。① 此外，生态环境利益损害与人身利益损害虽然存在普遍的"伴生性"，但实践中存在着大量环境利益损害与人身利益损害"未伴生"的情况。故而将"保障人体健康"理解为环境法目的的核心，将削弱环境法对环境生态功能保障的效力，无法正视环境法的真正效用。② 因此，在认识环境标准法律制度价值目标的过程中片面强调"保障人体健康"的核心地位，实质上背离了"目的二元论"的科学主张，存在对环境法立法目的认识的片面性。

另一方面，就制度完善措施与价值追求的矛盾性而言。前述观点在确立"保障人体健康"作为环境标准法律制度的核心价值之后，进一步提出了在此核心价值目标指导下对现行环境标准法律制度的完善措施，具体包括：将与环境标准有关的公共卫生指标纳入环境标准体系③、制定专门化的保障人体健康的环境标准④、构筑由应对人体健康风险的人体健康标准和应对生态环境风险的生态环境标准的二元环境标准体系⑤、强化针对我国具体国情的环境健康基准研究⑥、全

---

① 参见金瑞林、汪劲《20 世纪环境法学研究评述》，北京大学出版社 2003 年版，第 55—57 页。

② 参见何佩佩、邹雄《再探环境法之目的》，《社会科学家》2015 年第 5 期。

③ 参见吕忠梅、杨诗鸣《控制环境与健康风险：美国环境标准制度功能借鉴》，《中国环境管理》2017 年第 1 期。

④ 参见吕忠梅、刘超《环境标准的规制能力再造——以对健康的保障为中心》，《时代法学》2008 年第 4 期。

⑤ 参见刘卫先《环境风险类型化视角下环境标准的差异化研究》，《中国人口·资源与环境》2019 年第 7 期。

⑥ 参见李军《完善标准体系，保障人体健康——环境标准应综合考量技术水平和社会经济实力等因素》，《中国环境报》2014 年 1 月 7 日第 4 版。

面建立公众参与程序强化健康风险沟通①等措施。从相应的制度完善措施中不难发现，虽然前述观点一再强调应当转变环境标准法律制度现有的价值目标，代之以"保障人体健康"的核心价值目标，但相关完善措施却全面依托于现有价值目标指引下所形成的环境标准法律制度，相关措施至多能显现"保障人体健康"价值对于环境标准法律制度整体价值目标的补充。由此可见，"保障人体健康"的价值目标本身仅能有限地体现环境标准法律制度价值目标，并不能体现环境标准法律制度的核心价值目标。换言之，上述观点中提出的制度完善措施与价值目标的主张之间存在内在逻辑上的矛盾之处，而这种矛盾也在客观上证明了"保障人体健康"并不能成为环境标准法律制度的核心价值目标。

　　此外，从域外比较法的视角来看，公众健康保护和包括生态环境保护在内的其他价值目标也共同构筑了环境标准的目标体系。以美国《清洁空气法》（*Clean Air Act*，CAA）体系的基石——《国家空气环境质量标准》（*National Ambient Air Quality Standards*，NAAQS）②为例，《清洁空气法》（CAA）规定《国家空气环境质量标准》分为一级标准（Primary NAAQS）和二级标准（Secondary NAAQS），其中一级标准必须在满足存在充分安全边界的情况下实现对公众健康的保护，而二级标准则必须保障公众福祉免受已知的和可预见的空气污染造成的不利影响，③而公共福祉的保护则指向环境、财产等超越公共健康的对象④。由此可见，在美国制定《国家空气环境质量标准》的过程中，实现公众健康保护和包括以生态环境保护为核心

---

　　① 参见谈珊《断裂与弥合：环境与健康风险中的环境标准问题研究》，华中科技大学出版社 2016 年版，第 143 页。

　　② See Jonathan R. Nash, *Environmental Law and Policy*, New York：Aspen Publishers, 2010, p. 55.

　　③ 参见《清洁空气法》第 109 条 b 款第（1）（2）项。

　　④ See James Salzman, Barton H. Thompson, J. R., *Environmental Law and Policy*, St. Paul：West Academic, 2014, p. 115.

内容的公共福祉保护系《国家空气环境质量标准》（NAAQS），乃至《清洁空气法》（CAA）所追求的价值目标。因此，从上述三个方面的分析可知，虽然公众健康保护系整个环境标准法律制度价值目标的重要组成，但其并不能成为环境标准法律制度价值目标的核心。

三　保护并且改善环境：价值目标的未来

在《环境保护法》修订之后，环境标准法律制度现有"经济优先兼顾环境"的价值目标，把人与自然的和谐相处放在了相对次要的位置，与建设生态文明的时代要求不相符合。[①] 环境标准法律制度的价值目标应与现阶段环境法的价值目标相适应，应当在环境保护与经济发展之间寻求均衡点。[②]《环境保护法》第1条通过列举"保护和改善环境""防治污染和其他公害""保障公众健康""推进生态文明建设""促进经济社会可持续发展"五个不同层次、位阶的要素以阐明《环境保护法》的立法目的，因此厘清不同要素之间彼此的关系是准确把握《环境保护法》立法目的、确定环境标准法律制度价值目标的基本前提。

首先，"保护和改善环境"是《环境保护法》的直接性目的，即尽可能努力保护未受损、恢复受损的环境生态功能，确保环境生态功能处于"良好的"状态，并在此基础上不断改善其状态，使之增益。而此"良好的"标准，有赖于统治阶级根据该国发展的实际情况，在对环境利益与经济利益等其他利益形态进行充分衡量的基础上，为各类环境要素及各类型的环境系统设定合适的标准。

其次，"防治污染和其他公害"是《环境保护法》在当前具体国情下的阶段性目的。近年来，以大规模雾霾、腾格里沙漠污染为代表的各类环境污染和公害事件的频发，标志着我国已进入生态环

[①]　施志源：《环境标准的现实困境及其制度完善》，《中国特色社会主义研究》2016年第1期。

[②]　田信桥、吴昌东：《环境标准的法学分析》，《标准科学》2009年第12期。

境压力剧增的时期。运用环境法阻止环境状况急剧恶化的势头，是现阶段环境法的侧重。①

再次，"保障公众健康"是《环境保护法》的关联性目的。一般认为，生态环境受损严重影响到了人民群众的健康和生活质量，环境保护需要坚持以人为本的理念，从保护公众健康权益出发为人民群众提供适宜的生活环境，故而"保障公众健康"应当是《环境保护法》的根本任务。② 如前所述生态环境受损与公众健康受损之间存在一定的"伴生性"，③ 但《环境保护法》对于公众环境健康的保障并非直接性保障，而是出于维护生态环境功能稳定的目的，在实施相关措施的过程中发生的间接性保障结果，将其作为《环境保护法》的根本任务实质上系误解了环境保护与保障公众健康之间的内在联系。对于"保障公众健康"在《环境保护法》立法目的体系中的定位，应当着眼于其与"环境保护"之间的关联性，即在实施与保障生态环境功能有关的措施会对公众健康产生影响的情形下，应当将公众健康要素纳入相关措施实施的过程中予以考量。因此，应当将"保障公众健康"定位于《环境保护法》的关联性目的。

复次，"推进生态文明建设"是《环境保护法》的体系性目的。党的十八大将生态文明建设纳入中国特色社会主义事业"五位一体"总体布局；在十八届三中全会中指出必须建立系统完整的生态文明制度，用制度保护生态环境；在党的十九大报告中更是提出"加快生态文明体制改革，建设美丽中国"的要求。这表明生态文明建设已经成为中国特色社会主义事业体系中的重要构成，而《环境保护法》作为生态文明建设的重要制度支撑，应当将"推进生态文明建设"作为立法的体系性目的，以凸显《环境保护法》在中国特色社

---

① 胡静：《环境法的正当性与制度选择》，知识产权出版社 2009 年版，第 20 页。

② 参见袁杰主编《中华人民共和国环境保护法解读》，中国法制出版社 2014 年版，第 1、4、5 页。

③ 参见何佩佩、邹雄《再探环境法之目的》，《社会科学家》2015 年第 5 期。

会主义事业建设中的地位。

最后，"促进经济社会可持续发展"是《环境保护法》的最终性目的。可持续发展本身蕴含了发展观、持续观、公平观和和谐观四个方面的基本价值观念。发展观表明发展是一种动态的、前进的状态和运动，失去了发展性，也就不再存在可持续发展；持续观则要求使社会的发展具有持续性，要求将生态、经济、社会三个方面的持续性作为一个统一的整体，持续性的社会能在自然支持系统正常运行和再生范围内不断增进社会的知识、技术效率、组织化程度和生活质量，可以使社会的发展得到长久维持；公平观要求满足所有人的基本需求，给所有人机会以满足他们过较好生活的愿望，这种公平既包括当代人的公平，也包括代际间的公平；和谐观要求促进人类之间以及人与自然之间的和谐，[1]"可持续发展"要求是在不断改善生活质量的同时，在人类赖以生存的生态系统的容许限度内生活[2]。这就意味着"可持续发展"的根本要求在生态系统容许的限度内实现经济社会不断发展，而这种"经济社会可持续发展"的状态，也正是生态文明观中所追求的"人与自然和谐"的具体体现，反映了"生态文明建设"的最终追求。

从上述对于《环境保护法》在立法目的条款中所列举的五个不同层次位阶要素的分析中，可以发现"保护和改善环境"处于整个《环境保护法》立法目的的中心位置。具体而言，一方面，作为阶段性目的的"防治污染和其他公害"和作为关联性目的的"保障公众健康"，均属于"保护和改善环境"这一直接性中心目的实现过程中的支撑。污染和其他公害是对于环境状况的直接威胁，"防治污染和其他公害"是现阶段实现"保护和改善环境"目的最为直接的支

---

[1] 参见史玉成、郭武《环境法的理念更新与制度重构》，高等教育出版社 2010 年版，第 11—12 页。

[2] 参见［日］交告尚史等《日本环境法概论》，田林、丁倩雯译，中国法制出版社 2014 年版，第 133 页。

撑；同时由于生态环境损害和公众健康损害之间一定的"伴生性"，当生态环境损害和公众健康损害之间存在关联时，在采取以"保护和改善环境"为目的的措施时，还应当对"保障公众健康"的目的予以兼顾。另一方面，作为体系性目的的"推进生态文明建设"和最终性目的的"促进经济社会可持续"，均需要以"保护和改善环境"目的的实现为支撑。"生态文明建设"所指向的核心任务就是"推动形成人与自然和谐发展现代化建设新格局，为保护生态环境作出努力"①，而人与自然和谐发展的现代化新格局，既要创造更多物质财富和精神财富以满足人民日益增长的美好生活需要，也要提供更多优质生态产品以满足人民日益增长的优美生态环境需要。这种现代化新格局的实质就是实现经济社会可持续发展。无论是"生态文明建设"任务的实现，还是"经济社会可持续发展"的实现，均需要以良好的生态环境状况为前提，这就要求《环境保护法》中"保护和改善环境"的直接目的得以实现。综上，"保护和改善环境"作为《环境保护法》立法目的中的直接性目的，其串联了立法目的的整体，在整体立法目的结构中处于中心地位，因此，应当将"保护和改善环境"确立为《环境保护法》立法目的的核心。

环境标准法律制度作为《环境保护法》中所确立的重要法律制度，其直接体现了《环境保护法》的立法目的。一方面，《环境保护法》的立法目的需要环境标准法律制度等具体制度予以落实。具体而言，"保护和改善环境"是《环境保护法》的直接性目的、是立法目的的核心。因此，环境法律规范实施前必须明确，为了实现"保护和改善环境"的目标，应当把环境污染限制在何种程度？而环境质量标准就是"保护和改善环境"目标的具体数值表达。环境质量标准设定时，在污染已经发生的区域，需要按年度目标将污染降低到该标准以下；在将来污染有扩大危险的区域，要将污染抑制该

---

① 习近平：《决胜全面建成小康社会 夺取新时代中国特色社会主义伟大胜利——在中国共产党第十九次全国代表大会上的报告》，2017 年 10 月 18 日。

标准线以下。而为了达到环境质量标准的目标①，需通过制定污染物
排放标准、污染物总量控制等措施保障环境质量标准的实现。另一
方面，环境标准法律制度作为《环境保护法》所确立的具体制度，
其价值追求应当与《环境保护法》的立法目的相契合，以保障环境
标准法律制度运行的最终结果能够实现《环境保护法》的立法目的。
综合前述两个方面的原因，现阶段我国环境标准法律制度的价值追
求应当与《环境保护法》的核心目的相一致，即应当将"保护和改
善环境"确立为环境标准法律制度的价值追求，确保环境标准法律
制度能够实现"保护和改善环境"的目标。

第三节　环境标准法律制度的功能定位

　　"功能"是指特定结构的事物或系统在内部和外部的联系和关系
中表现出来的特性和能力。②"结构"则与"功能"相对，是指系统
内各组成要素之间的相互联系、相互作用的方式，是系统组织化、
有序化的重要标志。研究系统的结构和功能，既可根据已知对象的
内部结构，来还原对象的功能；也可根据已知对象的功能，来推测
对象的结构。③从"功能"和"结构"的词源阐释来看，对于某一系
统的"功能"和"结构"的研究是全面认知、把握特定系统的基础。
法律制度属于构建性的系统，在法律制度初创的研究中无法根据已知
的"结构"还原"功能"，并根据已知的"功能"和"结构"分析其
"价值"；只能根据对具体法律制度的客观需求确定其"价值"，根据

---

　　① 原文中作者使用的概念为"环境标准"和"排放标准"，笔者通过分析发现"环
境标准"系为了保持环境质量状况而设定的标准，其与我国概念体系中的"环境质量标
准"相一致；而"排放标准"就是为了实现"环境质量标准"制定的"污染物排放标
准"。参见［日］原田尚彦《环境法》，于敏译，法律出版社 1999 年版，第 69—70 页。
　　② 参见《辞海》（第六版彩图本），上海辞书出版社 2009 年版，第 712 页。
　　③ 同上书，第 1109 页。

其"价值"确定其"功能",再行根据其"功能"设计其"结构"。

一　理论基石：法律规范的效力来源

对于法的效力（有效性、实效）的探讨一直是法哲学、法理学领域探讨的核心问题，传统对于法的效力的关注更多来自法事实上是否得到遵守，但自凯尔森将事实与价值二分的休谟命题引入法哲学领域后，法律为何具有有效性（validity）的问题与法律实效（efficacy）分离成为两个独立的问题。① 自此以后对于法律问题是否有效、是否能够对指向对象产生约束力的问题的探讨就一分为二：一方面，探寻法律规则的有效性，即特定行为规则是否具有应当得到遵守与实施的资格；另一方面，探寻法律规则的实效性，即一项法律规则是否在社会秩序中在事实上得到了实施，换言之，适用对象是否遵守、公权机关是否实施。②

针对法律规则有效性的问题，自 20 世纪以来主要存在着分析实证主义法学派和自然法学派之间的争议。前者认为法律有效性的核心来源于法律的确定性和明确性，而这种确定性和明确性则来源于"承认规则"（Rule of Recognition），即通过一套官方机制对具体法律规则的有效的和强制性的律令作出权威性的承认。③ 后者则认为确定一项规范是否有效的最直接、最可行的标准，似乎在于该规范处理该问题的观点是否具有合理性和说服力，即该观点与可适用的规则和原则是否具有一致性以及该观点是否同整个法律制度的精神和价值模式相符。④ 笔者认为，前者更加强调法律规则在制定和确定过程

---

① 参见李锦辉《规范与认同——制度法律理论研究》，山东人民出版社 2011 年版，第 81 页。

② 参见［美］E. 博登海默《法理学：法律哲学与法律方法》，邓正来译，中国政法大学出版社 2004 年版，第 360 页。

③ See H. L. A. Hart, *Concept of Law*, London: Oxford University, 1961, pp. 89-93.

④ 参见［美］E. 博登海默《法理学：法律哲学与法律方法》，邓正来译，中国政法大学出版社 2004 年版，第 350 页。

中的权威性和有序性，而后者更加强调规范内容的合理性和正义性。概括而言，前者强调法律外在形式的权威，后者强调法律内在内容的合理。

　　针对法律规则的实效性问题主要围绕法律强制力的问题展开。早期一般认为，设置制裁的目的在于增强强制力，以保证法律规则得到遵守与执行。为一个法律制度所承认的制裁形式，通常具有多样化的特征，在现代法律制度体系中包括：以罚款和监禁为内容的惩罚手段、设定损害赔偿额的手段、由法院强制照约履行或规定债务偿还期以作为惩罚的威胁手段、对一个玩忽职守的官员进行弹劾或免职等手段。① 此时认为，强制力普遍存在于所有的法律规范当中，然而随着对于强制与法律规则关系认识的不断深入，学者逐渐认识到强制力并非普遍地存在于所有的法律规范当中。有学者指出，从整体而言强制力乃是法律制度的"一个必要的不可分割的部分"②，可以说一个法律制度如果没有强制实施的惩罚手段，就会被证明无力限制不合作的、反社会的和犯罪的因素，从而也就不能实现其在社会中维持秩序与正义的基本职能。但不应当忽略的是，强制只是用来针对少数不合作的人，在任何正常并且法律有效运行的国家之中，须用制裁手段加以强制的违法者人数远远少于遵纪守法的公民，必须要认识到一个法律制度之实效的首要保障必须是它能为社会所接受，而强制性的制裁只能作为次要的和辅助性的保障。③

　　可以说法律强制力的问题最终是与法律的秩序作用和正义目的相联系的，法律强制执行措施，其目的在于实现和加强有序的、一

---

　　① 参见［美］E. 博登海默《法理学：法律哲学与法律方法》，邓正来译，中国政法大学出版社 2004 年版，第 361 页。

　　② See Alf Ross, *Towards a Realistic Jurisprudence*, Copenhagen：Eniar Munksgaard, 1946, p. 111, 转引自［美］E. 博登海默《法理学：法律哲学与法律方法》，邓正来译，中国政法大学出版社 2004 年版，第 364 页。

　　③ 参见［美］E. 博登海默《法理学：法律哲学与法律方法》，邓正来译，中国政法大学出版社 2004 年版，第 364—365 页。

致的和有效的法的实现。如果法律制度缺乏正义，那么依赖强制力的做法就不可能得到人们普遍的拥护。但如果正义的和令人满意的法律制度能在思想上和行动上赢得人们的重视服从，那么法律也就无须辅之以制裁。由于人与制度的缺陷，无法实现上述理想状态，因此只要在整体上还存在大量的违法者，法律就不可能不用强制执行措施作为其运作功效的最后手段。① 其中法的秩序作用和正义目的就是法律是否具有有效性的核心，法律有效性确系根植于法律实效过程中的问题；同时也是法律是否被社会接受的判断依据，国家制定的法律必须得到人们的接受，才能获得完全的持久的效力，如果大多数人因为法的非正义而予以拒绝，国家法律就会与法律文化相脱离，即使强制力也难以保障法律的遵守。②

综上，法律规范具备长久稳定的效力需要具备有效性资格和强制性保障。阿列克西在对不同面向的法的概念的分析中指出："当我们要判断一条规范是否是法律或是否具有法效力时，'权威的制定性'关切的是它是否为某个有权机关按照一定程序所制定，即规范的形式来源问题；'内容的正确性'涉及了规范是否在道德上可被正当化，即规范的实质内容是否合乎正义的问题；'社会的实效性'则以规范实际上是否被遵守，违反时是否会施加制裁作为判断标准。"③ 笔者认为，前述"权威的制定性"和"内容的正确性"主要面向法律的有效性资格，而"社会的实效性"则主要面向法律的强制性保障。

从法律制定到实施的过程来看，"权威的制定性"主要体现为法律外在形式上的正当性，其体现为法律是由法定的主体按照法

① 参见［美］E. 博登海默《法理学：法律哲学与法律方法》，邓正来译，中国政法大学出版社 2004 年版，第 369 页。

② 参见［德］魏德士《法理学》，丁晓春、吴越译，法律出版社 2013 年版，第 151 页。

③ 参见［德］罗伯特·阿列克西《法概念与法效力》，王鹏翔译，商务印书馆 2015 年版，第 13—20、89—92 页。

定的结构通过法定的程序制定的社会规范；"内容的正确性"主要体现为法律内在内容的合理性，其体现为法律的内容与整体社会目标、法律体系及其立法目的之间的契合性；"社会的实效性"则体现为社会对于规范的认可和国家强制力的保证，前者取决于形式正当性和内容合理性，而后者则取决于法律规则中由国家强制力实施的条件是否恰当、国家强制实施是否有效。因此，法律规范长期、稳定的效力来源于具体法律规则的形式正当性、内容合理性以及实施有效性。

二　借鉴运用：环境标准的效力支撑

在能保障人类生存所需的基本生态环境的前提下，法律允许对环境进行开发和利用。于是，有必要为开发和利用环境的单位、个人设定法律义务，即不得污染和破坏环境，从而保障人类生存所需的基本环境。唐双娥认为，为了保障人类生存在的基本环境，需要及时、全面制定或更新环境质量标准和污染物排放标准。[①] 在环境标准法律制度"保护和改善环境"的价值目标下，环境标准作为界定环境危险和环境风险、整体社会"容忍限度"以及国家危险防御义务和风险预防义务的客观依据，其作用的发挥有赖于以下两个环节：一是以环境科学理论为基础，结合社会经济状况形成环境标准，在客观上界分环境危险和环境风险、确定整体社会的"容忍限度"；二是在环境标准对环境危险和环境风险所做出的界分基础上，国家依据其所负有的危险防御义务和风险预防义务的不同要求，将环境标准作为客观环境状况和行为对环境所造成影响的判断依据，制定具体环境法律规范体系落实国家环境保护义务，最终使得环境质量标准和污染物排放标准内容中的"标准值"成为开发、利用环境的单位和个人的行为界限。

---

① 参见王曦、卢锟《规范和制约有关环境的政府行为：理论思考和制度设计》，《上海交通大学学报》（哲学社会科学版）2014年第2期。

环境标准作为开发、利用环境的单位和个人的行为界限，其是否能够为其所规范对象遵守直接决定相关环境法律规范能否得到实施、国家环境保护义务能否实现。因此，在环境法与环境标准融合的客观背景下，对环境标准效力的分析可以充分借鉴前述对法的效力的分析结论。如前所述，法律规范长期、稳定的效力，需要法律规范形式上的正当性、内容上的合理性及实施上的可行性予以支撑。同样作为行为规范的融入环境法律规范的环境标准，其效力的长期、稳定也有赖于环境标准形式上的正当性、内容上的合理性以及实施上的可行性。但需要注意的是，环境标准与法律规范在效力支撑因素上存在以下不同：首先，法律规范效力支撑因素的保证，有赖于国家整体立法和法律实施机制提供保证，而环境标准的效力支撑因素则有赖于环境标准体系和环境标准法律制度的保证；其次，法律规范内容合理性主要关注法律规范的价值是否符合正义的要求，而环境标准除此之外还要关注内容是否科学；最后，法律规范实施上的可行性主要依赖规范自身实施措施是否可行，而环境标准实施上的可行性，则有赖于在环境标准与法律规范结合的过程中相关法律规范实施手段的可行性。

三　功能定位：效力来源的制度支撑

综上所述，环境标准长期稳定的效力，根本上有赖于环境标准法律制度的保证。有学者指出环境标准法律制度的功能应当定位于提供法定的、具有强制约束力的标准值，从而指引人类对环境的开发、利用和保护行为。[1] 该观点实质上就阐明了环境标准法律制度的功能在于保证环境标准效力的长期稳定，环境标准的效力将直接影响到国家环境保护义务的具体履行、环境保护法律规范的具体实施以及环境标准法律制度价值目标的实现。故而，应当在环境标准法

---

[1]　参见施志源《环境标准的法律属性与制度构成——对新〈环境保护法〉相关规定的解读与展开》，《重庆大学学报》（社会科学版）2016年第1期。

律制度"保护和改善环境"价值目标的指引下，结合环境标准效力
的具体支撑因素，体系化地认识环境标准法律制度的功能。具体而
言，其保障效力长期稳定的功能，应当体现为"三重保障功能"，具
体包括：第一，保障环境标准形式正当性的功能，即保障环境标准
在性质、体系、结构以及与法律结合方式等外在形式方面具有正当
性；第二，保障环境标准内容合理性的功能，即保障环境标准的内
容在符合科学规律的同时，与社会中关于正义的价值判断相一致；
第三，保障环境标准实施有效性的功能，即保障环境标准在实施的
过程中能够对其规范对象实现有效的约束。

第四节　环境标准法律制度的体系结构

一　制度体系概述：从三重功能保障到三元结构

关于环境标准法律制度的具体构成，有学者认为，对于环境标
准内容的要求由环境标准的制定所保障；而对环境标准与法律规范
结合的要求，则由环境标准的适用所保障；因此，环境标准法律制
度具有二元结构，包括环境标准制定法律制度和环境标准适用法律
制度。① 笔者认为，前述关于环境标准法律制度二元结构的结论，源
于其在对环境标准法律制度功能分析的过程中，仅仅关注了环境标
准法律制度"三重保障功能"中的两重，即对环境标准内容合理性
和实施有效性的保障，故而将环境标准法律制度二元划分为保障内
容合理性的制定法律制度与保障实施有效性的使用法律制度。

其对于保障环境标准形式正当性功能的忽略造成了环境标准法
律制度的缺失，形式正当性实际上是对内容合理性和实施有效性的
约束和指引。换言之，形式正当性明确了环境标准的基本外在形式

---

① 参见施志源《环境标准的法律属性与制度构成——对新〈环境保护法〉相关规
定的解读与展开》，《重庆大学学报》（社会科学版）2016 年第 1 期。

要素，例如：环境标准的性质、类型、体系以及与法律的结合方式等，如果没有对于环境标准类型和体系的具体要求，再完美无瑕的制定程序也无法制定出内容合理的环境标准；如果没有对于环境法与环境标准结合方式的具体要求，也无法在法律规范的框架体系内准确适用环境标准。故而，忽略环境标准法律制度的形式正当性保障功能，可能最终导致环境标准法律制度整体效力保障功能的落空。

因此，在构建环境标准法律制度结构的过程中需要牢牢把握其"三重保障"的制度功能，构建环境标准法律制度的三元体系。第一，应当建立完善的环境标准援引法律制度，以落实环境标准法律制度保障环境标准形式正当性的功能。第二，应当完善现有的环境标准制定修订法律制度，以落实环境标准法律制度保障环境标准内容合理性的功能。第三，应当整合现有的环境标准适用法律制度，以落实环境标准法律制度保障环境标准实施有效性的功能。综上，环境标准法律制度具体由环境标准援引法律制度、环境标准制定修订法律制度以及环境标准适用法律制度三个部分构成。

首先，环境标准援引法律制度应当明确环境标准的性质定位、内容体系以及环境法与环境标准规范的结合方式，其实质上是明确了划分环境危险和环境风险所需要考量的具体因素与内容，从外在形式上确保在具体界分国家环境危险防御义务和风险预防义务所考量的实体性因素的合理性，以保证环境标准内容的合理性。其次，环境标准制定修订法律制度明确了环境标准制定和修订的程序，其实质上是明确了划分环境危险和环境风险的程序性规则，从决策程序上确保了界分国家环境危险防御义务和风险预防义务的合理性。最后，环境标准适用法律制度明确了环境法与环境标准规范结合后的约束力，其实质上体现了环境危险和环境风险对法律回应所产生的不同要求，保证了在合理确定了国家环境危险防御义务和风险预防义务的界限后，为保证落实国家环境保护义务所制定的法律规范。综上所述，环境标准法律制度实质上确保了在界分不同层次国家环

境保护义务过程中，环境标准的形式正当性、内容合理性以及实施
有效性，进而确保不同层次国家环境保护义务得以顺利履行，可以
说环境标准法律制度系落实国家环境保护义务的重要制度支撑。

　　法律关系是法律规范在指引人们的社会行为、调整社会关系的
过程中形成的人们之间的权利和义务联系。① 一般认为，法律关系由
主体、客体和内容三个部分构成。法律关系的主体是法律关系的参
加者，即法律关系中权利的享有者和义务的承担者，或享有权利并
承担义务的人或组织。② 法律关系的客体是法律关系主体的权利、义
务所指向、影响、作用的载体，即构成权利和义务内容或对象的行
为及行为所指向，总体上而言法律关系的客体包括行为和物两种类
型。③ 法律关系的内容则是指具体形成的权利义务关系。在法学基础
理论的概念体系中，法律制度是调整某一类型社会关系的法律规范
的总称。因此，在法律制度当中必须反映在其所调整社会关系的过
程中，形成的权利和义务关系。因此，在对具体法律制度展开分析
的过程中，应该根据其所调整形成的法律关系的主体、客体和内容
来认识和分析具体法律制度。④

二　形式正当性的保障：环境标准援引法律制度

　　环境标准援引法律制度是以保障环境标准形式正当性为功能，
调整环境标准的体系类型、性质定位以及与具体法律规则结合方式
等社会关系的法律规范组成的有机整体。环境标准管理法律制度由
主体、客体、内容三个方面构成。

---

　　① 参见张文显《法哲学范畴研究》，中国政法大学出版社 2001 年版，第 96 页。
　　② 同上书，第 100 页。
　　③ 同上书，第 106 页。
　　④ 有学者在分析环境标准制度二元结构的过程中，就分别对环境标准制定制度和环
境标准适用制度中的主体、客体和内容加以分析。参见施志源《环境标准的法律属性与
制度构成——对新〈环境保护法〉相关规定的解读与展开》，《重庆大学学报》（社会科
学版）2016 年第 1 期。

（一）环境标准援引法律制度的主体

环境标准援引法律制度的主体主要包括权力主体和义务主体，前者是指依法有权规定环境标准性质定位、体系类型以及与具体法律规则结合方式的主体，后者主要指受到确定的环境标准性质定位、体系类型以及与法律规则结合方式约束的主体。前者主要包括国家立法机关和授权行政机关，环境标准的体系类型、性质定位以及与法律规则结合方式等问题属于环境标准法律制度的基础性问题，直接决定了国家环境保护义务履行的界限和强度，因此原则上对于上述问题的规定应当由国家立法机关进行，但又由于环境标准相关问题的高度技术性，故而包括我国在内世界各国普遍采取立法机关对上述问题进行概括性规定，由授权行政机关进行具体细化的方式。以我国为例，立法机关首先通过《环境保护法》《标准化法》等立法对环境标准的分类、重点类型、性质等内容进行规定，再由环境保护主管部门通过《环境标准管理办法》对环境标准具体类型、完整体系等问题加以细化。后者则包括环境法律制定主体、环境标准制定修订主体和环境标准适用主体。

（二）环境标准援引法律制度的客体

根据环境资源法学的一般理论，环境与资源保护法律关系的客体一般包括环境要素以及人类行为。[①] 对于环境标准援引法律制度而言，其功能在于保障环境标准的形式正当性，即通过明确环境标准的外在形式要求，规范相关主体在环境标准制定修订、适用过程中的行为，避免有关不当行为导致环境标准外在正当性的缺失。故而应当具体包括：环境标准制定行为、环境标准修订行为、环境标准适用行为以及结合环境标准的环境法律规范的制定行为。

（三）环境标准援引法律制度的内容

环境标准援引法律制度的内容主要体现为权力主体的权力义务

---

① 参见金瑞林《环境与资源保护法学》，高等教育出版社2013年版，第56页。

和义务主体的义务。一方面,立法机关有权通过立法全面地规定环境标准的类型体系、性质定位以及环境法与环境标准的结合方式,而授权行政机关则有权在立法机关确定的框架下对相关内容进行具体化的规定,但不得逾越立法机关所确定的框架;另一方面,义务主体的权利义务主要体现为不得违背的义务。首先,环境法律制定修订主体的义务主要体现为,在制定或修改环境法律的过程中,不得违背环境标准援引法律制度中所确立的环境法与环境标准结合的方式。其次,环境标准的制定修订主体在制定或修改环境法律的过程中不得违背环境标准管理法律制度中所确立的环境标准性质定位、类型体系。最后,环境标准的适用主体在结合环境标准适用相关环境法律规范的过程中,不得与环境标准援引法律制度中所确立的环境标准类型体系相矛盾。

三 内容合理性的保障:环境标准制定修订法律制度

环境标准制定修订法律制度是以保障环境标准内容合理性为功能,调整环境标准的制定、修订以及环境标准内容监督制约等社会关系的法律规范组成的有机整体。环境标准制定修订法律制度由主体、客体、内容三个方面构成。

(一) 环境标准制定修订法律制度的主体

环境标准制定修订法律制度的主体包括:环境标准的制定、修订主体以及环境标准的外部监督制约主体。环境标准的制定、修订主体主要包括:环境标准制定过程中的起草单位、制定单位、发布单位以及参与主体。在现有制度中起草单位一般以承担科研课题的方式由环境科研机构承担。制定主体、发布主体则根据环境标准的不同类型而有所区别,环境保护国家标准由环境保护主管部门制定,由环境保护主管部门、国家质量监督检验检疫总局联合发布;环境保护行业标准(原环境保护总局标准)则由环境保护主管部门制定后发布,报国家质量监督检验检疫总局备案;地方环境标准则由省级地方人民政府制定发布，报环境保护主管部门备案。① 参与主体则根据是否与环境标准的制定有直接利害关系，区分为利害关系人和一般公众。在环境标准修订过程中，则包括实施后评估主体、定期复审主体、修订主体与发布主体。根据现有《标准化法》的规定，制定者负责后续的评估、复审、修订工作，发布主体则与制定程序中相一致。环境标准的外部监督制约主体，主要是指在环境标准制定、修订过程中存在程序违法和内容不合理时，通过外部监督制约对此种情况予以纠正的主体，从各国实践来看此类外部监督主体或者为立法机关或者为司法机关。

（二）环境标准制定修订法律制度的客体

对于环境标准制定修订法律制度而言，其功能在于保障环境标准的内容合理性，即通过明确环境标准的制定、修订程序以及外部监督约束规则，以规范相关主体在环境标准制定、修订过程中的行为，避免不当的制定、修订行为导致环境标准内容合理性的不足。故而应当具体包括三个类型：一是环境标准制定行为，具体包括环境标准的起草行为、审议行为以及发布行为；二是环境标准修订行为，具体包括环境标准的实施后评估行为、环境标准的定期复审行为以及环境标准修订发布行为；三是环境标准外部监督行为，具体包括外部监督程序的启动行为和外部监督的决定行为。

（三）环境标准制定修订法律制度的内容

环境标准制定修订法律制度的内容主要体现为制定、修订主体以及外部监督主体的义务。环境标准制定、修订主体的义务主要体现为两个方面，一方面是严格遵守环境标准制定修订法律制度所明确规定的程序性规则的程序性义务，即在环境标准制定、修订过程中，除法律明确规定的例外情形外，不得违反环境标准制定修订法律制度中的程序性规定；另一方面是积极地采取可能的方式，落实

---

① 参见施志源《环境标准的法律属性与制度构成——对新〈环境保护法〉相关规定的解读与展开》，《重庆大学学报》（社会科学版）2016 年第 1 期。

保障环境标准内容合理性的实体性义务，程序性规则只能在外部保证环境标准内容的形式合理性，环境标准制定、修订主体还在实体上负有在可能的范围积极地强化环境标准内容合理性的实体义务。环境标准外部监督主体的义务主要体现为，在法定情形下启动对于环境标准内容合理性保障的外部监督程序，并且依法对涉及内容合理性的问题进行审查并选择恰当处理方式的义务。

四　实施有效性的保障：环境标准适用法律制度

环境标准适用法律制度是以保障环境标准实施有效性为功能，调整环境标准在结合具体环境法律规范适用过程中的社会关系的法律规范组成的有机整体。环境标准适用法律制度由主体、客体、内容三个方面构成。

（一）环境标准适用法律制度的主体

环境标准适用法律制度的主体包括：环境标准适用主体以及环境标准约束主体。环境标准本身并不具备法律上的约束力，但在环境法与环境标准融合的背景下，环境标准通过结合环境法律规范得以实施，因此环境标准的适用主体和约束主体实质上就是与环境标准相结合的环境法律规范的适用主体和约束主体。适用主体主要是指实施相关与环境标准相结合的环境法律规范的主体，包括享有执法权的行政机关和享有审判权的司法机关，具体在我国语境中相关主体包括：县级以上人民政府、享有环境执法权的职能部门、各级人民检察院和各级人民法院；约束主体主要是指受到与环境标准相结合的环境法律规范约束的主体，包括：各类行政机关、各类环境利用主体、各类因造成环境损害致使他人人身财产权益受损以及造成生态环境损害的主体。

（二）环境标准适用法律制度的客体

对于环境标准适用法律制度而言，其功能在于通过保障与环境标准结合的法律规范的实施，而保障环境标准的实施有效性，即通过保障与环境标准相结合的环境法律规范的适用，以明确环境标准对不同主体的约束力，约束各类对生态环境存在实际影响的管理、开发和利用行为。故而应该包括两个类型的行为：一是与环境标准结合的环境法律规范的适用行为，具体包括环境行政执法行为、环境司法审判行为；二是受与环境标准结合的环境法律规范约束的行为，具体包括行政机关的决策管理行为、环境开发利用主体的开发利用行为以及对生态环境造成损害侵害他人利益以及环境利益的侵害行为。

（三）环境标准适用法律制度的内容

环境标准适用法律制度的内容主要体现为与环境标准结合的环境法律规范适用主体的权力和义务以及受与环境标准结合的法律规范约束主体的义务。与环境标准结合的环境法律规范适用主体的权力和义务主要体现为两个方面，一方面适用主体应当积极实施与环境标准结合的环境法律规范，追究违反相关法律规范主体的法律责任；另一方面应当严格遵守与环境标准结合的环境法律规范，不得超越相关法律规范的范围实施相关法律以及环境标准。受与环境标准结合的法律规范约束主体的义务则根据约束主体的不同分为三个层次：首先，行政机关作为环境开发利用行为的决策、管理主体，其相关决策、管理行为应当受到与环境标准结合的法律规范的制约，其决策、管理行为不得违背相关法律规范，主要体现为在各类规划、环评审批、排污许可等决策、管理行为中不得违反环境标准约束的义务；其次，环境开发利用主体作为环境开发利用行为的实施者，其行为除了受到诸如环境影响评价、排污许可的约束外，还应当受到环境标准（主要是污染物排放标准）的约束，因此环境开发利用主体的义务主要体现为不得违反污染物排放标准的义务。最后，生态环境致害主体的侵害行为造成环境损害致使他人权益及环境公共利益遭受损害，其行为实质上突破了环境质量标准所确定的环境质量状况底线，造成了利益状况的扭曲，因此应当承担矫正利益扭曲状况的义务。上述三个层次的义务体现了环境标准在权力制约、行为管制和侵害矫正三个方面的约束力。

本章小结

　　随着环境问题的不断恶化，国家保护和改善环境的义务已经成为我国宪法所确定的国家义务体系中重要的组成部分。环境标准源于其兼具科学理性和社会理性的特征，成为界分"环境危险"和"环境风险"的客观依据，事实上划定了国家保护和改善环境义务中，国家危险防御义务和风险预防义务的界限，明确了国家环境危险防御义务的边界，这决定了环境标准法律制度在现代环境法治国家的环境法体系中处于基础性的地位。故而，环境标准法律制度的价值目标应当以国家环境保护义务和整体环境法律制度的价值目标为指导，将"保护和改善环境"作为其所追求的核心价值。为了保障国家环境保护义务层次界分的合理、正当性，融入环境法体系的环境标准本身需要具备形式正当性、内容合理性以及实施有效性。故而，环境标准法律制度的功能应当定位于此，并在此指引下，确立由实现形式正当性保障功能的环境标准援引法律制度、实现内容合理性保障功能的环境标准制定修订法律制度以及实现实施有效性保障功能的环境标准法适用法律制度，组成的"三位一体"的环境标准法律制度体系，并以此为理论指引指导未来环境标准法律制度的不断完善。

第 三 章

环境标准援引法律制度的构建

环境标准援引法律制度是以保障环境标准形式正当性为功能，调整环境标准的性质定位、体系结构以及环境标准与具体法律规则结合方式等社会关系的法律规范组成的有机整体，其是整体环境标准法律制度的起点。在我国现有的环境标准法律制度体系中，关于环境标准的性质定位、体系结构以及环境标准与具体法律规则结合方式的法律规范，要么处于无明确规定的状况，要么处于散落在各种不同类型法律规范中的状况。换言之，现有环境标准援引法律制度尚处于空白状态，在未来环境标准法律制度建设的过程中，全面系统地构建环境标准援引法律制度是其重要环节。因此，需要从理论上全面剖析现有相关法律规范存在的不足，并系统地分析环境标准援引法律制度的整体结构，以最终指导未来的制度建设。

第一节　环境标准援引法律制度的问题阐释

环境标准属于标准在环境保护领域中的具体适用，为了保证标准化工作的顺利实施，我国于 1988 年颁布了《标准化法》，该法奠定了我国标准化工作的法律框架。该法第 2 条第 3 项明确规定了环境标准属于标准体系中的重要组成部分，该法第 7 条明确规定了涉及人体健康，人身、财产安全的标准以及法律、行政法规规定的标准是强制性标准。2017 年 11 月《标准化法》进行了全面修订，修订后的法律在第 10 条明确规定了涉及生态环境安全管理基本需要的技术要求，应当制定强制性国家标准。在《标准化法实施条例》第 18 条第 4 项明确列举了污染物排放标准和环境质量标准属于强制性标准。而 1999 年颁布的《环境标准管理办法》首先按照环境标准的内容将环境标准分为环境质量标准、污染物排放标准、环境监测方法标准、环境标准样品标准和环境基础标准，而后则沿袭《标准化法》和《标准化法实施条例》的规定，将环境标准分为强制性环境标准和推荐性环境标准，其中环境质量标准、污染物排放标准和法律、行政法规规定必须执行的其他环境标准属于强制性环境标准，除了强制性环境标准以外的属于推荐性环境标准。正是由于现有《标准化法》《标准化法实施条例》以及《环境标准管理办法》中有关规定的差异、矛盾之处，造成了现有环境标准援引法律制度中对于环境标准法律性质、环境标准类型体系以及环境标准与法律规范结合方式三个方面的问题，直接导致了实践工作和理论研究的困难。

一　性质界定不清：环境标准性质的界定方式不一

修订前《标准化法》第 7 条对于强制性标准的界定实际采纳了"实质标准+形式标准"的方式，根据其定义强制性标准的范围包括国家标准和行业标准中"保障人体健康，人身、财产安全的标准+法律、行政法规规定强制执行的标准"。原有规范如果具体到环境标准领域中，环境标准规范本身的直接目的就在于实现人类社会与生态环境的和谐、有序，而和谐有序的基础就在于人类社会存在的根本——人体健康，人身、财产安全能够得到保障，换言之，环境标准从根本上就是为了保障人体健康，人身、财产安全所制定的标准，按照《标准化法》对于强制性环境标准的界定，所有属于国家标准和行业标准的环境标准均应纳入强制性环境标准的范围之中。①

《标准化法实施条例》第 18 条对于强制性标准的界定就变为了"具体列举类型+外部引用"的方式，根据其定义强制性标准的范围就为国家标准和行业标准中"具体条文列举的标准类型+法律、行政法规规定强制执行的标准"。如果按照此规定，强制性环境标准的范围就变为国家标准和行业标准中的环境质量标准、污染物排放标准以及法律、行政法规中规定强制执行的环境标准。而在现行环境法律规范体系中除了环境质量标准和污染物排放标准外，并无其他类型的环境标准被法律、行政法规规定应当强制执行，最终导致在现有法律体系中只有国家标准和行业标准中的环境质量标准和污染物排放标准为强制性环境标准。如果按照《标准化法实施条例》中对强制性标准的界定，势必会影响整体环境标准的运行和实施效果，故而《环境标准管理办法》对强制性环境标准的界定又发生了变化。

1999 年颁行的《环境标准管理办法》第 5 条对强制性环境标准界定进行了突破。一是突破了强制性环境标准的类型限制，按照《标准化法》《标准化法实施条例》的规定，强制性标准和推荐性标准的划分只存在于国家标准和行业标准之中。但源于 1989 年颁布的《环境保护法》对于环境标准体系中国家和地方两级环境质量标准和污染污染物排放标准地位的确认，并通过法律责任条款的形式确认了两者应被强制执行。故而在《环境标准管理办法》中确立了地方

---

① 在此可能会有以下质疑：环境质量标准、污染物排放标准两类直接涉及生态环境保护的实体标准，被认为能够产生保障人体健康，人身、财产安全自无疑问，但环境监测方法标准、环境标准样品标准和环境基础标准等程序（操作）标准，其实施只能保障相关检测、检验活动的准确，并不能直接产生保障人体健康，人身、财产安全的效果。但笔者认为，程序（操作）性标准是保证实体性标准能够有效实施的前提、是保证整体环境标准规范体系有效运行的保障，如果否定此类型标准的强制性地位，可能会导致实践中强制性实体标准实施受阻。换言之，缺失了强制性程序标准保障的强制性实体标准，可能会成为"无源之水、无本之木"。故而，在制度中不能只赋予实体标准强制性，也应当赋予程序标准强制性。相似观点可参见王春磊《环境标准法律效力再审视——以环境义务为起点》，《甘肃社会科学》2016 年第 6 期。

环境质量标准和地方污染物排放标准的强制性标准地位。二是突破了强制性环境标准的范围限制，《标准化法》《标准化法实施条例》中将强制性标准的范围限制在"具有法定内容或属法定类型的标准+被法律、行政法规规定强制执行的标准"。而《环境标准管理办法》中将"被强制性环境标准引用的标准"也纳入了强制性环境标准的范围，即强制性环境标准的范围包括：国家环境质量标准，国家污染物排放标准，地方环境质量标准，地方污染物排放标准，被法律、行政法规规定强制执行的标准以及被强制性环境标准引用的标准。但与第一项突破不同的是，在并无任何上位法依据的情况下，《环境标准管理办法》作为部门规章逾越了《标准化法》《标准化法实施条例》对强制性标准范围的限制，扩大了强制性环境标准的范围。可以认为此规定实际上突破了上位法的限制，其效力尚存疑问。

修订后的《标准化法》第 10 条沿袭了原有对强制性标准"内部性质+外部引用"的界定方式，但修订后的法律明确规定了涉及生态环境安全管理基本需要的技术要求，应当制定强制性国家标准。虽然新修订的《标准化法》明确了涉及生态安全的标准的强制性地位，但从上述分析中不难发现，一方面，《标准化法》《标准化法实施条例》《环境标准管理办法》各自对于强制性标准的界定存在内在的冲突，各自对于强制性标准的界定依据和界定方式并不统一，造成了现有整体标准体系的混乱；另一方面，环境标准作为标准在环境保护领域的适用，其性质、体系除了受到标准化法律规范的影响，还受到环境法律规范的影响。在《环境保护法》等环境法律规范的特别规定下，相较于传统产品服务标准，环境标准的性质体系已经呈现出其自身特征，可以说环境标准体系在环境标准法律制度的作用和影响下，已经呈现出独立于传统产品标准体系的趋势。正是由于环境标准同时受到环境保护法律规范和标准化法律规范的双重影响，而两者在规范的衔接过程中又存在不尽统一之处，导致现有环境标准援引法律制度中对于环境标准法律性质的界定存在不明确之处，进而影响了环境标准的具体实施和理论研究的进一步前行。

二 体系结构混乱：环境标准体系结构的设计不清

我国关于环境标准体系的立法散见于《标准化法》《环境保护法》《标准化法实施条例》以及《环境标准管理办法》之中，未能形成体系化、明确化的直接规定。首先，就环境标准的内容划分而言。《标准化法》只说明了有关环境保护的各项技术要求和检验方法需要制定标准；《环境保护法》明确规定了环境质量标准和污染物排放标准两种环境标准类型；《标准化法实施办法》则在界定强制性标准的过程中，列举了环境质量标准和污染物排放标准两种类型的环境标准；《环境标准管理办法》则结合前述三部上位法的规定，将我国环境标准的类型确立为环境质量标准、污染物排放标准、环境监测方法标准、环境标准样品标准和环境基础标准。

其次，就环境标准的层级划分而言。根据修订前《标准化法》和《标准化法实施条例》的规定，标准分为国家标准、行业标准、地方标准和企业标准四级，而四者之间的关系存在以下关系：一方面，国家标准、行业标准以及地方标准之间存在层级之间的优先关系，更高层级标准的颁行对低层级之间的标准有排斥效力；另一方面，要求企业标准的内容严于已有的国家标准、行业标准或者地方标准。而修订后的《标准化法》则将不同的标准划分为国家标准、行业标准、地方标准、团体标准和企业标准，并且取消了高层级标准对于低层级标准的排斥效力。《环境保护法》则在对环境质量标准和污染物排放标准进行规定的过程中，确立国家和地方两级的环境质量标准和污染物排放标准；并且明确要求地方环境标准可以规定国家标准未作规定的项目，如果对国家标准已作规定的项目其内容必须严于国家标准。《环境标准管理办法》则依据前述三部上位法的规定，将我国环境标准确的层级立为国家环境标准、行业环境标准（国家环境保护总局标准）和地方环境标准三个层级，由于《环境保护法》已对国家环境标准与地方环境标准之间的关系进行了规定，其仅仅明确了国家环境标准颁行后对行业环境标准的排斥效力。在具体的规定中，明确规定国家环境标准包括前述五种类型的环境标准，而将地方环境标准的具体类型限制于环境质量标准和污染物排放标准。然而《环境标准管理办法》并未明确规定行业环境标准（国家环境保护总局标准）的具体类型，但结合《环境保护法》的规定，环境质量标准和污染物排放标准只能为国家标准和地方标准，故而行业环境标准只包括：环境监测方法标准、环境标准样品标准和环境基础标准。

最后，就环境标准的性质划分而言。原《标准化法》《标准化法实施条例》将强制性标准和推荐性标准的划分限制于国家标准和行业标准中，但最新修订的《标准化法》则将此划分限制于国家标准之中。而《环境保护法》《环境标准管理办法》则将该划分的限制扩张至国家标准、行业标准和地方标准中，而强制性环境标准则包括：所有的环境质量标准、污染物排放标准以及国家标准和行业标准中被法律、法规规定强制执行的，被强制性环境标准引用的推荐性标准。①

根据上述法律的规定我国的环境标准体系可以概括为"三级五类两性质"（参见图3-1），各层级、各类型环境标准的代表为：国家环境标准——《环境空气质量标准》（GB 3095—2012）、《烧碱、聚氯乙烯工业污染物排放标准》（GB 15581—2016）、《低、中水平放射性废物近地表处置场环境辐射监测的一般要求》（GB/T 15950—1995）、《大气降水样品的采集与保存》（GB 13580.2—92）、《海洋自然保护区类型与级别划分原则》（GB/T 17504—1998）；地方环境标准——河北省《灰尘自然沉降量环境质量标准》（DB 13/339—1997）、北京市《锅炉大气污染物排放标准》（DB 11/ 139—2015）；国家环境保护总局标准（行业标准）——《排污单位自行

———————————

① 因为地方环境标准仅包括环境质量标准和污染物排放标准，故而所有的地方环境标准均为强制性环境标准，在文中不再单列。

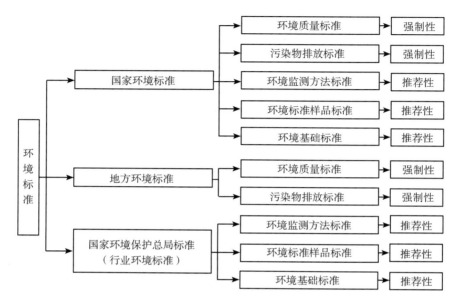

图 3-1   我国现有环境标准体系结构示意

监测技术指南——总则》（HJ 819—2017）、《水质样品的保存和管理技术规定》（HJ 493—2009）、《环境空气质量功能区划分原则与技术方法》（HJ/T 14—1996）。

从上述对于我国环境标准体系的分析中不难发现，现有立法中对于环境标准体系的规定散见于不同层级的环境保护法律规范以及标准化法律规范之中，但由于环境标准自身存在的特殊性，其体系构成与标准化法律规范中确定的产品服务标准体系存在客观上的不同，而环境保护法律规范又并未体系化地对环境标准的体系进行明确的规定和阐释，导致在理论研究和实际工作中，需要通过复杂的体系解释方式，对不同层级的一般性法律规则和特殊性法律规则进行解释，才能够推导出完整的环境标准体系。这种立法设计上的不明确，一方面，加重了实践中环境标准的制定、适用的工作负担；另一方面，增加了理论上全面认识环境标准体系的难度。

三　援引方式缺失：环境标准融合方式的立法真空

《标准化法》第 14 条、《标准化法实施条例》第 23 条以及《环境标准管理办法》第 5 条均规定了强制性标准必须被执行。根据前文所述，标准的约束力来源有两种：一是相关行为主体出于自愿执行标准的意思表示，接受标准的约束；二是来源于法律规范明确规定标准必须被执行。显然强制性标准的效力来源属于第二种情况，即需要法律规范的强制效力保证强制性标准得到执行，换言之，强制性标准就是得到法律规范认可、由法律强制力保障实施的标准。一般认为，法律规范强制力的根本保障在于，行为主体违反法律规范所规定的权利义务内容时，国家通过法定方式保证法律所规定后果的实现。而在法律强制力实现的过程中，法律规范结构中的假定、行为模式和后果三个部分缺一不可。

具体到强制性环境标准中，由于《标准化法》《标准化法实施条例》以及《环境标准管理办法》中，既未直接对不履行强制性环境标准的后果进行规定，又未规定其他法律规范应当如何设置不履行强制性环境标准的后果，造成援引了强制性环境标准的环境法律规范的缺失。一方面，《标准化法》《标准化法实施条例》中虽然明确规定了不履行强制性标准的后果，但相关内容均是针对产品标准所设计的。[①] 由于产品标准是针对产品所设置，对于相关强制性标准的执行是通过限制不达标产品流通而实现。但环境标准是状态标准、行为标准和操作标准，对于强制性环境标准的执行无法通过产品标准的模式而实现。另一方面，虽然《环境标准管理办法》第 25 条规定可以根据有关法律和法规对不执行强制性环境标准的行为进行处

---

① 例如：《标准化法》第 20 条规定：生产、销售、进口不符合强制性标准的产品的，由法律、行政法规规定的行政主管部门依法处理，法律、行政法规未作规定的，由工商行政管理部门没收产品和违法所得，并处罚款；造成严重后果构成犯罪的，对直接责任人员依法追究刑事责任。

罚，但该条款只能保障当相关法律规定了不执行强制性环境标准的法律后果时，相关强制性环境标准的执行问题。一旦存在立法空白，即法律规范中未设置违反某类强制性环境标准的后果时，相关强制性环境标准的效力就无从保障。例如：现有环境法规范中，大都只对违反污染物排放标准的后果进行了规定；而对违反环境质量标准的后果，却鲜有规定。也正是因为现有环境标准法律制度中，对于强制性环境标准效力来源的规范缺失，导致了现有理论和实践中对于强制性环境标准效力的认识存在较大争议，并且直接影响了对于强制性环境标准属性的认识。

第二节 环境标准法律性质的厘清

如前所述，《标准化法》《环境保护法》《标准化法实施条例》《环境标准管理办法》中对于环境标准性质、环境标准强制性等问题规定得不清晰，导致了长期以来理论研究过程中，对于环境标准法律性质认识存在不统一。而明确环境标准的法律性质是环境标准援引法律制度发挥其保障环境标准形式正当性作用的逻辑起点，因此在构建环境标准援引法律制度的过程中，厘清环境标准的法律性质是构建整体法律制度的起点。

一 观点梳理：环境标准法律性质的争论

环境标准的法律属性是现有研究中分歧较大的问题，代表性学说有：（1）违法性判断准则说，即认为污染物排放标准是衡量排污行为是否合法的判定依据，[1] 认为客观行为"超标即违法"[2]。（2）环境法肯定说，即认为环境标准是我国环境法体系中一个独立

---

① 金瑞林主编：《环境法学》，北京大学出版社 2002 年版，第 134 页。
② 蓝文艺：《环境行政管理学》，中国环境科学出版社 2004 年版，第 151 页。

的、特殊的、重要的组成部分。① （3）环境法部分肯定说，即认为只有强制性的环境标准具备了法规的性质，才属于环境法体系中不可缺少的组成部分，而推荐性环境标准不属于环境法律体系的组成部分。② （4）环境法关联说，该观点认为纯粹的环境标准并不属于法的范畴，即不具有环境法规的性质，但与环境法规有着紧密的联系，它只有与相关的法律规范结合成整体才属于环境法的体系。蔡守秋教授指出环境标准法是环境法的组成部分，而环境标准只有与有关环境标准的法律规定即环境标准法结合在一起，才能共同形成环境法体系中的组成部分。③ 王灿发教授也认为，仅仅把环境标准作为环境法体系的组成部分是不全面的，因为环境标准仅是对环境保护的各项技术要求加以限定的规范，其本身不能确定自己的作用、效力以及违反标准要求的法律责任；它只有与关于环境标准管理的法律、法规结合在一起，才能构成完整的法律规范。④ （5）环境法否定说，强制性环境标准本身不属于法的规范，其具体适用需附于环境行政决定即公法上的判断……环境标准不具有判断或决定平等主体间是否存在环境妨害或者侵害的法的效力。⑤

　　随着环境法理论的不断发展，对于环境标准法律属性的认识也不断深入。有学者从六个方面论述了上述早期观点存在的不足之处，并经过与环境标准文件、环境标准值、环境标准法律规范和环境标准法律制度等相关概念的辨析后，指出环境标准由具有规章制定权

---

　　① 韩德培主编：《环境保护法教程》，法律出版社 2003 年版，第 124 页；金瑞林主编：《环境法学》，北京大学出版社 2002 年版，第 130 页；常纪文、王宗廷主编：《环境法学》，中国方正出版社 2003 年版，第 130 页；蔡守秋主编：《环境资源法学》，人民法院出版社 2003 年版，第 74 页；吕忠梅：《环境法学》，法律出版社 2004 年版，第 53 页。

　　② 彭本利、蓝威：《环境标准基础理论问题探析》，《玉林师范学院学报》2006 年第 1 期。

　　③ 蔡守秋：《论环境标准与环境法的关系》，《环境保护》1995 年第 4 期。

　　④ 王灿发：《环境法学教程》，中国政法大学出版社 1997 年版，第 55 页。

　　⑤ 汪劲：《环境法学》，北京大学出版社 2006 年版，第 210 页。

限的行政主体经过非严格立法程序的法定程序而制定，内容构成和编排体例不同于行政规章，缺乏法律规范的完整结构而无独立的法律意义，但可以被准用性法律规范援引作为该规范的构成要素，因而被赋予相应的法律效力和法律意义的行政规范性文件。[①] 而有的学者在对环境标准法律性质进行界定的过程中，更加强调了环境标准的技术性，认为"环境标准是环境法律法规授权国家有关部门和省级政府统一制定的独立于环境法律法规和规章的具有法律效力的环境保护技术要求和检验方法"[②]。环境标准的行政性规则说及其类似学说，近年来也逐渐为大多数学者所接受，进而成为环境标准法律属性的主流学说。

二　命题杂糅：法律性质认识争论的根源

从前述围绕环境标准法律性质问题的争论不难发现，对于该问题的讨论实质上杂糅了以下两个问题：第一，环境标准本身的性质为何？第二，环境法与环境标准规范之间的关系为何？而对环境法与环境标准规范关系为何的探讨，其实质指向环境标准的强制性根本上是如何体现的这一问题。这也就不难解释为何在上述众多的学说中对于环境标准法律性质界定，最终均需涉及环境标准法律效力的问题。在上述观点中针对环境标准本身性质作出了界定的仅包括：环境法部分肯定说、环境法关联性说、环境法否定说以及行政性规则说，其中又可以将上述四类学说分为法律属性部分肯定说和法律属性完全否定说。前者仅包括环境法部分肯定说，该观点认为强制性环境标准具有法律属性，而推荐性环境标准则不具备法律属性；后者包括其他三种学说均否定了环境标准的法律规范性质，并且从不同角度阐述了环境法与环境标准规范的关系，以及环境标准在效

---

① 杨朝霞：《论环境标准的法律地位——对主流观点的反思与补充》，《行政与法》2008 年第 1 期。

② 常纪文：《环境标准的法律属性和作用机制》，《环境保护》2010 年第 9 期。

力上对环境法律规范的依附性。

从前述分析中不难发现，随着我国环境法学理论发展的不断前行，对于环境标准法律性质的认识已经基本趋于一致，但长期以来之所以对环境标准法律性质的讨论无法达成一致性认识的根本原因，在于对环境标准法律性质这一命题的探讨中杂糅了对于环境法与环境标准规范关系命题的讨论。"性质"是指事物具有的本质、特点，① 而"关系"更加强调两种事物之间的关联性②。现有研究中对于环境标准法律性质的探讨过度关注了诸如"环境标准在环境法律规范中的地位、环境法与环境标准规范之间的联系以及环境标准'强制性'是如何体现等"，主要反映环境法与环境标准规范关系的问题，而忽略了对于环境标准本质和特点的分析与阐释。正是由于对于前述两个命题在研究过程中的杂糅，导致了长期以来对于环境标准法律性质认识的争论。因此，对环境标准法律性质的探讨应更多地关注环境标准在法律上的本质和特点，而对于环境法与环境标准规范关系的讨论，则应当在探讨风险社会的背景下两者融合的具体方式研究中，作为研究的基本前提加以讨论。

三　技术规范：环境标准法律性质的重识

长期以来对于标准、环境标准法律性质的讨论一直都是标准化法、环境法研究领域中的一个重要问题，而标准由于其自身具有的概括性、规范性、普遍性等特征，将其视为以规范人类行为的规范体系早已成为无须论证的公认结论。而从法学的研究视角出发，对于某种类型规范研究的起点就在于分析判断此类规范是否属于法律规范。有学者在研究标准的法律性质的过程中从调整关系、规范目的、核心要素、制定规则、规范结构、解释规则、时效七个方面分

---

① 参见《辞海》（第六版彩图本），上海辞书出版社 2009 年版，第 2571 页。

② 同上书，第 758 页。

析了标准与法律的差异。① 而有的学者则从价值、性质、核心要素、产生方式、规范构成、解释主体、体例格式、语法表述、时效制度、位阶差异共计十个方面展开了上述分析。② 上述以法律规范的特征作为标尺以检验标准是否属于法律规范体系的方法，可以借鉴到对于环境标准法律性质的分析之中，但上述分析因素可以按照更加体系化的方式加以排列和阐述。一方面，可以从法律的实质特征入手，分析环境标准是否具有法律的内在要素；另一方面，可以从法律的形式特征入手，分析环境标准是否具备法律的外在要素。

首先，从法律的实质特征入手。一般认为，法律具有以下实质特征：一是法律的调整对象是人的行为或者社会关系；二是法律是由国家制定或认可的社会规范；三是法律是以权利和义务为内容的社会规范；四是法律是由国家强制力保证实施的社会规范。③ 但就标准而言，一是环境标准所调整的直接对象是人与自然之间的关系；二是标准并非完全是由国家制定或认可的，但在我国相对特殊的环境标准体系中各种类型的环境标准都是由国家机关制定或认可的；三是标准的内容主要是事或物的技术特征或技术要求，而环境标准的主要内容是与生态环境服务功能相关的物质或者能量指标；四是环境标准分为强制性标准和推荐性标准，其中强制性标准在与法律规范相结合的前提下，由国家强制力保障实施，而推荐性标准则是由实施相关行为的主体自愿遵守。从上述的对比中不难发现，除了制定主体以外，环境标准在调整对象、规范内容以及规范实施保障手段三个方面均不满足构成法律规范的必要条件。

其次，从法律的形式特征入手。一般认为，法律具有以下形式特征：一是由法律规定的特定主体制定，我国不同类型、不同位阶

---

① 参见王伟《浅析我国强制性标准的法律化——以农业环境标准为例》，《生态经济》2012 年第 10 期。

② 参见李晓林《法律与标准关系简析》，《标准科学》2009 年第 11 期。

③ 参见张文显《法哲学范畴研究》，中国政法大学出版社 2001 年版，第 40、42、43、46 页。

的法律规范的制定主体并不相同，法律由全国人大或者全国人大常委会制定，行政法规由国务院制定，部门规章由国务院组成部门制定，地方性法规由设区的市以上地方各级人大或者人大常委制定，地方政府规章由设区的市以上地方各级人民政府制定。二是法律规范由特定的结构构成，根据我国法理学界的通说，法律规范在逻辑结构上由假定、行为模式和后果三个部分组成。[①] 三是为了维持社会秩序的稳定，法律规范长期有效。反观环境标准，具有如下特征：一是在我国现有环境标准体系下，不同类型、层级的环境标准也由法律规定的特定主体制定，国家环境标准由国务院环境保护主管部门制定，地方环境质量标准和污染物排放标准由省级人民政府制定；二是环境标准规范在逻辑结构上不存在后果的规定，只直接规定有关行为的技术要求或者特定状况的技术指标，而这种要求一般体现为某种污染物浓度的阈值；三是由于社会经济状况的不断变化，以及科学技术的不断进步，为了保证环境标准内容的合理性，包括我国在内世界各国的标准化法律规范都对标准设置了实施评估或者定期复审等制度，以保证环境标准规范内容的及时更新。从上述分析中不难发现环境标准无论是在制定主体、规范结构以及规范稳定性等外在形式上，均与法律规范存在根本性的区别。

　　除了上述对于环境标准实质特征和形式特征的分析之外，域外国家的制度实践也表明了环境标准规范与法律规范的根本性区别。关于环境标准的早期研究中曾形成了对于域外环境标准规范属性的认识偏差，以美国为例，相关研究认为美国的环境标准由美国联邦环保局（EPA）制定，发布在《联邦公报》（*Federal Register*）上，并编入《美国条例典》（*Code of Federal Regulations*）第 40 章之中，故而得出美国的环境保护标准本身具有环境保护法规属性的结论。[②]

[①]　参见张文显《法哲学范畴研究》，中国政法大学出版社 2001 年版，第 49 页。

[②]　周扬胜、张国宁等：《环境保护标准原理方法及应用》，中国环境出版社 2015 年版，第 47 页。

但以《清洁空气法》（CAA）规定的《国家空气环境质量标准》（NAAQS）为例，在《美国条例典》第 40 章第 50 部分关于《国家空气环境质量标准》（NAAQS）的规定中，仅仅列明了相关污染物质的浓度阈值以及相关监测、检查的技术要求，而并未涉及权利义务配置等内容。因此，可以认为以《国家空气环境质量标准》（NAAQS）的环境标准规范，虽然在形式上编入了法律规范性文件之中，但就环境标准规范本身仍不具备法律规范的实质特征。

　　从上述的分析中不难发现，从内在的实质特征、外在的形式特征以及域外实践的对比分析来看，环境标准完全不具备法律规范的根本特征。换言之，环境法与环境标准根本上属于两种完全不同的规范体系。但也可从上述分析中，归纳出环境标准所具有的一些基本特征：第一，环境标准的调整对象是人与自然之间的关系。第二，环境标准的规范内容是某种技术要求或技术指标，例如：环境质量标准的内容就是技术指标，其通过技术指标反映了客观环境状况相对人类的不同意义；污染物排放标准就是技术要求，其要求污染物排放的浓度不超过一定的浓度阈值。第三，环境标准在我国现有的法律体系下，其自身也呈现出一定程度上的法定化特征，即相关法律规范对环境标准制定主体、制定程序以及体系结构等内容进行了明确的规定。第四，环境标准虽然分为强制性环境标准和推荐性环境标准，但即使是强制性环境标准也并不能直接对相关行为主体产生直接性的约束，其约束力依附于环境法律规范。相比较其他类型的社会规范，环境标准的根本性特征在于其通过技术指标或技术要求对人与自然的关系实现直接性的调整。因此，在从法学角度认识环境标准法律性质的过程中，应当注意到环境标准规范的技术本质，将其作为与环境法律规范相独立的技术规则的前提下，才能结合在风险社会背景下法律标准化与标准法律化的现实需求，进一步探析如何在融合理念的指导下有效地融合两种在性质、内容、结构方面存在一定差异的规范。

第三节　环境标准体系结构的重塑

从前述对于环境标准援引法律制度中有关环境标准体系结构的分析中不难发现，现有环境标准体系结构实质上是受到标准化法律规范和环境保护法律规范的双重调整。标准化法律规范与环境保护法律规范之间的脱节、衔接不畅是导致现行环境标准法律体系结构混乱的制度原因，而制度脱节、衔接不畅的根本原因则来自对于环境标准与传统产品服务标准之间关系认识不清，导致作为特殊法律制度的环境标准法律制度与作为一般法律制度的产品服务标准法律制度之间的脱节与衔接不畅。因此，欲改变现有环境标准体系结构混乱的现状，需要首先厘清环境标准与传统产品服务标准之间的关系，明确环境标准相比较传统产品服务标准的共性和个性，把握环境标准体系混乱的根本原因；并在此基础上全面分析作为一般性法律制度的产品服务标准法律制度中所确立的产品服务标准体系结构，并结合环境标准体系所具有的共性和个性，参考借鉴产品服务标准体系的优势与局限；最终针对现有环境标准体系结构，优化不足、坚守优势，重塑环境标准体系结构。

一　混乱成因：环境标准体系结构的共性与个性

对环境标准体系的个性与共性的讨论是以标准化法律制度的核心——产品服务标准体系为参考对比对象，并以对环境标准和产品服务标准的对比分析为核心。

（一）环境标准和产品服务标准的概念对比

我国现有立法并无对产品服务标准的直接性定义，但这并不妨碍从整体规范解释的角度中推导出相关概念。有关"产品服务标准"的规范性定义出自《标准化工作指南　第 1 部分：标准化和相关活动的通用术语》（GB/T 20000.1—2014），在指南中将"标准"界定为

"通过标准化活动，按照规定的程序经协商一致制定，为各种活动或其结果提供规则、指南或特性，供共同使用和重复使用的文件"，根据概念的注解这种文件以科学、技术和经验的综合成果为基础，其本质上是一种公认的技术规则。① "产品标准"则是"规定产品需要满足的要求以保证其适用性的标准"②，"服务标准"则是"规定服务需要满足的要求以保证其适用性的标准"③。综合上述三个概念可以将"产品服务标准"界定为，"为保证服务和产品的适用性，通过标准化活动，以科学、技术和经验的综合成果为基础的，按照规定的程序经协商一致制定的，规定产品制造或服务提供过程以及最终的产品和服务满足的技术要求的，可供共同使用和重复使用的技术性规则"。而"环境标准"的概念则在《环境标准管理办法》第3条中有所体现，参照对于"产品质量标准"概念的界定逻辑，可以将"环境标准"界定为"为避免环境开发利用活动造成生态环境状况的不利影响，通过标准化活动，以科学、技术和经验的综合成果为基础的，由法律授权的法定主体按照法定程序制定的，规定环境开发利用活动以及生态环境状况的技术要求的，可供共同使用和重复使用的技术性规则"。

从两者概念中可以发现，两者存在一定共性和不同之处。一方面，两者均是以科学、技术和经验的综合成果为基础的技术性规则，因此，两者均具有较强的科学技术性特征；另一方面，两者在制定目的、制定主体以及规范对象等方面存在不同。首先，就制定目的而言，制定产品服务标准的目的在于提升产品和服务质量；而制定环境标准的目的在于避免环境开发利用活动对生态环境质量状况的

---

① 《标准化工作指南 第1部分：标准化和相关活动的通用术语》（GB/T 20000.1—2014）第5.3项。

② 《标准化工作指南 第1部分：标准化和相关活动的通用术语》（GB/T 20000.1—2014）第7.9项。

③ 《标准化工作指南 第1部分：标准化和相关活动的通用术语》（GB/T 20000.1—2014）第7.11项。

不利影响，落实宪法中确立的保护和改善环境的国家环境保护义务。其次，就制定主体而言，在现行标准化法律制度中产品服务标准的制定主体较为多元，包括国家机关（国家标准、行业标准、地方标准）、社会组织（团体标准）以及企业，而环境标准的制定主体则仅仅限于国家机关。最后，就规范的对象而言，产品服务标准的规范对象，包括产品制造和服务提供过程以及产品、服务本身，环境标准规范的对象则指向环境开发利用行为和生态环境状况。而这种规范对象的差异主要体现为，通过明确对产品、服务本身适用性的要求能够相对准确地确定产品制造和服务提供过程的技术要求；但由于生态环境的复杂性，一方面，难以精确地确定对生态环境状况的要求；另一方面，即使相对明确地确定了对生态环境状况的要求，也难以根据该要求准确地确定对环境开发利用行为的技术要求。正是由于环境标准与产品服务标准在上述三个方面的根本性差异，造就了环境标准体系的特殊性。

（二）环境标准和产品服务标准的地位差异

修订后的《标准化法》第 1 条明确界定了标准化法的立法目的，即加强标准化工作，提升产品和服务质量，促进科学技术进步，保障人民身体健康和生命财产安全，维护国家安全、生态环境安全，提高经济社会发展水平。从相关立法的表述中不难发现，"加强标准化工作"是直接性目的，"提升产品和服务质量"是中心性目的，"促进科学技术进步，保障人民身体健康和生命财产安全，维护国家安全、生态环境安全"则是在中心性目的实现过程中的支撑性目的，而"提高经济社会发展水平"则是最终性目的。从对于《标准化法》立法目的的分解中不难发现，依照此立法目的，标准化法律体系以提升产品和服务质量为诉求的产品服务标准为核心，而以保障生态环境安全为目标的环境标准则处于次要的地位。而该法第 2 条对标准概念进行的初步界定则更加印证了前述分析，该条明确"标准即在农业、工业、服务业以及社会事业等领域需要统一的技术要求"。这表明《标准化法》是以产品生产、服务提供为中心构建标准化法律制度，这种以产品服务标准为中心的倾向，最明显地体现在有关标准实施和法律责任的设计之中，例如：第 25 条通过限制对不符合强制性标准要求的产品、服务的生产、销售、进口或者提供活动，保障强制性标准的实施；第36、37 条则明确了生产、销售、进口或者提供不达标产品或服务的民事责任、行政责任以及刑事责任。

正是为了避免由于《标准化法》以产品服务标准为中心所构建的标准化法律制度不利于其他类型标准制度的发展，修订前的《标准化法》第 6 条规定"法律对标准的制定另有规定的，依照法律的规定执行"，而修订后的《标准化法》第 10 条在沿袭前述立法方式的同时，对该规定进行了修改，修改后的条款规定"法律、行政法规、国务院决定对强制性标准的制定另有规定的，从其规定"。修改后的法条在扩张例外规定的规范性文件的同时，也将例外规定的范围限制在"强制性标准的制定"的范围之内。由于环境标准在前述方面的特殊性以及《标准化法》是以产品服务标准为中心的规则体系，为了保证环境标准在实践中的顺利运用，长期以来，环境标准法律制度体系规定于《环境保护法》、各环境单行法以及《环境标准管理办法》等法律规范性文件中，以零敲碎打的例外规定方式逐步构建完成。这也就不难解释为何时至今日，我国仍未形成相对完整且独立的环境标准法律制度体系。可以说是环境标准自身的特殊性和以产品服务标准为中心的标准化法律制度体系，共同导致了我国环境标准体系结构的混乱。

二　参考借鉴：产品服务标准体系的优势与局限

自 1979 年国务院颁行《标准化管理条例》以来，我国的标准化法律制度经历了 40 多年的发展，在此期间于 1988 年制定了《标准化法》、1990 年制定了《标准化法实施条例》，2017 年 11 月 4 日对《标准化法》进行了全面的修订，可以说我国以产品服务标准为核心的标准化法律制度已经逐渐走向成熟。而环境标准法律制度的建设则相对成形较晚，虽然 1979 年制定的《环境保护法（试行）》已有对环境标准简单规定，但到 1989 年的《环境保护法》才基本确立了国家和地方环境标准的框架，在 1999 年《环境标准管理办法》制定后才基本形成了相对体系化的环境标准法律制度，在经过了 15 年的实践后，2014 年全面修订的《环境保护法》才形成了更加精准、完善的环境标准法律制度。① 从标准化法律制度和环境标准法律制度的发展历程来看，标准化法律制度相对而言更加完善、成熟，而在标准化法律制度发展的过程中，产品服务标准体系也经历了不断变化和完善，因此在未来完善环境标准援引法律制度、重塑环境标准体系的过程中，应当充分总结产品服务标准体系在发展过程中的经验，借鉴其优势、避免其局限。

（一）产品服务标准体系的发展历程

作为标准化法律体系核心的产品服务标准体系随着我国标准化法律体系的发展经历了三个阶段的变迁：第一阶段——《标准化管理条例》时代的产品标准体系，第二阶段——1988 年《标准化法》及 1990 年《标准化法实施条例》时代的产品标准体系，第三阶段——2017 年《标准化法》时代的产品服务体系。在第一个阶段，产品标准体系主要由《标准化管理条例》所确立。该阶段处于改革开放的初期，在"计划经济与市场经济相结合""计划经济为主，市场经济为辅"思想的指导下，当时的产品标准体系具有浓重的计划经济色彩，其突出表现为所有涉及产品及其他领域的技术要求都要求制定标准，并贯彻执行。② 由于在此阶段服务市场几乎处于空白状况，故而标准的制定主要针对产品领域而展开。《标准化管理条例》所确立的产品标准体系包括：国家标准、部门标准（专业标准）和企业标准三个层级，并且明确了下级标准不得同上级标准相抵触的层级位阶，并且明确了在企业标准与其他两类标准并存时对

---

① 参见施问超、施则虎主编《国家环境保护标准研究》，合肥工业大学出版社 2017 年版，第 15 页。

② 参见《标准化管理条例》第 2 条。

其更加严格的内容要求。

在第二个阶段，产品标准体系由《标准化法》和《标准化法实施条例》所确立。该阶段处于"建立适应有计划商品经济发展的计划经济与市场调节相结合的经济体制和运行机制"时期，在此背景下所确立的产品标准体系，呈现出计划经济和市场经济的二元特征。具体而言，此阶段的产品标准体系突破了第一阶段所有类型的标准都必须被执行的定位，承认了以自愿执行为特征的推荐性标准的地位，形成了强制性标准和推荐性标准相结合的产品标准体系；但在此体系中，强制性标准处于主导的支配性地位，推荐性标准处于补充的辅助性地位。此阶段的产品标准分为国家标准、行业标准、地方标准和企业标准四个层级，其中国家标准和行业标准包括强制性标准和推荐性标准；在四个层级的标准体系中，前三个层级的标准之间存在上级标准相对于下级标准的优先执行和排斥效力，并要求企业标准的内容需要严格于前三个层级的标准。①

在第三个阶段，产品服务标准体系由全面修订后的《标准化法》所确立。在经历了改革开放40多年的探索之后，一方面，伴随市场经济的不断发展，服务提供与产品制造共同成为市场经济的重要组成，因此，在修订《标准化法》的过程中，突出了服务标准的地位，形成了全面的产品服务标准体系；另一方面，在政府与市场的关系上确立了"市场在资源配置中起决定性作用和更好发挥政府作用"的指导思想，在改变原有强制性标准与推荐性标准之间的地位的同时，增加对于产品服务标准的供给。具体到产品服务标准体系中体现为：首先，扩充标准的类型，将原有四个层级的标准扩充至五个层级——国家标准、行业标准、地方标准、团体标准和企业标准。②其次，将强制性标准的范围从存在于国家标准、行业标准之中，限

---

①　参见原《标准化法》第6条、第7条。

②　参见《标准化法》第2条第2款前半部分。

缩为仅存在于国家标准之中,[①] 突出强制性标准的保障基本安全需求的作用,强化推荐性标准在提高产品、服务质量中的积极作用。[②] 再次,将地方标准的制定权下放至设区的市、自治州,形成两级地方标准体系。[③] 最后,取消国家标准、行业标准、地方标准中上级标准相对于下级标准的优先执行和排斥效力,但强调了推荐性标准相对于强制性标准更加严格的要求。[④]

（二）产品服务标准体系的借鉴分析

从上述三个阶段产品服务标准的发展历程来看,其体现出去行政化、多元化、软化三个趋势。首先,我国产品服务标准体系的建设发端于改革开放初期,经历了从完全的计划经济向社会主义市场经济的转变,在此过程中行政权力对产品服务标准的影响逐渐从全面性干预转向基础性保障。其次,随着产品服务标准体系去行政化的不断深入,为了充分地保障对标准的供给,标准的类型和层次也在不断扩充,最终形成了现有的五大层级的产品服务标准体系。最后,产品服务标准体系从完全的强制性标准,逐渐过渡为强制性标准与推荐性标准各司其职、分工配合。

从现有的产品服务标准体系来看,其具有以下较为突出的优势:第一,明确界分了强制性标准和推荐性标准之间的关系,即强制性标准的主要功能在于保证整体社会基本安全的需要;而推荐性标准的主要作用在于在基本安全得到保障的前提下,促进科学技术的不断发展、社会生产效率的不断提升以及产品服务质量的不断改善;第二,充分尊重了全国性的共性需求和地方性的个性需求之间的关系,尊重地方具体情况和地方风俗习惯,通过建立省级和设区的市

---

① 参见《标准化法》第2条第2款后半部分。

② 参见田世宏《关于〈中华人民共和国标准化法（修订草案）〉的说明——2017年4月24日在第十二届全国人民代表大会常务委员会第二十七次会议上》,http://www.npc.gov.cn/npc/xinwen/2017-11/07/content_2031365.htm,2018年1月2日。

③ 参见《标准化法》第13条第2款。

④ 参见《标准化法》第21条。

两级地方标准，确立更加灵活多样的地方产品服务标准体系；第三，充分借助市场主体在产品质量标准制定中的积极作用，降低市场主体制定产品服务标准的门槛，积极鼓励社会团体、企业制定要求更高的团体标准和企业标准；第四，确立了多层级多元化的产品服务标准体系，使得整体标准体系更加灵活。

但在借鉴上述产品服务标准体系的优势优化环境标准体系的过程中，需要准确认识产品服务标准和环境标准在作用机制上的根本不同。国家建立产品服务标准体系的根本目的在于促进产品服务质量的提升，在一定范围内，该目标与市场主体追求利润最大化基本行为逻辑之间具有高度的一致性。市场主体通过积极投入成本改善产品服务质量，所取得的因质量改善提高产品服务竞争力而取得的收益大于成本投入时，市场主体就会积极地提升产品服务质量，而产品服务标准的根本运行机理就在于通过适当的市场条件的约束，使市场主体保持改善产品服务质量的积极性。但由于环境成本的难以价格化以及环境资源的公共物品属性，使得改善和保护环境的目标难以与市场运行逻辑相结合，造成环境标准体系在作用过程中并非沿袭市场逻辑展开，而更多的是通过政府管制的方式展开。换言之，产品服务标准体系的作用机制为"市场主导、政府补充"，而环境标准体系的作用机制为"政府主导、市场补充"，正是由于两者在运行作用机理上的根本不同，故而在重塑环境标准体系的过程中，需要正视相关经验的局限性。

三　体系重塑：环境标准体系未来的优化与坚守

如前所述环境标准体系自身的特点和以产品服务标准为核心的标准化法律制度共同造成了现有环境标准体系的混乱，鉴于环境标准体系的独立性，未来势必要在环境法律体系中形成独立、完整的环境标准法律制度，而此制度中环境标准体系结构的合理，有赖于充分认识环境标准体系应有的特点、检视现有环境标准体系的不足，最终才能优化未来的环境标准体系。

（一）环境标准体系坚守的特点

环境标准体系根本上是为了回应风险社会背景下所产生的环境问题而诞生的规则体系，因此在环境标准体系中体现了环境问题本身及回应环境问题的基本方式所具有的特点。具体而言，环境标准体系应当具有强制性、差异性和多元性的特点。首先，环境标准体系的强制性源于在应对环境问题过程中国家的主导地位。由于生态环境本身的公共物品属性以及其难以货币化评价的特点，导致了生态环境破坏行为具有负外部性，生态环境保护行为具有正外部性，而环境问题的外部性导致在现有的市场逻辑下，生态环境破坏行为存在供给过剩、生态环境保护行为存在供给不足的客观现状。故而，在此情况下对于环境问题的回应主要依赖国家（政府）公权力的介入，国家公权力则主要通过"命令—控制"的方式对环境问题予以回应，而环境标准体系作为实践"命令—控制"型管理的重要组成，其自身就会体现出一定的强制性特征，这也决定了在整个环境标准体系中"以强制性标准为主、以推荐性标准为辅"的特点。

其次，环境标准体系的差异性源于环境问题的区域性。这种差异性由环境的区域性决定，而环境的区域性根本上是由环境运动的客观规律所决定的，并不以人的主观意志为转移。[1] 具体而言，由于不同区域的生态环境状况不同，导致各地区的环境容量并不相同，因此在实现相似的环境质量目标时，各区域所需要具体执行的环境标准存在差异性。[2] 与此同时，环境问题的区域性还与经济社会发展的不平衡性密切相关，以环境污染为例，在工业化初期粗放式的发展方式占主导地位，往往区域环境问题与经济发展程度呈现出负相关的关系，在未出现库兹涅茨曲线拐点之前，往往呈现出"两头冒

---

[1] 参见施问超、施则虎主编《国家环境保护标准研究》，合肥工业大学出版社 2017 年版，第 49 页。

[2] 同上书，第 50 页。

尖"的特点。① 这种不平衡性的背后，根本上体现了不同区域对于环境容量利用强度的不同，因此，针对不同程度的环境容量利用状况，为了实现一定水平的环境质量目标，各区域所执行的环境标准也体现出一定的差异性，也就要求国家标准和地方性区域标准在环境标准体系内相互的配合协调。

最后，环境标准体系应当具有多元性的特征。环境问题本身是一个社会公共问题，如前所述，对于环境问题的解决有赖于国家（政府）主导作用的发挥，但环境问题的治理又是一个社会公共治理问题。一是在多元主体的关系上，虽然政府发挥主导作用，但是利益相关者、环保 NGO 在积极参与环境治理的过程中应处于平等的合作者的地位。② 二是从范围上看，环境公共治理涉及从立法到法律实施的各个环节，是一种全过程、全覆盖性的公共治理模式。③ 三是环境公共治理既包含政府主导多元主体参与的市场化机制和管制措施，又包括环保 NGO 的援助手段和公众的自救手段。④ 从解决环境问题的多元共治路径来看，环境标准体系也应当体现出这种多元性，一是要求环境标准制定主体的多元性，既需要包括国家（主体）机关制定的标准，也需要包括社会主体制定的标准；二是要求环境标准内容的多元性，既需要结合实体标准和操作标准，又需要结合基础性标准和支撑性标准；三是需要环境标准效力类型的多元性，即需要由国家强制力保障实施的强制性标准与由社会主体自愿遵守的推荐性标准之间的相互配合。

---

① 参见施问超、施则虎主编《国家环境保护标准研究》，合肥工业大学出版社 2017 年版，第 49 页。

② 参见杜辉《论制度逻辑框架下环境治理模式之转换》，《法商研究》2013 年第 1 期。

③ 参见吕忠梅《环境法新视野》，中国政法大学出版社 2000 年版，第 258 页。

④ 参见杜辉《论制度逻辑框架下环境治理模式之转换》，《法商研究》2013 年第 1 期。

（二）环境标准体系现存的不足

正如本章第一节内所述我国现行的环境标准体系结构可以概括为"三级五类两性质"，但结合前述环境标准体系自身所具有的特点来看，现有环境标准体系存在环境标准制定主体单一、区域性标准类型单一与标准作用方式单一三个方面的问题。一是环境标准制定主体单一的问题。环境问题的解决有赖于政府主导下的多元合作共治，已成为环境法学理论研究中的共识，[①]环境标准及环境标准法律制度作为应对和解决环境问题的重要制度保障，政府主导下的多元共治的要求也应当体现其中。具体到环境标准的制定过程中，就应要求配置环境标准制定权的法律规范，在设计的过程中，为社会主体的参与政府主导下的环境标准的制定留有充分的空间。现有环境标准体系中所有法定类型的标准均为国家行政机关所制定的标准，虽然现行法律规范并未禁止行业协会、社会团体以及生产企业制定以自愿执行为前提的推荐性环境标准，根据"法无禁止即自由"的一般性原理，行业协会及企业可以结合自身情况制定环境标准，并且实践中部分企业为了规范自身的环境管理也制定了相应的环境标准。但现有立法既未对行业协会、企业所制定的环境标准的法律地位，也未对相关标准制定的要求、程序以及实施机制等内容加以规范。这不利于与环境问题最直接密切相关的开发利用主体，将自身的技术创新转化为环境标准，以供整体行业、相关企业进行参考，进而制约了相关环境标准向更加严格、完善方向的发展。

二是区域性标准类型单一的问题而言。源于环境问题的区域性，环境标准体系需要回应整体宏观性和区域个体性的问题，因此在设置环境标准体系的过程中，需要设置适用于不同层级和不同区域的

---

① 参见田千山《生态环境多元共治模式：概念与建构》，《行政论坛》2013 年第 3 期；秦天宝、段帷帷《我国环境治理体系的新发展——从单维治理到多元共治》，《中国生态文明》2015 年第 4 期；王铭、邢宇宙《多元共治视角下我国环境治理体制重构探析》，《思想战线》2016 年第 4 期；张文明《"多元共治"环境治理体系内涵与路径探析》，《行政管理改革》2017 年第 2 期等。

环境标准对上述问题予以回应。但在我国现有的环境标准体系中，却暴露出区域性标准设置一元化的问题。一方面，地方环境标准的层级不足，现有体系中地方环境标准仅仅包括省级人民政府制定的省级地方环境标准，但是就环境本身而言区域环境的差异性是绝对的、统一性只是相对的，我国幅员辽阔，领土面积大，即使在省级行政区域内仍然客观上存在多样化的区域环境状况，仅仅设置省级的地方环境标准，无法充分有效地应对因不同区域特点而产生的不同环境问题；另一方面，忽视跨行政区域的环境标准，环境问题的作用范围根本上取决于客观的物质能量运动规律，不以人类的主观意志为转移，故而环境问题发生的区域客观上就会跨越人类主观划定的行政区域，进而形成跨行政区域的环境问题，又因为此类型环境问题的产生根本上是一种由客观自然规律造成的，其本身又具有一定的常态性、稳定性，解决跨行政区域的环境问题也需要常态化的制度措施，因此有必要针对区域性环境问题确立跨行政区域环境标准在环境标准体系中的地位。

值得注意的是，现有污染物排放标准中设置了可在特定区域、流域适用的特别排放限值，但其本质是国家、地方污染物排放标准在制定时所设置的较为严格的排污限值，而执行此类污染物特别排放限值的地域范围、时间，由国务院环境保护行政主管部门或省级人民政府规定。从其适用方式中，不难发现污染物特别排放限值实质上是在污染物排放标准制定并实施后，再根据特定区域、流域具体情况确定是否执行该限值。在区域环境标准体系尚不成熟的背景下，污染物特别排放限值的设置在一定程度上能够缓解现有国家、地方污染物排放标准具体限值的统一性与特定区域、流域环境保护需求差异性之间的冲突，但由于该限值在设置之时无法结合并体现实际适用地区的具体情况，其并不能完全解决上述统一性与差异性之间的冲突。因此，基于环境本身及环境治理差异性的现实，需要通过丰富区域环境标准体系的方式解决上述冲突。

　　三是标准作用方式单一的问题。政府主导下的多元共治在环境标准及环境标准法律制度中，不仅需要在环境标准制定的过程中通过制定主体多元化的方式得以实现，也需要在环境标准作用的过程中通过合作化方式予以实现。换言之，环境标准在实施过程中，不仅需要依赖传统威慑模型中的强制性标准，还需要依靠现代合作模型中的推荐性标准。然而，现有环境标准体系在实施过程中几乎完全依赖威慑模型下标准的强制性，忽视了合作模型下标准的自愿性。具体而言，环境标准体系的作用机理在于，首先通过明确反映环境质量目标的环境质量标准，再以环境质量标准为指导确定适用于不同类型主体的污染物排放标准，最终通过环境开发利用行为的实施主体实际执行污染物排放标准，以实现保证环境质量的目标。在此过程中，污染物排放标准的实际执行是整个环境标准体系得以落实的中心环节。在现有标准体系下，污染物排放标准的完全强制性实施，仅对开发利用主体设置了不得逾越的底线，但生态环境状况的保护和改善，还需要促进开发利用主体通过技术创新不断提升自身的技术能力得以实现。因此，在落实污染物排放标准的过程中，还应当注意引导开发利用主体向着更严格的污染物排放标准迈进。在此过程中，单纯通过提高强制性标准的要求，势必造成过度威慑等问题，故而，需要通过以自愿执行为前提的推荐性标准，结合相应的激励措施予以正向引导。现有环境标准体系中污染物排放标准的完全强制性，客观上阻碍了激励性正向引导手段的运用，呈现出环境标准实施方式一元化倾向，在某种程度上阻碍了政府引导企业向更高要求的污染物排放标准迈进。

（三）环境标准体系未来的优化

　　不难发现，在上述对环境标准体系应然特点的理论分析，以及对现行产品服务标准体系经验优势的参考借鉴中，两者共同呈现出标准体系结构的区域化、多元化与合作化的特征。现阶段生态环境保护主管部门，已经意识到了我国环境标准体系存在前述不足，在2019年10月30日发布的《生态环境标准管理办法（征求意见稿）》中对部分问题予以了回应，但在实现环境标准体系结构区域化、多元化与合作化的过程中，仍需结合最新的立法动态，进一步明确具体的优化目标、优化路径以及环境标准体系结构经过优化后的最终样态。

1. 环境标准体系结构的优化目标

如前所述，无论是从环境标准体系内部结构剖析的角度，还是从对产品服务标准体系的外部结构借鉴的角度，均指向未来的环境标准体系结构的优化应当向着区域化、多元化与合作化的目标前行。首先，环境标准体系结构区域化的目标是环境标准尊重客观自然规律的必然选择，一方面，区域环境系统的差异性要求不同区域所具体执行的环境标准有所不同；另一方面，区域环境的整体性意味着单纯的以行政区划为作用范围的地方环境标准无法应对跨行政区域的环境问题。因此，环境标准体系结构区域化的目标应当包括地方环境标准层级的扩充和跨行政区域环境标准建立两个方面。

其次，环境标准体系结构多元化的目标是在环境多元共治的要求下，吸纳国家以外的社会主体、市场主体进入环境标准体系结构中的必然要求，其主要目的在于发挥非政府主体的能动性，探索内容更加丰富多元的环境标准规范，同时《环境保护法》第22条、《排污许可证管理办法（试行）》第16条等法律规范已为未来行业协会、社会团体和企业制定环境标准及其适用提供了制度上的空间。因此，环境标准体系结构多元化的目标应着眼于使相关主体能够发挥自身能力制定相应的环境标准。

最后，环境标准体系结构的合作化是在环境多元共治的要求下，国家与国家以外的主体分工合作的必然要求，国家通过强制性环境标准保障环境状况的基本要求，鼓励其他主体通过自愿执行的推荐性标准使环境状况向着更加优化、美好的方向发展。因此，环境标准体系结构合作化的目标应当着眼于，在明确强制性环境标准和推荐型环境标准关系的基础上，推动强制性标准与推荐性标准的互动配合。

2. 环境标准体系结构的优化路径

首先，为了实现环境标准体系区域化的目标，《生态环境标准管理法（征求意见稿）》在第七章对"地方生态环境标准"的制定、备案等内容进行了专门性的规定，并且通过授权制定在特定区域内执行的国家生态环境标准和地方生态环境标准的方式，[1] 回应了环境区域的整体性特征。在以行政区划为基础的地方环境标准外，设置以区域环境整体性为基础的，重点针对流域、区域环境问题的跨行政区域环境标准的客观需求。但遗憾的是"征求意见稿"中并未涉及扩张地方环境标准层级的内容。未来应将现有地方环境标准，由仅仅包括的省级地方环境标准，扩张至省级和设区的市两级地方环境标准。

其次，为了实现环境标准体系多元化的目标，一方面，应当将行业团体和企业标准纳入环境标准的制定主体之中，允许其通过制定行业环境标准和企业环境标准的方式，直接参与到环境标准体系的建立和完善过程之中，以充分发挥多元主体在环境标准发展过程中的积极性作用；另一方面，可以借鉴产品、服务标准领域中，通过《企业产品标准管理办法》等法律规范，对行业、企业产品、服务标准制定进行系统性规范的经验，制定专门性规范以明确行业协会、社会团体以及企业制定环境标准的具体要求以及程序等内容，以保证相关标准制定的合法、有序。虽然在《生态环境标准管理法（征求意见稿）》中对生态环境标准体系进行了较大程度的优化，[2] 但仍未对行业协会标准、团体标准与企业标准的地位予以明确回应。

最后，为了实现环境标准体系合作化的目标，应当强化强制性

---

[1]　参见《生态环境标准管理法（征求意见稿）》第 4 条第 2 款、第 3 款。

[2]　参见《生态环境标准管理法（征求意见稿）》第 4 条。

标准与推荐性标准的协同配合。长期以来，囿于相关法律规范的规定，[1] 一般认为环境标准体系中对于强制性标准和推荐性标准的划分系基于环境标准的具体内容而做出，进而得出环境质量标准和污染物排放标准属于强制性标准，环境监测方法标准、环境标准样品标准和环境基础标准属于推荐性标准的结论。此种结论，混淆了强制性标准与推荐性标准的区别，区分两者的关键在于标准实施的保障是强制性法律规范还是行为主体的自愿。以污染物排放标准为例，在理论上作为规范具体排污行为的污染物排放标准，既可能系由国家强制性法律规范保障实施的国家、地方污染物排放标准，也可能包含由行业团体、具体企业自愿制定并执行的行业、企业污染物排放标准。应当在厘清强制性标准与推荐性标准关系的基础上，扩充推荐性标准的类型范围。根据修订后《标准化法》第21条的规定，[2] 推荐性标准的重要作用在于提高行为主体所执行的技术要求，因此，对于推荐性标准类型的扩充，应重点着眼于能够通过推荐性标准提高相关技术要求的领域。在环境标准体系中，污染物排放标准与技术要求最为密切相关，故而应当允许行业协会、团体与企业制定内容严于国家、地方污染物排放标准的团体、企业污染物排放标准，同时针对制定、执行推荐性标准的排污者主体，制定激励性的法律规范，以形成强制性污染物排放标准划定最低技术要求，推荐性污染物排放标准体系展现较高技术要求的污染物排放标准体系。最终通过强制性标准和推荐性标准的互动配合，在保证强制性标准能够得到更充分实施的同时，使得排污者的排污行为向着更高的技术要求前行。

　　值得注意的是《生态环境标准管理办法（征求意见稿）》第5

---

　　[1]　《中华人民共和国标准化法实施条例》第18条第4项："下列标准属于强制性标准：……（四）环境保护的污染物排放标准和环境质量标准。"

　　[2]　《中华人民共和国标准化法》第21条："推荐性国家标准、行业标准、地方标准、团体标准、企业标准的技术要求不得低于强制性国家标准的相关技术要求。国家鼓励社会团体、企业制定高于推荐性标准相关技术要求的团体标准、企业标准。"

条第 4 款规定，"推荐性生态环境标准被其他具有强制执行法律效力的文件引用的，因成为强制性文件的一部分而具有法律效力"。该规定实质上突破了《标准化法》《标准化法实施条例》以及现行《环境标准管理办法》的规定，将推荐性生态环境标准获得强制性法律效力的情形，在现有"法律、法规规定""强制性标准引用"的基础上，扩张至"包括行政处罚决定书等具有强制执行法律效力的文件"。虽然《标准化法》第 10 条通过授权条款，明确强制性标准制定的例外情形，但授权范围仅限于法律、行政法规和国务院决定。《生态环境标准管理办法》属于部门规章的范畴，并不属于《标准化法》第 10 条的授权范围。可见，该款规定并无上位法依据及授权，系行政权不当扩张的客观表现。

3. 环境标准体系结构的未来样态

沿袭上述路径，并结合《生态环境标准管理办法（征求意见稿）》中呈现的最新改革动向，未来环境标准体系应当呈现出以下具体形态（参见图 3-2）：首先，根据环境标准的制定主体不同将环境标准区分为国家环境标准、地方环境标准、行业协会环境标准、团体环境标准以及企业环境标准，其中国家环境标准和地方环境标准包括全范围内适用的标准和指定区域内适用的标准。其次，根据环境标准的具体内容将环境标准区分为环境质量类标准、污染物排放类标准、环境监测规范类标准、环境基础类标准和环境管理类标准；其中环境质量类标准由国家环境标准、地方环境标准规定；污染物排放类标准则由国家环境标准、地方环境标准、行业协会环境标准、团体环境标准、企业环境标准所规定；环境监测规范类标准、环境基础类标准和环境管理类标准则主要由国家环境标准和地方环境标准所规定。再次，根据环境标准被执行方式的不同，将环境标准区分为通过法律规范保障实施的强制性环境标准和以受约束主体自愿遵守的推荐性标准；其中强制性标准包括所有的环境质量类标准、国家和地方污染物排放类标准以及被法律规范或前述强制性标准援引的其他环境标准；除强制性环境标准以外的环境标准则为推

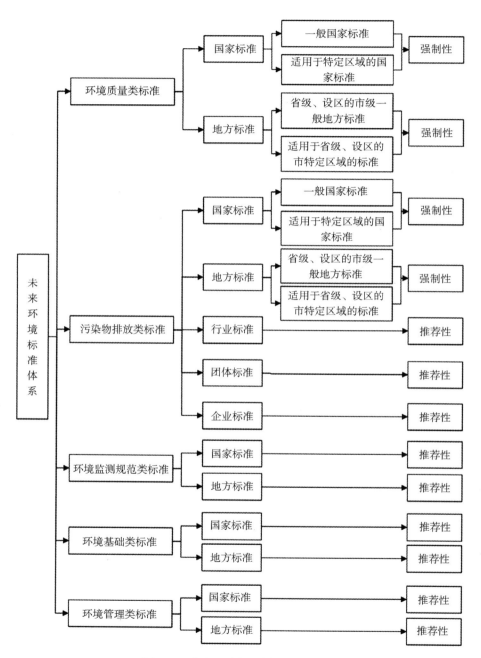

图 3-2　未来环境标准体系结构示意

荐性环境标准。最后，不同类型的环境标准在制定过程中需要遵循以下约束：一是所有的强制性标准中，较低级别的环境标准只能做出上级标准未予规定的要求或更严格于上级强制性标准的要求；二是制定推荐性标准的过程中，推荐性标准的要求需要严于同类的强制性标准。

第四节　环境法律援引方式的选择

在风险社会的背景下，为了积极、有效地应对环境问题，环境法律与环境标准各自呈现出了环境法律标准化和环境标准法律化的趋势，这两种趋势的碰撞指明了在未来应对环境问题的过程中，将形成一种在内容上反映生态环境规律、在效力上具有强制性效力的规范体系，而这种规范体系的本质则是在环境法律的框架下，通过融入反映生态规律的环境标准使得环境法律规则实现技术化和具体化。因此，基于环境法学的研究立场，环境法与环境标准的融合实质上就是环境标准融入环境法律规则的过程。在我国标准化法律体系以及环境法律体系中，主要通过"强制性标准"的概念来阐述这一融入的过程，故而欲准确把握环境标准融入环境法律的路径，需要在充分解析"强制性"概念内涵的逻辑基础上，准确定位"强制性"在法律规范中的实质来源，进而掌握法律规范如何在形式上实现与环境标准的结合以及在相关结合存在空白或者瑕疵时应当如何予以填补。

一　逻辑起点：环境标准"强制性"的内涵解析

（一）"强制性标准"：法律与标准融合的中国路径

从标准化和质量管理研究的角度来看，法律和标准本质上是国家对质量安全实施有效规制的两种制度手段，其中法律通过权利义务的设置规范市场主体的行为，而标准通过技术要求实现技术上的保障，标准与法律之间的融合从根本上体现了法律与科技的融合，与此同时两者之间的融合也体现了行为规则抽象与具体、稳定与灵活之间的融合。① 而从环境法学的角度来看，环境法律和环境标准的融合也体现了前述特征，由此可见实现环境法律与环境标准之间的有效融合是国家实现有效的环境规制的重要保障。一般而言，法律与标准的融合模式包括并入模式、静态参照模式、动态参照模式以及通用条款模式四种，并入模式即将标准内容直接融入法律正文或者附件，静态参照模式即在法律条款中引证具体标准文件，动态参照模式即在法律条款中引证某一类型的标准文件，通用条款模式则是法律要求遵守一般认可的技术要求。② 上述四种模式可以再行归纳为技术法规模式（并入模式）、法律援引模式（静态参照模式和动态参照模式）和通用条款模式。

在我国解决法律与技术融合问题的过程中，一方面，考虑到技术法规模式和法律援引模式中的静态参照模式由于在法律规范中固化了具体的技术要求，难以平衡技术发展与法律规范稳定之间的内在冲突；另一方面，则考虑到通用条款模式无法很好地实现抽象和具体统一的问题，最终在立法中选择了法律援引模式中的动态参照模式，③ 同时为了保证为实现社会基本安全需求的标准被执行并实现其拘束力，在立法中确立了"强制性标准"的标准类型。虽然随着社会发展的不断变化以及国家对政府和市场认识的不断深入，"强制

---

① 参见廖丽、程虹《法律与标准的契合模式研究——基于硬法与软法的视角及中国实践》，《中国软科学》2013 年第 7 期。

② 同上。

③ 根据笔者对现行有效的法律层级的涉及标准的环境立法的统计与分析，相关法律中并不存在直接引用某一特定标准文件的法律规范；同时在相关学者针对产品质量法规体系的研究中，也不存在直接引用某一特定标准文件的法律规范的情形。因此，笔者认为在我国现行立法中并不存在所谓的静态参照模式，故而得出我国在立法中确立了法律援引模式中动态参照模式的结论。相关研究参见廖丽、程虹《法律与标准的契合模式研究——基于硬法与软法的视角及中国实践》，《中国软科学》2013 年第 7 期。

性标准"的范畴在不断变化,① 但法律对于强制性标准必须执行的要求却从未发生变化。可以说强制性标准模式是在我国特有的政治经济体制下，对法律和标准融合方式的一种具有中国特色的实践探索。

（二）"强制性"误读：法律与标准融合的现实障碍

强制性标准虽然被《标准化法》赋予了所谓的"强制执行力"，但由于其本身乃属于技术规范，并无法律规范中法律后果的规定，造成强制性标准自身并不能保证其"强制性"的实现,② 正如有学者在研究中指明"强制性标准的效力并非来源于标准自身，我国强制性标准必须倚重法律的强制效力来保障实施"③。可见，由于立法中仅仅指明了"强制性标准必须执行"的要求，而未对法律与标准的衔接或者融合的具体方式加以明确，造成了实践中如何通过法律保障强制性标准执行的实践难题。而这种实践难题也反映在了对于强制性标准效力的理论研究之中，往往通过简单地说明"强制性标准具有强制执行的效力""强制性标准对于法律法规具有依赖性"的方式一带而过，并未对强制效力的产生以及实现方式加以明确阐释。

在少有的尝试对强制性标准强制效力加以阐释的成果中，却也存在难以解释的逻辑缺陷。有学者认为强制性标准属于非正式法源中的"规章以下的其他规范性文件"，并且指出其效力来源于国家法

---

① 原《标准化法》第 7 条规定了保障人体健康、人身财产安全的国家标准、地方标准以及省级工业产品安全、卫生要求的地方标准；2017 年修订后《标准化法》第 2 条、第 10 条规定了保障人身健康和生命财产安全、国家安全、生态环境安全以及满足经济社会管理基本需要的国家标准。上述变化反映了国家在决心减少强制性标准数量的同时，强调其在涉及基本安全保障问题中的核心地位。

② 参见廖丽、程虹《法律与标准的契合模式研究——基于硬法与软法的视角及中国实践》，《中国软科学》2013 年第 7 期。

③ 参见王伟《浅析我国强制性标准的法律化——以农业环境标准为例》，《生态经济》2012 年第 10 期。

律法规的规定，即整体上而言强制性标准的效力来源于《标准化法》，而国家强制性标准、行业强制性标准和地方强制性标准的效力分别来源于《国家标准管理办法》《行业标准管理办法》和《地方标准管理办法》。① 此种观点本质上是将规定强制性标准的法律作为依据来证明强制性标准本身具有强制效力，其无法解释强制性标准在内容结构上并不存在法律后果规定的情况下，如何保证其强制效力得以实现。

而随着对标准与法律关系认识的不断深入，有学者指明"标准强制效力根本上是来源于法律规定或法律引用"②，但遗憾的是在进一步阐释有关法律引用问题的过程中，该学者只是说明了需要通过形成法律与标准的一一对应，使得每一项强制性标准都必须有法定实施主体、实施方式、手段、法律责任及追究机制，③ 而未对这一过程中如何实现强制性标准强制效力的过程予以进一步说明。从上述分析中不难发现，源于《标准化法》仅仅模糊地规定了"强制性标准必须执行"，导致在理论和实践中对于"强制性"存在误读和理解不够深入，直接影响了我国法律和标准融合的进程，导致了出现大面积的强制性标准与法律脱节的现象，使得"强制性标准必须执行"的规定在实践中落空。

（三）"强制性"解析：法律与标准融合的基石重铸

有学者指出法律与标准融合过程的实质是含有技术标准要求的法律规范文本部分和作为专业性术语组成的纯粹标准参数部分共同组成逻辑周全的技术性法律规范的过程。④ 而强制性标准依附于法律

---

① 参见何鹰《强制性标准的法律地位——司法裁判中的表达》，《政法论坛》2010年第 2 期。

② 参见王伟《浅析我国强制性标准的法律化——以农业环境标准为例》，《生态经济》2012 年第 10 期。

③ 同上。

④ 参见张艳、李广德《技术标准的规范分析——形式法源与实质效力的统一》，《华北电力大学学报》（社会科学版）2014 年第 2 期。

规范取得强制效力的实质也在于与法律规范结合形成技术性法律规范。在我国强制性标准和法律法规之间本质上是一种"双轨制"的协调模式，针对同一调整对象，法律法规和强制性标准分别独立制定规定。① 因此，在强制性标准和法律法规融合形成技术性法律规范的过程中存在以下两种可能：一是具体的强制性标准文件先行制定，而引用该强制性标准的法律法规再行制定，进而形成技术性法律规范；二是存在具体技术性要求的法律法规先行制定，进而在法律规范中通过空白引用的方式引用强制性标准，最终通过制定强制性标准的方式形成技术性法律规范。

　　针对上述强制性标准与法律规范结合形成技术性法律规范的过程，笔者认为，《标准化法》对于"强制性标准必须执行"的要求，虽然最终指向具体涉及技术性的行为受到强制性标准的约束，但是对于该要求的理解应当扩张到整体强制效力形成的整个过程。具体而言，"强制性标准必须执行"的要求实质上是分别针对立法机关和标准制定机关以及法律实施机关和法律约束对象形成的两个层次的法律义务。针对立法机关和标准制定机关的义务可以称为"形成技术性法律规范的义务"，该义务要求当存在法定的强制性标准尚未被法律法规引用形成"技术性法律规范"时，立法机关应当积极地制定相关法律规范以形成"技术性法律规范"，进而保障强制性标准的执行；当立法已经通过空白引证的方式指明某种技术要求，且该领域属于应当制定强制性标准的领域，并且该领域并无相关强制性标准时，标准制定机关应当积极主动地制定相关强制性标准以形成"技术性法律规范"。而针对法律实施机关和法律约束对象的义务，要求两者在实施法律和实施相关行为的过程中遵守强制性标准的技术要求、遵守"技术性法律规范"。综上可见，只有通过对前述两个层次法律义务的全面把握，方能清楚地理解"强制性标准必须执行"

---

　　① 参见刘艳阳等《气象强制性标准与法律法规的协调性研究》，《标准科学》2016年第 12 期。

要求的实质、厘清法律与强制性标准融合的过程、把握强制性标准"强制性"的根本内涵。

二　规则要素：环境标准"强制性"的实质来源

环境标准的强制效力根本上是来自环境法与环境标准融合后形成的环境技术性法律规范，而在全面把握环境标准"强制性"的过程中，除了需要掌握不同主体在融合过程中所发挥的作用以外，还需要从法律规范内部结构的角度掌握环境标准具体是如何与环境法律相融合，即环境标准在融合所形成的环境技术性法律规范结构中的具体定位。

（一）新三要素：法律规则逻辑结构的基本构成

根据现阶段我国法理学理论的通说，广义的法律规范包括法律规则、法律原则和法律概念三种要素，其中法律规则是指具体规定权利和义务以及具体法律后果的准则，或者说是对一个事实状态赋予一种确定的具体后果的各种指示和规定。[①] 法律原则则是指可以作为规则的基础或本源性的综合性、稳定性原理和准则，其特点在于不预先设定任何确定的、具体的事实状态、没有规定具体的权利和义务，更没有规定确定的法律后果。[②] 法律概念则是对各种法律事实进行概括，抽象出它们的共同特征而形成的权威性范畴。[③] 环境法与环境标准相结合所形成的环境技术性法律规范，其目的就在于围绕涉及与生态环境相关的技术性行为或技术性事实，设置具体权利和义务以及相应的法律后果，因此从设置环境技术性法律规范目的来看，其应当属于法律规范中的法律规则。

在我国法学基本理论的发展过程中，法律规则的逻辑结构理论也经历了数次变化，主流的代表性学说经历了 20 世纪 80 年代的

---

① 参见张文显《法哲学范畴研究》，中国政法大学出版社 2001 年版，第 49 页。
② 同上书，第 53—54 页。
③ 同上书，第 57 页。

"三要素说"、20 世纪 90 年代的"二要素说"以及现阶段的"新三要素说"的变化。[①] 其中"三要素说"认为法律规则由假定、处理、制裁三部分组成，"二要素说"认为法律规则由行为模式和法律后果两部分组成，而"新三要素说"则认为法律规则由假定、行为模式和法律后果三部分组成。虽然近年来逐渐有学者开始在借鉴分析实证主义法学派对法律规则分类理论的基础上，开始对"新三要素说"存在的不足进行批判，并且提出了以区分行为规则和裁判规则为基础的"新二要素说"，认为法律规则由构成要件和法律后果两部分组成，[②] 但由于此学说在根本上颠覆了我国法学基础理论中关于法律规范认识的基本观点，尚未被主流学说所接受，故而在本书的分析过程中仍然以"新三要素说"为基础展开。

在"新三要素说"所囊括的三个部分中，假定是有关规则适用条件和适用情况的部分，包括适用条件和行为条件；适用条件即法律规则的时间效力、地域效力以及属人效力；行为条件即行为主体的资格构成和行为的情景条件。行为模式是规定具体行为方式或活动方式的部分，其在实质上明确了行为主体所具体享有的权利和承担的义务，其可以分为权利行为模式和义务行为模式。法律后果则是规定行为主体在假定条件下作出符合或不符合行为模式要求的行为时应承担相应结果的部分，包括肯定性的法律后果和否定性的法律后果两类。[③]

（二）技术要素：环境标准在逻辑结构中的定位

在阐明现有理论对于法律规则逻辑结构的基本观点后，可以通过对融入环境标准的环境技术性法律规则逻辑结构的分析，来寻找环境标准在环境技术性法律规则逻辑结构中的具体定位。以《水污

---

① 具体理论学说的演变分析可参见赵树坤《我国法理学中"法律规则"论拷问》，《法学论坛》2013 年第 5 期；雷磊《法律规则的逻辑结构》，《法学研究》2013 年第 1 期。

② 参见雷磊《法律规则的逻辑结构》，《法学研究》2013 年第 1 期。

③ 参见舒国滢主编《法理学导论》，北京大学出版社 2012 年版，第 102 页；雷磊《法律规则的逻辑结构》，《法学研究》2013 年第 1 期。

染防治法》第 83 条的规定为例，该条规定"超过水污染物排放标准排放水污染物的，由县级以上人民政府环境保护主管部门责令改正或者责令限制生产、停产整治，并处十万元以上一百万元以下的罚款；情节严重的，经有批准权的人民政府批准，责令停业、关闭"，按照"新三要素"的观点，此规则中"假定"为"排污者超过污染物排放标准排污"，"行为模式"为"排污者应当按照污染物排放标准排污"，"法律后果"是"排污者被责令……责令停业、关闭"。

从对上述条款的分析中不难发现，"水污染物排放标准"实质上是作为具体规则中"假定"部分描述行为条件以及"行为模式"部分界定主体义务边界的技术性要素融入法律规则的逻辑结构中。这实质上反映了环境技术性法律规则的特点，即由传统的法律文本和由标准参数体现的专业技术要求构成，[①] 在这种结构中专业技术要求实质上界定了法律适用的条件和行为主体的义务边界。《水污染防治法》第 83 条是现阶段我国环境法中技术性法律规则的典型代表，环境标准在此规则的逻辑结构中的地位，可以如实反映环境标准在环境技术性法律规则中的地位。据此，可以认为从"新三要素说"对于法律各个构成要素的阐述来看，环境标准在融入法律规则后，其主要作用在于作为技术要素描述"假定"部分中的行为条件和"行为模式"中的行为主体义务标准。环境标准也正是通过作为技术要素融入环境法律规则，从而在法律规则被国家强制力保障实施的过程中，实现了环境标准自身的强制效力。可以说，环境标准作为环境法律规则中的技术要素是其强制效力的实质来源。

三 法律援引：环境标准"强制性"的最终落实

环境法律在具体规则中援引环境标准形成环境技术性法律规则是环境法与环境标准融合过程的终点，也是环境标准"强制性"的

---

① 参见张艳、李广德《技术标准的规范分析——形式法源与实质效力的统一》，《华北电力大学学报》（社会科学版）2014 年第 2 期。

外在表现，换言之，环境法律实际援引环境标准是强制性环境标准
"强制性"的最终落实，而环境法律具体援引环境标准的方式也在客
观上决定了"强制性"的表现形式。

（一）现状梳理：环境法律规则援引环境标准方式的解析

在现有研究中，尚无直接针对环境法律规则援引环境标准具体
方式的讨论，但相关针对产品质量法律规则援引产品质量标准方式
的研究可以提供相关借鉴。有学者针对我国涉及产品质量安全的直
接援引产品质量标准的 11 部法律、39 部法规进行了分析，将产品质
量法律规则援引产品质量标准方式划分为四种：一是法律援引"国
家标准"模式，二是法律援引"技术规范"模式，三是法律援引
"标准"模式，四是法律援引"国家标准、行业标准、企业标准"
等除前三种外的模式。指出相关法律援引模式较为混乱，法律规范
中对于具体标准的指示并不清晰，导致法律规范和标准在实施过程
中存在不确定性，在未来法律规则援引标准的过程中应当尽量明确
援引对象，以保障法律和相关标准的顺利实施。[①] 笔者在借鉴相关研
究思路的基础上对我国现行有效的由全国人大及其常委会制定的与
环境标准相关的环境法律规范进行了以下梳理。

首先，在现行有效的环境法律规范中，涉及环境标准的法律规
范共计 9 部，具体包括：《环境保护法》《噪声污染防治法》《清洁
生产促进法》《环境保护税法》《大气污染防治法》《水污染防治法》
《海洋环境保护法》《固体废物污染环境防治法》和《土壤污染防治
法》。上述涉及环境标准的法律规范的具体条文中主要包括两大类
型：一是授权相关行政机关制定具体某一类型环境标准的授权性规
则；二是援引环境标准作为具体法律规则中描述相关主体所承担义
务边界技术要素的义务性规则。在上述两个类型的条款中，授权性
条款虽然直接与环境标准相关，但环境标准本身并不对制定机关的

---

① 参见廖丽、程虹《法律与标准的契合模式研究——基于硬法与软法的视角及中
国实践》，《中国软科学》2013 年第 7 期。

制定行为产生约束；而在义务性条款中，环境标准作为描述义务边界的技术要素，实质上对相关义务主体的行为产生了约束。因此，笔者认为只有前述义务性规则实际援引了环境标准的具体内容。

其次，在具体援引环境法律规则所援引的标准可以分为两大类：一类为《环境标准管理办法》中规定的法定类型的环境标准，例如：《水污染防治法》第10条规定"排放水污染物，不得超过国家或者地方规定的水污染排放标准"，其中水污染排放标准就属于法定类型的环境标准；另一类则为与生态环境保护密切相关的其他标准，例如：《大气污染防治法》第35条规定"禁止销售不符合民用散煤质量标准的煤炭"，此条款中援引的《商品煤质量——民用散煤》（GB 34169—2017）其本身属于由标准化管理部门制定的产品质量标准，而非由国务院环境保护主管部门制定的环境标准，因其不属于本书界定的环境标准体系之中，故而后一类情况不纳入本书的讨论范畴之中。

最后，在环境法律规则援引法定类型环境标准的规则中，按照具体的援引方式包括以下几种类型：第一类"概括援引"，即在具体法律规则引用环境标准的过程中，仅概括地指明相关行为应当符合标准或环境保护标准，例如：《海洋环境保护法》第47条规定"海洋工程建设项目必须符合国家有关环境保护标准"。第二类"层级类型+法定类型"，即在具体法律规则引用环境标准的过程中指明具体环境标准的具体层级以及环境标准的法定类型，例如：《环境保护税法》第13条规定"纳税人排放应税大气污染物或者水污染物的浓度值低于国家和地方规定的污染物排放标准百分之三十的，减按百分之七十五征收环境保护税"。第三类"层级类型+法定类型+具体领域"，即在具体法律规则引用环境标准的过程中指明环境标准的具体层级、法定类型以及具体领域，例如：《水污染防治法》第50条规定"向城镇污水集中处理设施排放水污染物，应当符合国家或者地方规定的水污染物排放标准"。第四类"层级类型+法定类型+具体领域+具体类别"，即在具体法律规则引用环境标准的过程中指明环境标准的具体层级、法定类型、具体领域以及具体类别，例如：《大气污染防治法》第 13 条第 2 款规定"制定燃油质量标准，应当符合国家大气污染物控制要求，并与国家机动车船、非道路移动机械大气污染物排放标准相互衔接"。第五类其他引用类型，此类规则中一般未指明环境标准的具体层级，仅仅规定了"法定类型""具体领域+法定类型"等，例如：《大气污染防治法》第 18 条规定"企业事业单位和其他生产经营者向大气排放污染物的，应当符合大气污染物排放标准"。

（二）体系完善：环境法律规则援引环境标准方式的整合

从上述分析中不难发现，具体环境保护法律条文在援引环境标准的过程中援引方式并不一致，在援引的过程中对于环境标准的限定越多所指向的环境标准就越明确。通过上述援引方式的类型分析，可以看出综合性环境保护法律援引环境标准时，其更多的是援引一定范围内的环境标准，其所指向的环境标准所包含的对象较多，故而较多地采用前两类援引方式；而专门性环境保护法律因其调整对象相对较为具体，其更多的是援引某一具体领域、具体类别中的环境标准，因此较多地采用后三类援引方式。这一特点反映了具体环境保护法律条文在援引环境标准时，其援引方式受到具体规则所调整法律关系的范围影响，其调整的法律关系范围越广，援引方式则越概括，反之则越细致。

故而应当紧密围绕具体法律规则所调整法律关系的范围与援引方式选择之间的关系，结合我国未来环境标准体系发展的趋势，以保障法律对环境标准的援引指向明确、法律规则适用便利为目标，整合形成类型完善、层次清晰的援引方式体系。首先，在未来环境法律规则援引环境标准的过程中，应当摒弃前述分类中的"概括援引"，概括援引所造成的指向不明确的问题，需要通过繁复的法律解释手段加以弥补，在法律规则实施的过程中，可能造成法律适用的不统一以及义务主体在守法过程中的困难。其次，应当全面地分析前述援引方式中不同援引方式的功能，"层级类型"主要解决援引环境标准的纵向范围，其选择受到法律规则所调整法律关系所存在的地域范围的直接影响；而"法定类型""具体领域""具体类别"则主要解决援引环境标准的横向范围，其选择直接受到法律规则所调整法律关系范围的广泛程度的直接影响。最后，应当明确限定方式的功能，按照"通用模块"+"选择模块"的模块化的方式确定援引方式的体系。具体而言，"通用模块"包括"层级类型"，现阶段并非所有对环境标准的援引方式中均包括此要素，但考虑到未来环境标准体系多元化、多层次化的趋势，在未来为了保证援引标准层级的明确，应当将其确定为援引方式中的必备要素。"选择模块"则包括"法定类型""具体领域""具体类别"，在应用过程中按照具体法律规则调整法律关系的范围，在"法定类型""法定类型+具体领域""法定类型+具体领域+具体类别"三种组合模式中选择对环境标准的援引方式。

综合上述分析，未来环境法律规则援引环境标准的方式包括以下三种类型：类型 A——"层级类型"+"法定类型"；类型 B——"层级类型"+"法定类型+具体领域"；类型 C——"层级类型"+"法定类型+具体领域+具体类别"。三种类型对具体环境标准的界定从抽象到具体，对应法律规则调整法律关系的范围从大到小。一般而言，类型 A 适用于综合性环境立法概括性地设置一般义务的条款中，类型 B 适用于专门性环境立法概括性设置一般义务的条款中，类型 C 适用于专门性环境立法针对特定行为具体设置特定义务的条款中。

（三）漏洞弥补：环境法律规则援引环境标准的法律解释①

如前所述，在环境法律规则援引环境标准的过程中，源于援引方法本身的局限、援引不清、援引滞后等原因，可能导致法律规则

---

① 此部分的部分内容已作为《论环境民事公益诉讼目的及其解释适用——以"常州毒地"公益诉讼案一审判决为切入点》一文的组成部分，发表于《中国人口·资源与环境》2017 年第 12 期。

存在漏洞，即影响法律功能且违反立法意图的不完全性。① 法律漏洞的存在要求在法律制定后采取一定的方式对漏洞予以弥补，法律漏洞的填补本质上反映了法律的发展变化，而法律的发展变化无非源于立法修订和法官释法两种途径，② 在立法并未修订的前提下，法官释法是填补法律漏洞的唯一选择。法律解释是能够让制定法适应现实和具体个案的法律方法与途径，③ 其根本任务在于解决法律规范之间的矛盾、确定每一规范的适用范围、划定不同法律规范之间的界限④。环境法律规则在援引环境标准过程中所存在的漏洞也需要通过法律解释的方式予以填补。

　　法律解释的具体方法包括：文义解释、体系解释、法意解释（主观目的解释）、扩张解释、缩限解释、当然解释、目的解释（客观目的解释）、合宪性解释、比较解释、社会学解释、历史解释、反面解释。⑤ 上述解释方法可以归为以语义直接阐明法律条文含义的语义解释方法和以通过论证、推理阐明法律条文含义的论理解释方法两类。语义解释方法和论理解释方法相互之间存在一种互为制约和相互依存的关系。一方面，语义解释方法是论理解释方法的起点和约束，只有在通过语义解释方法无法确定合理的解释结果时，论理解释才能介入法律解释的过程，但论理解释的结果不能超出语义解释的可能范围；另一方面，论理解释方法是语义解释方法的延伸和发展。语义解释方法所产生的不同解释结果，体现着不同的推理逻辑，而论理解释方法的选择和运用就是根据客观实际情况，从不同

---

　　① 参见梁慧星《民法解释学》，法律出版社 2015 年版，第 253 页。

　　② 参见王泽鉴《民法学说与判例研究》（第一册），中国政法大学出版社 1997 年版，第 293 页。

　　③ 参见徐以祥《行政法学视野下的公法权利理论问题研究》，中国人民大学出版社 2014 年版，第 45 页。

　　④ 参见［德］卡尔·拉伦茨《法学方法论》，陈爱娥译，商务印书馆 2003 年版，第 194 页。

　　⑤ 参见［德］卡尔·拉伦茨《法学方法论》，陈爱娥译，商务印书馆 2003 年版，第 200—216 页；梁慧星《民法解释学》，法律出版社 2015 年版，第 215—239 页。

类型的推理逻辑中选择最适当的一种，进而得出最为合理的解释结果。

在法律适用时，适用者应该遵循形式逻辑规则严格适用法律，当适用法律出现争议时必须考虑法律解释的后果与法律目标的契合性。① 萨维尼的法律解释理论将目的解释列为与文义解释、体系解释、历史解释相并列的四种法律解释方法，② 魏德士则强调规范目的对其他解释方法的导向作用，"任何解释都应当有助于实现规范内容所追求的规范目的。其他解释标准也应当服从这个目标；它们是解释者必须借以认识规范目的的工具"③。法律解释需要最终服务于规范目的的实现，因而，强调目的对规范解释的导向作用，而不仅仅是将其视为一种和其他解释方法并列的解释方法，是有其合理性的。环境法在诞生之初，其目的就是在于应对环境问题，其具有显著的问题导向和回应性的特点。在环境法律制度和规范的设计过程中，多以实现某种特定环境保护目标为导向。因此，在环境法的解释中，目的解释方法在环境法解释中应处于核心地位。

在环境法解决环境问题的目的导向下，有效性视角是在法律适用中一个不可忽视的重要视角，法律规范的有效性指法律规范对其规范目标的实现与否及其实现程度。解决某一时空条件下的特定环境法律问题是环境法律的目标，具体的立法制度设计和法律实施是实现这一目标的手段和工具。基于有效性的分析模式，在实践中得到了广泛运用。在英美法中，体现为匹配性分析模式，其核心是就规制手段和目标之间的关系展开研究。④ 在大陆法中，其体现为适当性原则，其强调的是国家和政府行为能够有效促进一个正当的目标

---

① 参见柯华庆《实效主义法学方法如何可能》，《法学研究》2013 年第 6 期。

② 参见［德］伯恩·魏德士《法理学》，丁晓春、吴越译，法律出版社 2005 年版，第 305 页。

③ 同上书，第 315 页。

④ 参见［美］史蒂芬·布雷耶《规制及其改革》，李洪雷、宋华琳等译，北京大学出版社 2008 年版，第 277 页。

的实现。① 具体到关于环境法律规则援引环境标准的具体解释中，以有效性为视角的目的解释方法就体现为通过衡量不同解释方案对实现环境标准法律制度价值目标的有效性程度，以最终确定对具体援引环境标准法律条款的解释方案。

本章小结

　　环境标准援引法律制度以保障融入环境法律体系的环境标准的形式正当性为功能。为了实现其功能，环境标准援引法律制度需要清晰地界定环境标准的法律性质、合理地确立环境标准的体系结构并且恰当地选择环境法律规范援引环境标准的具体方式。但现有法律制度中环境标准援引法律制度处于空白的状态，需要通过整体性的制度构建在我国环境标准法律制度中确立环境标准援引法律制度。首先，在梳理现有学说争议、厘清争议症结的基础上，应当在立法中明确环境标准技术性规范的法律性质，以厘清环境法与环境标准之间的关系。其次，在对比借鉴产品服务标准体系结构的基础上，结合环境标准自身的特点，对环境标准的体系结构加以优化，以确保环境标准体系能够与环境法律规范体系有效衔接，进而保障环境法与环境标准融合的基础。最后，在重点阐释强制性环境标准"强制性"内涵的基础上，借助法律规则逻辑结构的分析工具，具体提出了类型化、模块化的环境法援引环境标准的具体方式，并体系化地指明了当存在援引不清情况下的法律解释方案，最终保障环境法援引环境标准的准确、恰当，以实现环境法与环境标准的有效融合。

---

① Schmidt R. Grundrechte sowie Grundzüge der Verfassungsbeschwerde, Grasberg：Schmidt（Rolf），2005，p. 79.

第 四 章

环境标准制定修订法律制度的完善

　　环境标准制定修订法律制度是以保障环境标准内容合理性为功能，调整环境标准的制定、修订以及环境标准内容监督制约等社会关系的法律规范组成的有机整体。在现阶段我国环境法律规制的核心目标为保护和改善环境质量的背景下，[①] 环境质量的维护和改善需要体系化的技术指标和规范，作为环境规制行为和环境开发利用行为的约束和指引，因此作为承担国家环境保护义务核心的政府必须将环境质量的要求转化为具体的环境标准[②]。环境标准内容的科学、合理直接关系到环境标准融入环境法规范体系的效果，更将直接影响到环境法规范的实施效果，而环境标准内容的科学、合理，有赖于环境标准制定修订法律制度的保障。

第一节　环境标准修订制度的问题阐释

　　在现阶段的环境标准制定修订法律制度中，无论是环境标准制

---

　　① 　参见徐祥民《环境质量目标主义：关于环境法直接规制目标的思考》，《中国法学》2015 年第 6 期。

　　② 　参见李挚萍《论政府环境法律责任——以政府对环境质量负责为基点》，《中国地质大学学报》（社会科学版）2008 年第 2 期。

定制度，还是环境标准修订制度，在立法设计和实践操作中均存在
诸多问题，直接导致现有环境标准制定修订法律制度无法发挥其保
障环境标准内容合理性的功能，致使现有环境标准的科学性和合理
性备受质疑，甚至影响到环境标准在实践当中的适用。在此需要强
调的是，在环境法与环境标准融合的背景之下，在环境标准体系中
强制性环境标准相较于推荐性环境标准对环境法的实施有着更为直
接和重要的影响，保障强制性标准内容的合理性是环境标准制定修
订法律制度的首要功能，因此本章对于现有制度缺陷的分析和相关
完善对策的提出，主要针对现行环境标准制定修订法律制度中有关
强制性环境标准的规则而展开。

一　合理性原始缺失：环境标准制定制度残缺

在现有法律法规中，对于环境标准制定制度的规定主要集中于
《环境标准管理办法》第6—14条，相关法条对环境标准的制定主
体，[①] 各类环境标准功能、内容以及部分环境标准的制定条件,[②] 制
定环境标准所遵循的原则,[③] 制定环境标准遵循的基本程序,[④] 各类
环境标准的拟定主体、程序限制,[⑤] 以及地方环境标准的备案程序等
内容进行了规定[⑥]。虽然《国家环境保护标准制修订管理办法》（以
下简称《制修订管理办法》）对国家环境标准制定修订的程序、内
容等相关内容进行了规定，但总体而言现有环境标准制定制度仍然
存在，过于宏观、内容缺失以及可操作性不强等问题，相关问题主
要表现为：对于各类标准的制定依据规定不明确，环境标准的草案
编制主体单一、中立性不足，环境标准制定程序规定过于宏观、对

---

① 参见《环境标准管理办法》第6条。
② 参见《环境标准管理办法》第7条、第8条、第9条。
③ 参见《环境标准管理办法》第10条。
④ 参见《环境标准管理办法》第11条。
⑤ 参见《环境标准管理办法》第12条、第13条。
⑥ 参见《环境标准管理办法》第14条。

公众参与重视不足。

首先，环境标准编制主体权威性欠缺。根据《环境保护法》《标准化法》以及《环境标准管理办法》的规定，国务院环境保护主管部门是国家环境标准和国家环境保护总局标准的制定主体，省、自治区、直辖市人民政府是地方环境标准的制定主体。一方面，就国家环境标准和国家环境保护总局标准的制定主体而言，其主要存在标准编制参与主体单一和编制主体中立性不足的问题。一是环境标准覆盖范围极其广泛，涉及社会活动的各个方面，横跨各个领域，在制定环境标准的过程中，仅有环境保护行政主管部门参与，环境标准的制定难免存在不尽如人意之处。[1] 例如：长期以来我国环境标准在制定过程中，一定程度上因为缺乏卫生行政部门的有效参与，造成了现有环境标准未能充分考虑公众健康问题。[2] 二是在国务院环境保护部门主持国家环境标准和国家环境保护总局标准的制定过程中，相关标准草案一般由制定机关通过下达课题的方式，在主管部门的主持下由高校、科研院所以及相关企业起草。[3] 在此过程中，相关起草主体难免受到自身利益和主管部门的影响，形成中立性不足的环境标准草案。另一方面，就地方环境标准的制定主体而言，主要存在制定主体中立性不足的问题。在改革开放的过程中，由于地方政府片面追求经济增长指标，长期以来存在牺牲环境发展经济的实践逻辑，这就使得在地方环境标准制定的过程中，难免因为地方政府的价值倾向，造成环境标准内容科学性的不足。

其次，环境标准制定依据科学性不足。现有环境标准的科学性

---

[1] 参见白贵秀《基于法学视角的环境标准问题研究》，《政法论丛》2012 年第3 期。

[2] 参见张帆《环境标准制度应以公众健康保障为中心》，《中国经济时报》2009 年 3 月 12 日第 4 版。

[3] 参见张晏、汪劲《我国环境标准制度存在的问题及对策》，《中国环境科学》2012 年第 1 期。

不强是我国环境标准存在的重要问题之一,[①] 而科学性本身又是环境标准正当性的基础,[②] 科学性不足的背后暴露了在环境标准制定过程中对于制定依据的重视不足。《环境标准管理办法》第 6 条的规定,仅仅指明了各类环境标准的内容和作用,而未能明确各类环境标准制定的科学性依据。以环境质量标准为例,《国家环境保护标准制修订工作管理办法》虽然明确在制定环境质量标准的过程中,需要考量环境质量状况、环境监测数据、环境基准成果以及域外环境质量标准,[③] 但并未对上述因素的地位予以明确。一般认为,环境质量标准的制定是以环境基准为依据,再综合考虑经济、技术水平限制以及社会风险接受程度而设定的。[④] 环境基准是指环境中污染物对特定对象（人或其他生物等）不产生不良或有害影响的最大剂量或浓度,是制定环境质量标准的科学依据。[⑤] 而在相关法规中,并未明确规定环境基准在环境质量标准制定过程中的基础性地位,直接导致了现有环境质量标准的科学性备受质疑。

最后,环境标准制定程序参与性缺失。《国家环境标准管理办法》虽然对环境标准的编制程序作出了规定,但看似全面的规定仅局限于形式之上,而未对相关具体程序的内容作出进一步的配套规定。《国家环境保护标准制修订工作管理办法》虽然对上述具体程序的内容进行了进一步的规定,但对于编制组的成立和如何征求意见

[①]　参见张晏、汪劲《我国环境标准制度存在的问题及对策》,《中国环境科学》2012 年第 1 期;施志源《环境标准的现实困境及其制度完善》,《中国特色社会主义研究》2016 年第 1 期。

[②]　廖建凯、黄琼:《环境标准与环境法律责任之间的关系探析》,《环境技术》2005 年第 2 期。

[③]　参见《国家环境保护标准制修订工作管理办法》第 29 条。

[④]　参见白贵秀《基于法学视角的环境标准问题研究》,《政法论丛》2012 年第 3 期。

[⑤]　参见《环境科学大辞典》委员会《环境科学大辞典》（修订版）,中国环境科学出版社 2008 年版,第 325 页。

等关键问题仍然语焉不详。① 源于环境标准在实质上对环境法律规范中确定的环境开发利用行为界限进行了具体化，故而，环境标准实质上与国民的生活和福利具有比法规更加重大的关系，有必要通过民主讨论的过程使其反映民意从而授予其应有的正当性。② 环境标准制定过程中公众参与的不足，成为现阶段对于环境标准制定程序不足的众矢之的。例如，在《空气环境质量标准》（GB3095—2012）的制定过程中，在标准草案意见征求阶段仅向国家发改委办公厅等 7 部门的办公厅，各级环境保护主管部门、派出机构、直属单位以及北京大学等 11 所高校发出了征求意见的通知，而未对公众公开征求意见。③ 诚然，环境标准的内容涉及大量的专业技术知识，需要尊重具有专业技术知识的专家意见，但从程序上直接排除公众对环境标准内容发表意见的可能，将加剧科学理性与社会理性在专业技术问题之上的对立，增加公众对于环境标准内容正当性的质疑。

二 合理性逐渐丧失：环境标准修订制度虚位

环境标准的制定是依据当时的国家技术水平、经济力量以及环境保护的政策法规和国民健康生活状况综合平衡以后所颁布的，它在颁布实施以后会产生什么样的效果，是否与实际情况相符合，还需要适时考察，并且随着国民经济的发展和人民生活水平的提高，对环境品质的要求必定会逐步提高。因此，对环境标准进行适时评估、复审和修订是各国的通例。

根据《标准化法实施条例》的规定，标准实施后制定主体要适时对标准进行复审，复审周期一般不超过 5 年。《环境标准管理办法》虽然也规定，环境标准的制定主体应当适时对环境标准进行审

---

① 参见张晏、汪劲《我国环境标准制度存在的问题及对策》，《中国环境科学》2012 年第 1 期。

② 参见 [日] 原田尚彦《环境法》，于敏译，法律出版社 1999 年版，第 73 页。

③ 参见《关于征求国家环境保护标准〈环境空气质量标准〉（征求意见稿）意见的函》。

查，审查发现不符合实际需要的应当予以修订或者废止，但未对复审周期加以明确。现阶段，我国现行有效的国家环境质量标准共计 6 部、国家污染物排放标准共计 92 部；国家环境质量标准平均生效年限为 14 年，国家污染物排放标准平均生效年限为 9.38 年；国家环境质量标准中生效年限为 5 年以内有 1 部，5—9 年的有 1 部，10—19 年的有 2 部，超过 20 年的有 2 部，国家污染物排放标准中生效年限为 5 年以内有 20 部、5—9 年的有 43 部、10—19 年的有 19 部、超过 20 年的有 10 部（统计数据参见表 4-1）。

表 4-1　　　　国家环境质量标准、国家污染物排放标准生效情况统计

统计项目 标准类型	数量	平均生效时间	生效时间5 年以内		生效时间5—9 年		生效时间10—19 年		生效时间20 年以上	
			数量	占比	数量	占比	数量	占比	数量	占比
国家环境质量标准	6 部	14 年	1 部	16.7%	1 部	16.7%	2 部	33.3%	2 部	33.3%
国家污染物排放标准	92 部	9.38 年	20 部	21.7%	43 部	46.7%	19 部	20.7%	10 部	10.9%

资料来源：中华人民共和国环境保护部环境标准数据库，http://bz.mep.gov.cn/，相关数据统计至 2017 年 8 月 17 日。

上述统计数据表明，我国环境标准总体上生效时间较长，存在大量长期服役的标准，环境标准的平均生效时间已经超过了《标准化法实施条例》规定 5 年的复审周期，并且相关部门也未公布经复审后不予修订的说明。可见，由于我国法律规定的过于抽象，没有规定确切的复审修订时间，也没有规定一套对环境标准的实施效果进行适时评价的机制，致使许多环境标准难以得到及时修订。使得一些领域的治理技术虽然进步了，但仍然执行低指标水平的环境标准，不利于改善环境质量，提高人民的生活品质。可见我国相关立法中虽然规定了对于环境标准的复审修订制度，但由于相关规定的不尽完善之处，导致了实践中复审修订制度的虚化，环境标准的复审修订工作实施不及时。

三　合理性保障不足：环境标准诉讼制度缺位

一直以来，抽象行政行为的司法审查就是我国行政法学界所关注的重点问题。受制于《行政诉讼法》对于行政诉讼受案范围的限制，对于抽象行政行为的司法审查在我国行政诉讼中受到了极大的限制。随着对于政府行为认识的不断深入，越来越多的学者，主张将抽象行政行为的司法审查纳入行政诉讼的体系。其中，最为重要的理由就在于，我国当下对抽象行政行为的两种监督方式——权力机关的监督和上级政府的监督，均存在一定程度的局限性、监督效果欠佳，无法对行政机关的抽象行政行为形成有效监督。[①]

在环境标准制定修订过程中，制定修订程序正当性不足、环境标准内容不科学，[②] 已经成为严重影响我国整体环境法律实施效果的重要因素。环境标准制定修订过程中暴露出的上述问题，既反映了环境标准制定修订法律制度在环境标准制定、修订制度中具体法律规则设置的缺陷和不足；也反映了对于行政机关环境标准制定修订行为外部约束的不足。具体而言，在环境标准制定修订行为的监督过程中：权力机关监督受制于我国人民代表大会工作机制的制约，难以形成长效、稳定的监督；而行政机关的监督本质上属于行政权体系内的内部监督，其监督的强度、公正性均受到一定程度的限制。因此，在完善环境标准制定、修订制度本身的同时，还应当通过构建以环境标准诉讼制度为具体表现的司法约束制度，对环境标准制定修订行为加以外部的制度约束，以充分解决我国现有制度体系下，环境标准制定修订行为外部约束不足的现实问题。

从上述分析中不难发现，在环境标准制定修订法律制度中，一

[①] 参见王世涛、刘雨嫣《抽象行政行为司法审查制度设计的规范分析》，《青海社会科学》2016 年第 1 期。

[②] 参见汪劲主编《环保法治三十年：我们成功了吗——中国环保法治蓝皮书（1979—2010）》，北京大学出版社 2011 年版，第 138 页。

方面，环境标准制定制度的缺陷导致环境标准在制定时，其内容缺乏合理性的保障，导致环境标准"带病出生"，致使环境标准的内容合理性备受质疑；另一方面，环境标准修订制度的虚位导致已经实施的环境标准长期无法得到及时的评估和修订，导致环境标准与社会现实情况的脱节，出现滞后、僵硬的情况，最终使环境标准的合理性不断削弱直至最终丧失。为了避免环境标准合理性的丧失，应当以补强环境标准制定修订法律制度合理性保障功能为指引，从内部完善环境标准制定修订法律制度。此外，环境标准的制定与修订本质上属于行政机关的抽象行政行为，由于我国现行制度中的权力机关监督和行政机关监督无法对抽象行政行为发挥有效的监督功能，因此，应当探索通过建立环境标准诉讼程序，通过司法机关实现对环境标准制定、修订行为的有效监督。综上，应从完善环境标准制定法律制度、构建环境标准修订法律制度以及建立环境标准诉讼程序三个方面，实现对我国现有环境标准制定修订法律制度的变革。

第二节　环境标准制定制度的完善

环境标准的合理性体现为环境标准的形式合理性和实质合理性，形式合理性取决于环境标准制定主体的权威中立、程序的开放有序，而实质合理性则更多取决于环境标准制定依据的科学性。从前述我国环境标准制定制度存在的问题来看，制定主体的权威性主要受制于环境标准起草主体的中立性和专业性问题；制定依据的科学性问题主要在于环境标准的制定过度考量社会性制约因素，未能尊重客观的科学化依据；制定程序的合理性不足主要体现于公众参与程序的不足。因此，对于环境标准制定制度的完善应当从以下三个方面展开：首先，在环境标准制定主体的选择过程中充分考虑起草主体的中立性和专业性，以实现环境标准制度主体的权威化；其次，从强化环境标准制定依据科学性的角度，平衡环境标准制定过程中社会制约性和科学合理性之间的冲突；最后，通过补强环境标准制定过程中的公众参与，实现环境标准制定程序的民主化。

一 权威且中立：环境标准制定主体的选择

现阶段我国环境标准制定的程序性规范，主要集中于环境保护部于 2017 年 2 月颁布的《国家环境保护标准制修订工作管理办法》（以下简称《制修订管理办法》）之中。根据该办法的规定，参与环境保护标准制定修订的主体包括：科技标准司、归口业务司、环境标准研究所、具体项目承担单位、各审查阶段的专家委员会、部长专题会以及环保部常委会。根据《制修订管理办法》确定的制定修订流程，[①] 科技标准司和归口业务司是环境标准制定修订定的组织主体，环境标准研究所是环保部内部的技术支持主体，具体项目承担单位是标准的具体起草编制主体，各审查阶段的专家委员会是外部技术审查主体，归口业务司司务会、部长专题会以及环保部常务会是标准最终的审查主体。

（一）制定主体中立性权威性不足的制度成因

首先，从上述有关主体的地位和具体承担的职责来看。环境标准研究所、具体项目承担单位、各审查阶段的专家委员会是直接影响环境标准内容是否科学合理的主体。在三者中除了环境标准研究所是《制修订管理办法》限定的特定主体以外，具体项目承担单位和各审查阶段的专家委员会均系未受到限定的不特定主体。有学者在比较法律制定程序和强制性标准制定程序的过程中指出，对直接影响法案（标准案）内容的主体进行限定，一方面可以保障相关工作的有序性；另一方面可以保障相关工作的针对性、有效性。[②] 此外，由规范性法

---

① 具体流程可参见《国家环境保护标准制修订工作管理办法》附件 1《国家环境保护标准制修订工作流程图》（图 1——环境质量标准、污染物排放标准制修订工作流程图，图 2——环境监测类标准、环境基础类标准和环境管理规范类标准制修订工作流程图）。

② 王世川等：《我国法律制定程序对强制性标准管理之借鉴》，《中国标准化》2013 年第 8 期。

律文件直接限定影响规范内容的特定法律主体的范围，有利于通过确保相关主体的权威性和中立性，进而保证规范内容的合理性。

其次，就项目承担单位的权威性和中立性而言。在环境标准制定修订的过程中，具体承担环境标准规范起草的项目承担单位的确定是由环保部科技标准司按照政府采购程序，由归口业务司经过评审通过合同委托的方式确定。在标准起草的过程中，项目承担单位接受项目经费并受归口业务司监督。一方面，按照此种方式确定的项目承担单位并非法定的特定主体，其并无法定的权威性；另一方面，此种确定方式难以保障该主体的中立性。尽管在《制修订管理办法》中规定，在制定污染物控制标准的过程中，项目承担单位原则上不得与行业有直接利益关联，但此规定存在限制范围窄、可操作性差的问题。限制范围窄的问题体现为，虽然污染物排放标准系与行业利益最为密切相关的环境标准，但其仅仅是整个环境标准体系中的一环，环境质量标准是制定污染物排放标准的基础，如果在制定环境质量标准的过程中，不限制与行业密切相关的主体参与制定活动，即使在制定以环境质量标准为基础的污染物排放标准的过程中加以相关限制，也无法保证污染物排放标准的合理性。可操作性差的问题体现为，通过限制直接利益关联的形式，仅仅是从形式上对中立性进行了象征性的宣誓，在实践中根本无法在实质上保障项目承担主体的中立性。在现代社会中，各类利益关系复杂多元，不同组织之间的利益关联日趋隐秘，即使是法定中立的政府等公权机关都会因为利益关联而导致的规制俘获而丧失中立性，更不用说本就为市场主体的各类组织了。相关行业利益相关者可以通过复杂的股权结构等多种形式，对项目承担主体产生隐秘但直接性的影响，而此种控制方式根本无法通过直接性利益关联的标准予以判断。因此，通过此种方式根本无法保证参与主体的中立性。

最后，就专家委员会的权威性和中立性而言。根据《制修订管理办法》的规定，在环境标准制定修订的过程中，在项目开题论证、编制征求意见稿以及编制送审稿的过程中都需要组成专家委员会对专业技术性问题进行审查。但《制修订管理办法》中仅仅对专家委员会的专业方向以及人数等问题进行了简单的规定，未对专家委员会组成人员的资格、专家委员会产生程序等问题加以规定。通过专家委员会对环境标准相关内容进行技术性审查，其核心目的就在于保障环境标准内容的合理性。一方面，环境标准的合理性需要专家委员会组成人员在相关领域的专业性和权威性给予支撑，因此在组成专家委员会的过程中需要对组成人员的专业性和权威性设置必要的评价条件，例如：专业技术职称、同行认可度等，但现行规定中并无相关约束条件；另一方面，环境标准的合理性还需要专家委员会成组成人员的中立性予以保障，但现行规范中并无相关规范确保专家委员会组成人员的中立性。综上，在环境保护标准制定修订的过程中，项目承担单位和各审查阶段专家委员会的确定程序，本身具有不特定性、不公开性以及变动性等特征，难以确保项目承担单位和专家委员会的中立、权威，无法保证环境标准内容的合理性。

（二）制定主体中立性权威性不足的完善路径

现有制度规则中影响环境标准制定主体中立性和权威性的因素，主要集中在环境标准内容编制主体确定和环境标准草案专家评审主体选择两个方面。因此，着重针对此两方面的不足提出相应分析解决的对策，以期能改善现有制度的不足。

1. 环境标准内容编制主体确定规则的完善

从有关在环境标准制定修订过程中项目承担单位权威性、中立性不足的分析中可以发现，具体承担编制起草工作主体的确定性、主体类型以及专业能力直接对编制主体的权威性产生影响；而编制主体与利益相关主体的关联性则直接对编制主体的中立性产生影响，这种关联性直接受到编制主体类型的影响和制约。因此，欲解决环境标准内容编制主体规则的缺陷导致的编制主体权威性不足的问题，应当通过增强编制主体确定性、恰当选择主体类型以及强化主体专业能力三个方面加以实现。

首先，内容编制主体应明确界定。在编制主体确定规则中明确具体的编制主体是编制主体稳定、可预测的法定保障，编制主体稳定、可预测是对编制主体能够形成有效监督制约的基本前提，而对编制主体的有效监督制约是其权威性的根本来源。其次，内容编制主体应为公权主体。在现代国家中，公权主体的产生来源于宪法，而宪法为了保障国家公权力主体在实现社会治理、维护整体公共利益过程中运行良好，形成了一整套体系化、结构化的赋权、组织以及监督规则。因此，在现代国家各类型组织中，公权主体具有较强的权威性和中立性，是环境标准内容编制主体的最佳选择。最后，内容编制主体应具备专业能力。环境标准内容编制根本上是一项专业性极强的工作。工作过程中的权威性，除需要编制主体具备系统性环境科学、生态学、污染治理等方面专业知识的软件保障，还需要编制主体有开展环境状况调研、环境科学实验等工作的技术设备的硬件支撑。在我国现有制度体系下，能够提供前述稳定的软、硬件保障的主体，主要指向高等院校和科研院所。

从正在进行的《制修订管理办法》修改工作中，不难发现，国家环境保护主管部门意识到了制定主体权威性和中立性方面存在的问题，在《国家生态环境标准制修订工作管理办法（征求意见稿）》中，在沿袭原立法确定内容编制主体法律框架的前提下，对上述问题进行了一定程度的回应。一方面，针对项目承担单位不得与相关行业有直接利益关系的问题，原立法中仅对污染物排放标准制修订项目承担单位存在此类要求，而在征求意见稿当中则对所有类型的环境标准制修订项目均提出了此类要求。[1] 另一方面，突出环境标准研究所作为标准管理的技术支持单位，组织开展标准研究性、协助性、服务性工作的定位；[2] 构筑了在法规与标准司[3]、各归口业

---

① 参见《国家生态环境标准制修订工作管理办法（征求意见稿）》第 18 条。
② 参见《国家生态环境标准制修订工作管理办法（征求意见稿）》第 10 条。
③ 在环境保护部改组为生态环境部后，依据生态环境部三定方案的规定，标准制修订及管理工作归口单位为新组建的法规与标准司。

务司领导下，环境标准研究所积极参与、协助标准项目实施的模式，重点凸显了环境标准研究所在解决和处理标准管理办法制定、标准基础理论研究、标准分类管理、标准体系设计和维护、编制标准项目年度计划以及标准项目立项和实施等工作中，所涉及的专业技术问题时的权威性和重要性。① 其主要体现为：一是明确其承担环境基础类标准制修订工作、标准优先控制污染物名录及风险评估推荐值制定工作，② 二是承担协助质量标准和排放标准项目的立项建议的查重、筛选工作，协助审查立项建议的必要性、体系协调性和条件成熟性，③ 三是要求其应协助审查质量标准和排放标准项目的体系协调性和技术内容的科学性、合理性和可行性④。从上述内容来看，上述对于《制修订管理办法》的修改，一是通过明确部分标准的编制主体回应标准内容编制主体明确性的问题，二是通过强化标准研究所在标准制修订过程中的专业技术审查职责回应标准内容编制主体权威性的问题，三是通过严格编制主体的利益关联性限制回应标准内容编制主体的中立性问题。

　　但综合标准内容编制主体明确性、权威性和中立性三个方面的要求，上述修改内容意在平衡环境标准制修订繁重现实需求与环境标准制定修订中立性、权威性之间的矛盾，其本质上系一种具有过渡性质的折中方案。笔者认为在理想的环境标准制修订制度中，应将现有环境标准内容编制的方式由归口业务司以及法规与标准司组织的立项招标形式，改为由环境标准研究所承担内容编制工作的方式。一方面，环境标准研究所，属于国家环境保护主管部门直属的中国环境科学研究院下属的二级研究所，直接受国家环境主管部门的领导。虽然环境标准研究所自身不是公权机关，但其科研工作的

---

① 参见《国家生态环境标准制修订工作管理办法（征求意见稿）》第 10 条。
② 同上。
③ 参见《国家生态环境标准制修订工作管理办法（征求意见稿）》第 15 条。
④ 参见《国家生态环境标准制修订工作管理办法（征求意见稿）》第 10 条。

开展获得了国家环境主管部门代表的国家权力的支撑和保障,相比较其他高等院校和科研院所具有较强的权威性和中立性。另一方面,环境标准研究所长期以来从事专门性的环境标准研究工作,配备了高水平、专业化的人才队伍,充分了解我国现有环境资源状况,具备国内相对而言较高水平的科研技术装备,综合其在环境标准研究领域的软、硬件水平,能够为环境标准内容的权威性提供充分的支撑。因此,由环境标准研究所承担环境标准内容编制起草工作是现阶段的最优选择。考虑到实践中需要制定、修订的环境标准数量繁多,为了提高环境标准制定修订工作的效率,对于推荐性环境标准的编制可以由环境标准研究所提请归口业务司以立项招标的形式进行;但对于强制性环境标准的编制必须由环境标准研究所自行负责、自行编制,以保证由法律强制保障实施的强制性环境标准内容的合理性。

2. 环境标准评审专家遴选管理规则的完善

从环境标准制定修订过程中,相关标准草案评审专家权威性、中立性不足的分析中可以发现,现有《制修订管理办法》存在的问题主要体现为两个方面:一方面,未明确组成专家委员会评审专家的相关资质、专业门槛,无法保障评审专家的专业技术性,进而影响专家委员会整体组成的权威性;另一方面,未能科学合理地对评审专家遴选规则、权利义务规则以及监督约束规则加以规定,造成专家评审委员会的中立性备受质疑。

在我国,各个领域中的专家评审制度已有大量实践,针对诸如政府采购、国家科研基金项目评审等领域中专家评审制度存在的问题,也形成了一定数量的研究成果。例如:有学者针对国家科研基金项目评审中,因遴选程序不科学、专家库管理不完善、评审相关主体的权利义务与行为规范不清晰以及专家绩效、反馈体系不健全等不足之处,导致评审效率低、准确率低以及评审结果不公正等问题,分别从明确专家人员的遴选标准、完善遴选渠道和程序、提升专业匹配程度、全过程构建评审专家管理机制以及疑难项目评审机制五个方面对评审专家管理制度提出了完善建议。① 还有学者针对政府采购领域专家评审制度中存在的专家评审行为失范、专家监督管理制度不健全、专家职业素养参差不齐以及专家库数量不足的问题，从强化评审规则硬性约束、加强评审过程管理、加大评审专家监督力度、建立评审专家考核培训制度以及完善评审专家库建设五个方面提出了回应对策。② 前述研究成果对环境标准评审专家确定程序规则的完善有着极为重要的借鉴意义，应当在总结前述完善方案的基础上，结合环境标准草案专家评审制度的特点，提出相应的完善方案。

在《国家生态环境标准制修订管理工作办法（征求意见稿）》中，意在通过建立以专家库为基础的专家遴选管理制度，其中质量标准和排放标准专家库由法规与标准司和归口业务司在环境标准研究所的协助下共同建立和维护，其他标准专家库则由归口业务司在环境标准研究所的协助下建立和维护，并且明确了标准库专家在各环节专家评审委员会组成中的最低比例。以专家库为基础的专家遴选管理制度应包括以下方面的内容：一是针对专家遴选机制的相关规则，包括专家的遴选标准、遴选程序等；二是针对专家评审过程的相关规则，包括专家所享有的权利以及承担的义务、评审程序的设计等；三是针对评审专家监督管理的相关规则，包括专家培训、专家考核以及专家退出等。

因此，笔者结合环境标准草案专家评审制度自身的特点，就上述三个方面的规则提出相关完善的对策：首先，就专家遴选机制而言。一是应当系统地结合具体环境标准草案起草情况分析对评审结果的权威性、中立性可能产生影响的因素，详细考察包括职称、学

---

① 参见秦立栓等《国家自然科学基金项目评审专家管理办法改进研究》，《中国高校科技》2017年第4期。

② 参见郭俊杰、邓江平《对专家使用和管理的问题分析及对策建议》，《中国政府采购》2013年第3期。

位、求学经历、师承关系以及专业结合度等因素，结合具体环境标准草案起草情况确定评审专家的范围。二是应当建立专家数据库及随机抽选机制，建立来源多样的专家库，并在划定评审专家范围后，通过随机性程序抽选专家委员会成员。三是应当在组成专家委员会后向社会公示专家委员会组成人员，为实现社会的全面监督提供前提条件。其次，就评审控制规则而言。一是应当明确在评审过程中专家委员会成员在评审中的职责，形成专家组组长领导下不同专业方向的成员就各自方向的评审结论负责的评审机制，以明确专家在评审过程中的职责范围。二是应当运用多元化的评审手段，以保证评审过程的公平。最后，就评审专家监督管理机制而言。一是形成评审专家对环境标准草案评审规则的交流学习机制，保证专家了解评审规则的同时促进评审规则的不断完善。二是形成合理的专家考评机制，根据在评审过程中专家针对专业问题的处理情况，对专家进行定期考核。三是形成评审专家退出机制。针对经常性存在考评情况不佳或者存在违规评审等情况的专家，将其剔除出专家数据库并向社会公开。

二　科学且系统：环境标准制定依据的确定

在现有环境标准制定修订法律制度中，针对环境标准制定修订依据的界定主要来源于《环境标准管理办法》对各类型环境标准概念界定，以及《制修订管理办法》中关于编制要求的说明之中。欲解决前文中指出的环境标准制定依据科学性、系统性不足的问题，应从相关规范中关于环境标准制定依据界定规则入手，剖析现有环境标准制定依据科学性、系统性不足的制度根源，并有针对性地予以回应。

（一）制定依据科学性系统性缺失的制度成因

现行《环境标准管理办法》第7条第1、2项通过描述规范制定目的、考量因素以及规范对象的方式分别对环境质量标准和污染物排放标准的概念进行了界定；而《制修订管理办法》第29、

30 条则从制定依据、考量因素等方面，分别对环境质量标准和污染物排放标准的草案拟订工作提出了要求。欲掌握现有制度存在的缺陷，需要区分环境质量标准和污染物排放标准，对前述规定加以剖析。

1. 环境质量标准制定依据科学性系统性缺失的成因剖析

《环境标准管理办法》第 7 条第 1 项，主要从制定环境质量标准目的和规范对象的角度对环境质量标准进行了界定，将环境质量标准的目的确定为"为保护自然环境、人体健康和社会物质财富"，将作用方式确定为"限制环境中的有害物质和因素"。并未直接明确环境质量标准的制定依据，而对环境质量标准制定依据的直接性规定则为《制修订管理办法》第 29 条，该条在描述制定工作流程的过程中，说明了在环境质量标准制定修订中应当考量的相关因素，包括：国内环境质量状况、环境监测数据、环境基准研究成果、其他国家环境质量标准以及现实的技术经济可行性。

虽然《环境标准管理办法》和《制修订管理办法》的规定对环境质量标准的制定依据进行了一定程度的规范，但仍然存在最终目的界定偏差、不同类型依据间关系不明以及相关依据的获得缺乏保障三个方面的问题。第一，就规范目的界定存在偏差而言。根据本书第二章的论述，环境标准法律制度的直接性目的在于保护并改善环境，保障人体健康则是关联性目的，保障社会物质财富则内含于经济、社会可持续发展的最终性目的中。因而将三者并列界定为环境质量标准的目的，无法凸显保护和改善环境在环境质量标准制定过程中的指引性作用，可能会导致在制定依据选择的过程中，过多地受到保护和改善环境以外的因素影响。

第二，不同类型依据的地位不明确、彼此之间关系混乱。首先，环境质量标准的目的在于保护和改善环境，现阶段的环境质量情况是制定环境质量标准的基本前提，环境监测数据则是反映国家环境质量状况的最直接信息。全面掌握和了解国家环境质量状况是确定一定阶段内保护和改善环境具体目标的信息基础，是制定环境质量标准的基本依据。其次，一般认为，环境基准又称环境质量基准，是指环境中污染物对特定对象（人或其他生物等）不产生不良或有害影响的最大剂量或浓度，环境质量标准规定的污染物容许剂量或浓度原则上应小于或等于相应的基准值。环境基准是制定环境质量标准的科学依据。[①] 再次，国外环境质量标准则反映了在同一时代背景下，其他国家所确定环境治理目标的情况，鉴于各国发展水平和环境状况的差异性，国外环境质量标准的参考价值极为有限。最后，经济技术的可行性是环境标准制定的社会经济约束。环境质量标准的设定除了考虑对于对特定对象影响的科学性外，还需要考虑经济技术的可行性，即经济社会的承受能力。超出经济社会承受能力的环境质量标准，即使内容严谨、科学，其也不具备得到良好实施的社会经济支撑。但现有规范中并未对上述依据在环境质量标准制定过程中的地位和彼此的关系加以明确，导致在实践中运用制定依据时存在错位和偏差。

第三，保障制定依据科学性、准确性的制度支撑不足。国内环境质量状况、环境基准研究成果、国外环境标准以及经济社会技术状况四种制定依据的取得需要长期工作的积累。环境状况的调查研究、相关信息的收集整理以及环境基准技术指标的研究本质上是纯粹公益性工作，因此需要国家相关制度在经费、设备、人员等各个方面提供支撑。正是源于相关支撑保障制度的缺失，致使长期以来相关工作处于较为薄弱的状态，使得在制定环境质量标准的过程中，不得不将国外环境基准或环境质量标准作为标准制定的重要依据。[②] 但由于各国自然生态状况与经济社会发展状况的差异性，直接导致了我国现阶段部分环境质量标准与现有环境状况脱节，存在"过保

---

① 参见《环境科学大辞典》委员会《环境科学大辞典》（修订版），中国环境科学出版社 2008 年版，第 325 页。

② 参见毕岑岑等《环境基准向环境标准转化的机制探讨》，《环境科学》2012 年第 12 期。

护"或"欠保护"的现象。① 综合上述分析,正是由于现有制度在上述三个方面的缺陷,导致了现阶段环境质量标准制定依据科学性、系统性缺失,在未来完善的过程中,需要着重解决上述三个方面的问题。

2. 污染物排放标准制定依据科学性、系统性缺失的成因剖析

与对环境质量标准的界定不同,《环境保护法》第 16 条规定"国务院环境保护主管部门根据国家环境质量标准和国家经济、技术条件,制定国家污染物排放标准"。《环境标准管理办法》第 7 条第 2 项,进一步明确了污染物排放标准的目的为"实现环境质量标准",具体作用方式为"限制排入环境中的污染物或对环境造成危害的其他因素",还在界定中初步阐释了污染物排放标准制定的辅助性参考依据,即技术经济条件和环境特点。《制修订管理办法》第 30 条则对污染物排放(控制)标准制定修订工作中,所应当考量的因素进行了进一步明确,包括:污染物排放标准适用行业的生产工艺、污染治理技术、污染物排放特点、行业达标率,国家的环保和产业发展政策以及具体标准实施的成本效益。然而,在《国家生态环境标准管理办法(征求意见稿)》对于污染物排放类标准作用定位的界定中,却将污染物排放类标准实现"环境质量标准"的目的,改变为"改善环境质量"。② 虽然两者之间存在一定程度的关联性,但实现"改善环境质量"并不意味着"环境质量标准"所确立的目标得以实现,这种变化可能会进一步加剧污染物排放标准与环境质量标准之间脱节。

从《环境标准管理办法》与《制修订管理办法》的相关规定来

---

① 参见周启星、王如松《乡村城镇化水污染的生态风险及背景警戒值的研究》,《应用生态学报》1997 年第 3 期;李岩《我国环境标准体系现状分析》,《上海环境科学》2003 年 22 卷第 2 期;Wu F. C., Meng W. and Zhao X. L., et al., "China Embarking on Development of its Own National Water Quality Criteria System", *Environmental Science & Technology*, Vol. 44, No. 21, 2010, pp. 7992–7993.

② 参见《国家生态环境标准管理办法(征求意见稿)》第 15 条。

看，尽管后者对前者关于"经济条件和环境特点"的规定进行了具体化的详细阐述，但却未能有效衔接制定污染物排放标准的目的。此外，对相关制定依据的阐述过程中也未对各类型因素的地位以及彼此之间的关系进行阐述。一方面，保障环境质量标准的实现是制定污染物排放标准的根本性目的，但在《制修订管理办法》对于污染物排放标准制定工作的具体规则中，却并未体现制定污染物排放标准的目的，可能导致相关污染物排放标准在制定过程中并未严格受到环境质量标准的约束。环境质量标准和污染物排放标准之间的"脱节"，直接使得在现阶段环境保护工作中出现了排放标准在不断地细化和严格，同时在严格执法的背景下企业也"达标"排放，但环境质量却不断恶化的尴尬局面①。

　　另一方面，《环境标准管理办法》中明确规定在制定污染物排放标准的过程中需要考量"经济条件和环境特点"，其中对于经济技术可承受能力的考量，直接关系到标准的实施效果，但现有规范体系过于强调经济技术可承受能力。一是《制修订管理办法》在对污染物排放标准制定依据加以进一步细化的过程中，集中于对经济条件的细化而忽略了环境特点，规范中所提及的所有依据几乎均偏向于对于经济条件的考量，而未体现出明确的对环境特点加以考量的因素。二是在通过《国家生态环境标准管理办法（征求意见稿）》完善现有制度的过程中，呈现出对于经济技术可承受能力的偏向，甚至指明行业生产、污染治理的经济技术水平是污染物排放类标准制定的依据，并强调国家污染物排放标准的制定应严格遵循技术经济可行性原则。② 此外，在对相关因素加以列举的过程中，并未明确各类型依据在污染物排放标准制定过程中的具体作用和彼此之间的关系，未形成系统性的依据运用体系。综合上述分析，正是由于现有

---

　　① 参见施志源《环境标准的现实困境及其制度完善》，《中国特色社会主义研究》2016年第1期。

　　② 参见《〈生态环境标准管理办法（征求意见稿）〉编制说明》，第31—32页。

制度在上述两个方面的缺陷，导致了现阶段污染物排放标准制定依据科学性、系统性的缺失。在未来完善的过程中，需要着重解决上述两个方面的问题。

（二）制定依据科学性、系统性缺失的完善对策

《环境保护法》《环境标准管理办法》和《制修订管理办法》中，有关环境质量标准和污染物排放标准制定依据规则设置存在问题，直接导致了制定依据科学性系统性的缺失，直接制约了环境标准制定修订过程中标准内容的合理性。因此，在完善相关规则的过程中需要准确回应上述问题，以保障最终环境标准内容的合理性。

1. 环境质量标准制定依据规则的完善

首先，应当在立法中贯穿"保护和改善环境"的目的。第一，正如本书第二章在对环境标准法律制度价值目标的分析中所述，"保护和改善环境"是环境标准法律制度的中心目标，而环境质量标准是整个环境标准体系的起点和逻辑支撑，整个环境标准体系中其他类型的环境标准均是以保障环境质量标准的实现作为其中心目标。因此，确立环境质量标准"保护和改善环境"的目标是实现整体环境标准法律制度价值目标的必然要求。第二，确立"保护和改善环境"的目的是宪法以及相关法律、法规为了实现生态环境公共利益而向社会公众作出的承诺，是否能够实现"保护和改善环境"的目的是检验环境标准内容是否合理的内在标准。第三，明确"保护和改善环境"的目的是在环境质量标准编制中确立具体目标的价值引导，否则既无法保障具体目标的明确，也无法判断其内涵的政治选择和价值判断是否合理。① 随着生态文明建设的不断推进，保护和改善环境质量已经成为环境标准管理工作紧密围绕的核心目标，为了体现这一核心目标，《国家生态环境标准管理办法（征求意见稿）》第8条确立了"保护生态环境"在环境质量标准价值目标体系中的

---

① 有关在环境标准制定过程中设定目标意义的论述，参见王彬辉《加拿大环境标准制定程序及对中国的启示》，《环境污染与防治》2011年第3期。

核心地位，明确控制生态环境风险是环境质量标准实现其目的的具体方式，① 而"保护生态环境"则系"保护和改善环境"的具体表现。实践立法修改的趋势，也印证了需要明确环境质量标准"保护和改善环境"的目标。

　　其次，应当明确各个类型环境质量标准制定依据的地位以厘清彼此之间的关系。第一，"保护和改善环境"是标准制定的目标约束，环境质量标准的制定必须以实现此目标为指引，如果具体环境质量标准无法保证该目标的实现，则将因为丧失目标上的正当性而失去其本身的合法性、合理性和有效性，但需要说明的是"保护和改善环境"的目标需要依托具体环境质量标准保护对象加以确定。第二，国家环境质量状况是标准制定的前提性依据，只有在充分了解环境质量状况的情况下，才能准确确定环境质量标准"保护和改善环境"的具体目标。第三，环境基准是标准制定的科学性支撑，在充分了解环境质量状况的基础上，还需要全面了解不同类型的污染物质对保护对象的影响程度，才能结合环境容量、污染物排放情况等因素确定环境质量标准中的具体数值。第四，国际组织以及其他国家的环境基准和环境质量标准是补充借鉴性参考，源于环境状况和经济社会发展状况的不同情况，此类型依据不宜直接作为我国环境标准的制定依据。但考虑到应对环境问题的急迫性和我国相关依据研究的滞后性，在其他类型依据缺失的情况下，可以将此类型的依据作为环境质量标准的制定依据。第五，经济社会状况是可行性约束。制定环境质量标准的目的并非解决标准有无的问题，而是要通过制定并实施标准实现"保护和改善环境"的目的，而经济社会状况则是最终影响环境质量标准能否顺利实施的因素。因此，在确定环境质量标准的过程中必须考量经济社会状况以避免所制定标准实施的困难。但为了避免以经济社会状况为由，影响环境质量标准"保护和改善环境"目的的实现，有学者提出需要在标准制定过

――――――――――

　　① 参见《国家生态环境标准管理办法（征求意见稿）》第 8 条。

程和制定说明中对两者加以区分，明确具体以基准科学为依据的科学考量和以经济社会发展水平的现实考量。[①]

《国家生态环境标准管理办法（征求意见稿）》第 10 条明确了环境质量标准的编制原则，要求环境质量标准应反映环境质量特征、以环境基准研究成果为依据、适应经济社会发展、体现不同保护对象和用途功能的差异。而《国家生态环境标准制修订工作管理办法（征求意见稿）》第 32 条则在原有规定的基础上增加了编制环境质量标准过程中，对其科学性、合理性和合法合规性的论证和说明要求。相关内容反映了环境质量状况和环境基准在环境质量标准制定过程中核心依据的地位，体现了两者在环境质量标准制订依据体系中科学基石的作用，基本形成了以环境质量状况、环境基准为科学基础，以经济社会发展和保护对象及用途功能为外部约束，并且体现了在立法修改过程中，对于强化环境标准制定依据科学性的重视。综合上述理论分析和立法实践表明，"保护和改善环境"是环境质量标准制定的目的性约束，具体表现为"不同保护对象和用途功能"的差异，"环境质量状况""环境基准"及"域外信息"属于科学性支撑，"经济社会状况"则属于环境质量标准得以实施的客观性制约，环境质量标准的制定修订需要在充分保证目的实现的科学性前提下，尽量适应经济社会状况以强化标准实施的效果。

最后，应当从法律制度上强化对于科学性制定依据的支撑。2014 年全面修订的《环境保护法》分别在第 15、18 条首次提出国家鼓励环境基准研究，省级以上人民政府开展环境状况调查、评价工作并建立环境资源承载能力预警机制；并在第 17 条再次强调"国家建立、健全环境监测制度"。对上述工作现行有效的其他规范还包括：1983 年 7 月颁布的《全国环境监测条例》、2007 年 7 月颁布的《环境监测管理办法》、2017 年 4 月颁布的《国家环境基准管理办法

[①]　参见周扬胜、张国宁《环境空气质量标准还需法律准绳》，《中国环境报》2015 年 7 月 8 日。

（暂行）》。从现有规范情况来看，《环境保护法》中的规定系原则性规定，无法直接对实际工作给予明确、系统的支撑；具体性规范则处于滞后、摸索和空白的状态。关于环境监测工作的管理规范长期未经修订难免存在滞后，有关环境基准研究的管理规范则仍处于试行探索阶段，而有关环境状况调查、评估以及环境资源承载能力预警机制的相关管理规范仍处于空白的状态。因此，现阶段我国法律制度层面上对有关科学性制定依据的支撑仍然处于极为薄弱的状态，亟待在未来的立法工作中予以强化。

2. 污染物排放标准制定依据规则的完善

一方面，应当明确实现环境质量标准作为污染物排放标准制定和实施最终目的的地位。理想状态下污染物排放标准应当由环境质量标准、一定范围内的环境容量、环境背景值以及污染物扩散速度等因素共同决定，在前述因素中，除了基于科学事实和社会价值双重衡量确定的环境质量标准以外，其他因素均属于客观事实现象的范畴，故而，最终决定污染物排放标准设置的变量为环境质量标准。如果忽略环境质量标准在污染物排放标准制定过程中的作用，就会导致所制定的污染物排放标准内容出现偏差，要么过于宽松致使生态环境状况不断恶化，要么过于严苛制约经济社会的发展。而将环境质量标准作为污染物排放标准最为核心的制定依据，也得到了比较法的印证。以美国《清洁空气法》（CAA）为例，为实现《国家环境空气质量标准》（NAAQS），要求美国联邦环保局（EPA）依据《国家环境空气质量标准》（NAAQS）制定并实施《新污染源执行标准》（*New Source Standards of Performance*，NSPS），[1] 其是针对固定污染源的排放标准[2]。因此，未来在修改《制修订管理办法》的过程中，应当明确环境质量标准在污染物排放标准制定过程中的基础

---

[1]　See Jonathan R. Nash, *Environmental Law and Policy*, Boston: Aspen Publishers, 2010, pp. 61-62.

[2]　参见美国《清洁空气法》第一百一十一条（a）款（1）项。

性约束地位。

另一方面，应当在污染物排放标准制定修订过程中明确各类依据的地位和具体考量因素。实质上，在整体环境标准制定修订过程中，相关依据可以区分为影响标准内容的科学依据和现实依据。具体到污染物排放标准的制定中，前者包括：一定范围内的环境容量、环境背景值以及污染物扩散速度等因素，而后者则包括：污染物排放标准适用行业的生产工艺、污染治理技术、污染物排放特点、行业达标率、国家的环保和产业发展政策以及具体标准实施的成本效益。前者决定了污染物排放标准内容的科学性以保证环境质量标准的实现，后者则决定了污染物排放标准内容的可行性保证了污染物排放标准能够得以实施。在我国现有污染物排放标准的制定过程中，一方面，过于强调标准的可行性而忽略了标准的科学性；另一方面，对于标准可行性的考量也缺乏系统性。两者导致即使严格执行现有的污染物排放标准，也无法保证环境质量标准的实现，致使"保护和改善环境"目的的最终落空。《国家生态环境标准管理办法（征求意见稿）》第 17 条规定制定不同类型污染物排放类标准时，分类设置社会技术经济可行性的衡量标准，体现出未来污染物排放类标准制定过程中，将更加细致、精确地考量社会技术经济可行性要素。故而，在未来修改具体法律规范时，应当明确区分对科学性和可行性的考察，并且在保证内容科学性的前提下兼顾现实可行性的基本理念，并借鉴域外先进经验构筑系统化、体系化的可行性评价体系。[1]

---

[1]　美国《清洁空气法》中就对不同类型的排放标准，设置了不同技术经济可行性要求。在实施"防止显著恶化制度"（Prevention of Significant Deterioration, PSD）时，对新的主要排放设施所实施的标准就要求运用"最佳可用技术"（Best Available Control Technology, BACT），而《有毒空气污染物国家排放标准》就要求运用"最大可达控制技术"（Maximum Available Control Technology, MACT）。参见《清洁空气法》（CAA）第 112 条（g）款（2）项、第 165 条（a）款。

三　开放且有序：环境标准制定程序的补强

环境的公共性、环境问题的公害性和环境保护的公益性决定了环境保护根本上需要公众的参与，[①]正如日本著名学者原田尚彦所言，"环境标准的决定，可以说依据科学的专门性判断的成分是很大的，但同时，政策性选择的余地也是很大的，因此，环境标准的设定，有必要通过民主讨论的过程反映民意从而授予其应有的正当性"[②]。进而指出，环境标准的制定要么应当作为立法机关（民意代表机构）的决定事项，要么经过公共代表团体和其他利害关系人的公开听证决定。[③]环境标准本身就是以环境基准为依据，结合现有技术条件、经济发展水平、环境状况，在经过利益衡量和妥协之后的产物，具有天然的利益冲突的特征。[④]但在我国现有体制下，环境标准的制定不具备由权力机关承担的条件。因此，在环境标准制定的过程中如何在具体程序中融入公众参与及公众意见的表达环节将成为环境标准制定程序完善的核心内容。

（一）环境标准制定公众参与不足的制度成因

根据政策制定过程中公众参与的一般理论，依照参与目的的不同可以将公众参与分为公众以获取信息为目的的参与和以增强可接受性为目的的参与。[⑤]两种不同类型的参与之间存在支撑与被支撑的关系，公众能够有效获取相关的决策信息是有效参与公共决策的前

---

① 参见李艳芳《公众参与环境保护的法律制度建设——以非政府组织（NGO）为中心》，《浙江社会科学》2004 年第 2 期。

② ［日］原田尚彦：《环境法》，于敏译，法律出版社 1999 年版，第 73 页。

③ 同上。

④ 参见白贵秀《基于法学视角的环境标准问题研究》，《政法论丛》2012 年第 3 期。

⑤ 参见［美］约翰·克莱顿·托马斯《公共决策中的公民参与》，孙柏英等译，中国人民大学出版社 2010 年版。

提，而有效参与公共决策则是决策可接受性的源泉。因此，系统性的公众参与制度的设计，应当主要关注公众信息获取和公共参与决策两个方面，前者具体包括信息公开的范围、方式以及对象等因素，后者则包括参与决策的环节、方式以及效果等因素。现阶段，我国有关环境标准制定过程中公众参与的相关规则集中于《制修订管理办法》中，具体规则存在以下三个方面的不足：

第一，环境标准制定程序中公众参与制度的设计缺乏系统性，呈现出片面化、碎片化的问题。环境标准的制定过程是一个系统性的工作，不同步骤与不同标准的制定存在系统性和关联性。加拿大在设计环境标准的制定程序时，就充分体现了前述系统性和关联性，其将环境标准的制定区分为四个步骤：（1）设定规制目标；（2）确定环境基准；（3）建立环境质量标准；（4）制定排放标准。[1] 并在设定规制目标、建立环境质量标准和制定排放标准三个涉及政治选择和价值判断的步骤中，有针对性地设置了不同的公众参与程序，以充分掌握涉及环境标准制定的公众意见。[2] 相比而言，由于我国现有的环境标准制定程序缺乏整体性的系统规划，导致相关的公众参与程序分散于具体制定环节中，呈现出片面化、碎片化的问题，直接影响了公众参与的实际效果。

第二，环境标准制定程序中保障公众知情权的信息公开制度薄弱。《制修订管理办法》在第 48 条对有关环境标准制定宣传教育工作的规定中，涉及了部分信息公开制度。从具体规则来看，其重点在于对已经生效、正在实施的环境标准的宣传工作，并且内容也仅限于对标准文本的公开、对标准的解读等，其目的主要在于使公众充分了解现行生效的环境标准。对于制定中的环境标准，仅强调

---

① Galetf, Haley D., *Setting the Standard*, Vancouven：U. B. C. Press，2008，p. 189. 转引自王彬辉《加拿大环境标准制定程序及对中国的启示》，《环境污染与防治》2011 年第 3 期。

② 参见王彬辉《加拿大环境标准制定程序及对中国的启示》，《环境污染与防治》2011 年第 3 期。

"对重大标准的制定修订，应加大标准信息公开力度，在报纸或网络上刊发标准征求意见稿及编制说明，加强公众参与，广泛听取意见"。可见，现有信息公开制度对于制定中的环境标准，在公开的内容、公开的形式以及公开的对象等方面仍存在诸多的局限和缺失。信息公开机制的不足直接导致公众参与环境标准制定丧失基本的信息基础，使得有效的公众意见表达和参与决策成为"无源之水、无本之木"。

　　第三，环境标准制定程序中保障公众参与权的参与决策制度局限。《制修订管理办法》第 36 条规定，在环境标准征求意见稿通过技术审查后，由负责组织标准制定修订的归口业务司，开展公开征求意见工作，向社会公众及各有关单位征求意见。一般情况下，征求意见时间为 1—2 个月，如果系重大标准可多次征求意见，在必要时可召开听证会或座谈会。若征求意见结束后 18 个月未发布的，需重新征求意见。《制修订管理办法》虽然对环境标准征求意见的相关工作进行了较为详细的规定，但仍未能明确公众表达意见的方式以及如何保障公众的意见被慎重地考虑。① 而在最新公布的《国家生态环境标准制修订工作管理办法（征求意见稿）》中，并未对征求意见程序进行实质性完善，仅仅结合编制程序的修改，对重新征求意见的情形进行了调整。② 此外，从整体环境标准制定过程而言，在征求意见稿阶段的参与决策处于末端，在制度上缺乏使公众能够提前参与环境标准制定的机制。③ 正是由于公众参与渠道的不通畅以及公众参与阶段的末端性，一方面，导致现阶段环境标准的制定过程被专家和利益集团所主导；④ 另一方面，客观上减少了公众提出建议

---

　　① 参见施志源《环境标准的现实困境及其制度完善》，《中国特色社会主义研究》2016 年第 1 期。

　　② 参见《国家生态环境标准制修订工作管理办法（征求意见稿）》第 38 条。

　　③ 参见张晏、汪劲《我国环境标准制度存在的问题及对策》，《中国环境科学》2012 年第 1 期。

　　④ 同上。

和维护自身权益的可能，加剧了公众对环境标准制定决策的质疑①。最终导致现有环境标准深陷"合理性"被质疑的泥潭。

（二）补强环境标准制定公众参与的完善路径

环境标准的制定本质上属环境行政决策，而公众参与行政决策程序是维护决策正当、权威、被认可的必要性条件。② 补强环境标准制定公众参与的目的在于增强在环境标准制定过程中涉及价值判断决策的民主性，进而使得公众充分认可环境标准内容的"合理性"。但是如果过度强调公众参与，不对公众参与的界限加以明确，则可能导致公众参与泛滥和无序，进而造成环境标准制定活动的低效。因此，在补强环境标准制定公众参与的过程中，应当确立"开放且有序"的目标，在保障充分参与提升环境标准"合理性"的同时，通过有序参与保证环境标准制定活动的有效性。

首先，应当从整体性的角度厘清环境标准制定过程中的各个阶段，仔细甄别存在明确价值判断和政治选择的阶段，以确定公众参与的各个环节。在环境标准的制定过程中，第一步应当充分地评估现阶段的生态环境状况，并结合现有科学技术水平和社会经济承受能力以确定环境标准的规制目标；第二步应当是通过科学基准研究确定人类活动对生态环境及公众健康的不良影响；第三步则是根据整体环境标准的规制目标和环境基准制定环境质量标准；第四步为依据环境质量标准结合污染治理技术等因素确定污染物排放标准。在上述四个步骤中，除了通过科学研究确定人类活动对环境不良影响的步骤不涉及价值判断和政治决策外，其他三个步骤都存在复杂的利益衡量、权衡冲突的决策过程，因此

① 参见秦鹏等《环境治理公众参与的主体困境与制度回应》，《重庆大学学报》（社会科学版）2016 年第 4 期。

② 参见周珂、史一舒《环境行政决策程序建构中的公众参与》，《上海大学学报》（社会科学版）2016 年第 2 期。

应当在确定规制目标、制定环境质量标准和确定污染物排放标准三个阶段中嵌入公共参与机制。但需要注意的是在不同步骤，公众参与机制发挥的功能并不相同。在确定规制目标的步骤中，公众参与机制主要发挥价值选择的功能，虽然科学技术可以指导环境标准规制目标的选择，但最终环境标准规制目标的确定和选择是价值判断的问题；① 而在制定环境质量标准和污染物排放标准的步骤中，公众参与机制主要发挥权力监督的功能，即确保经公众参与确定的环境标准规制目标，能够通过具体的标准规定得以实现。此外，需要明确的是由于公众参与的"公众"包括"有利害关系的公众"和"无利害关系的公众"两种不同的主体，这两种类型的主体的参与权利和具体规则应有所不同。② 因此，在三个阶段中所涉及不同类型利益冲突时，应当区别对待"有利害关系的公众"和"无利害关系的公众"。

其次，应当构建全面的环境标准制定信息公开制度。公众能够获得有关环境标准制定的信息是实现有效参与决策的基础，因此全面的环境标准制定信息公开制度是整个环境标准公众参与制度的逻辑起点和支撑。针对我国现有制度中环境信息公开制度存在的问题，应当从公开内容的扩充、公开方式的多元以及公开对象的开放三个方面予以完善。第一，应当扩充环境标准制定信息公开的内容，突破现有仅公开现行标准及重大标准征求意见稿的限制，全面公开前述三个涉及价值判断及政治决策阶段的环境标准制定信息。第二，多元化运用传统及现代信息公开手段，为了扩大信息受众可以通过各类新兴网络平台，如官方微博、微信公众号等网络渠道推送相关信息公开内容，同时注重运用传统的公文等手段有针对性地向专业

① 参见刘卫先《科学与民主在环境标准制定中的功能定位》，《中州学刊》2019 年第 1 期。

② 参见徐以祥《公众参与权利的二元性区分——以环境行政公众参与法律规范为分析对象》，《中南大学学报》（社会科学版）2018 年第 2 期。

性机构发布相关信息。第三，我国信息公开的对象大多局限于利害关系人，容易剥夺公众在涉及环境保护等具有较强公共性事务中的知情权。[①] 因此，在环境标准制定过程中应当扩张信息公开的对象，广泛地向社会公众公开相关信息。但鉴于前述"有利害关系的公众"的特殊地位，故而针对诸如污染物排放标准中涉及的利害关系人等"有利害关系的公众"时，应该明确其在公众参与中的特殊地位、强化知情权的保障。

最后，应当有针对性地设计环境标准制定参与决策制度。公众能够实质参与到环境标准制定的过程中，并且能够在其意见合理的情况下对环境标准的制定结果产生实质性的影响，是实施环境标准公众参与机制的根本目的。有效地参与决策制度就是保障公众实质参与和意见有效发表的支撑，因此完善的环境标准制定参与决策制度是整个环境标准公众参与制度的最终归宿。针对我国现有制度中存在的问题，应当从参与环节的扩张、参与方式的多元以及参与效果的明确三个方面予以完善。第一，应当将参与环节从现有的环境标准征求意见稿阶段，扩张至环境标准制定规划及目标形成阶段。参与环节的前置有利于从环境标准的目标确定开始保证环境标准的正当性，以提高公众对环境标准合理性的认可。第二，应当适当提升环境标准参与决策过程中"座谈会"和"听证会"的地位。因为在公众参与的过程中涉及"无利害关系的公众"和"有利害关系的公众"两类主体，针对前者一般的公开征求意见制度基本能够满足公众参与的诉求；但针对后者应当充分运用"座谈会"和"听证会"等信息交流更加充分和深入的参与形式，以满足"有利害关系的公众"更加强烈的利益诉求。第三，应当强化对于公众意见的参考和反馈制度。虽然公众在环境标准参与过程中所提出的意见和诉求，不应当完全地体现在环境标准的内容之中，但是在标准制定的过程中应当充分地收集并反馈相关信息。

---

① 参见王文革《论中国环境知情权法律保护现状、问题及完善对策》，《内蒙古社会科学》（汉文版）2009 年第 4 期。

为实现更加充分的反馈，应当着力在环境标准制定修订说明中对相关意见进行反馈，充分说明采纳或者不予采纳相关意见的理由。具体而言，可依托《制修订管理办法》所确立的反馈意见处理制度，探索通过公开《国家环境保护标准征求意见情况汇总处理表》的方式，在改变现有意见反馈不充分，影响公众对环境标准合理性认识现状的同时，加强对意见征求过程的监督。

第三节　环境标准修订制度的构建

从前述对环境标准修订制度虚位的分析中不难发现，构建环境标准修订制度的目的在于避免环境标准的合理性因为与社会现实的脱节而逐渐丧失。此外，由于长期以来我国关于环境质量状况调研、环境基准研究等环境标准制定的基础性领域的建设较为薄弱，致使环境标准的制定存在"反向规制"的特征，即在没有掌握充分和具有确定性的证据时，首先沿用国际组织标准或发达国家标准，在实施规制过程中通过后续的实践不断修正和完善标准。[①] 综合两方面的考量，在构建环境标准修订制度的过程中，应当着重关注对于环境标准在实施过程中内容合理性的评估，以及在评估过后对存在的问题予以及时回应。针对后一问题，在《标准化法》修订之前，虽然所有涉及环境标准制定修订的法律规范中，均规定了标准制定机关适时复审的义务，却仅有《标准化法实施办法》中明确规定了 5 年的复审周期。虽然规定了复审周期，但没有形成对环境标准实施效果进行适时评价的有效制度，致使许多环境标准难以得到及时修订。[②] 在未来完善环境标准制定修订法律制度的过程中，建立环境标

---

① 参见韦敏、蔡仲《规制性科学视角下我国 PM2.5 标准制定中的"反向规制"》，《科学学研究》2016 年第 11 期。

② 参见白贵秀《基于法学视角的环境标准问题研究》，《政法论丛》2012 年第 3 期。

准修订制度保障环境标准的及时更新和动态调整已成为学界的共识。① 为了全面解决上述问题，最新修订的《标准化法》第29条确立了以强制性标准实施情况统计分析报告制度以及标准实施信息反馈和评估机制为基础的、周期明确的定期复审制度。② 立法的修改虽然在一定程度上对原有羸弱的标准修订制度进行了强化，但相关法律规范仍然较为抽象，还未形成体系化的实施评估机制和定期复审制度。因此，未来仍需要进一步对实施评估和定期复审制度加以精细化和体系化。

一　实施评估制度：环境标准修订的逻辑起点

科学技术水平自身的不断发展和社会状况的不断变化，就对环境标准规范自身的科学性产生了威胁，就要求环境标准规范的内容需要不断更新以适应客观实际情况，而及时更新环境标准规范的内容则有赖于准确把握现行环境标准的实施情况。因此，建立全面、系统的环境标准实施评估制度是及时、准确修订环境标准的逻辑起点。

（一）强制性标准实施后评估制度确立的背景

源于环境法自身存在的变动性特征，在整个法律体系中环境法成了立法后评估的优先行动领域；③ 而以技术要求为核心的环境标准则具有更为突出的变动性特征，故而更加需要实施后评估制度以保障

---

① 参见张晏、汪劲《我国环境标准制度存在的问题及对策》，《中国环境科学》2012年第1期；蒋莉、白林《关于完善我国环境标准体系的若干思考》，《理论导刊》2012年第5期；施志源《环境标准的现实困境及其制度完善》，《中国特色社会主义研究》2016年第1期。

② 《中华人民共和国标准化法》第29条："国务院标准化行政主管部门和国务院有关行政主管部门、设区的市级以上地方人民政府标准化行政主管部门应当建立标准实施信息反馈和评估机制，根据反馈和评估情况对其制定的标准进行复审。标准的复审周期一般不超过五年。经过复审，对不适应经济社会发展需要和技术进步的应当及时修订或者废止。"

③ 参见周珂、张卉聪《论我国可持续发展法律后评估》，《上海大学学报》（社会科学版）2013年第5期

其及时地检验与更新。2017 年 11 月 4 日修订通过的《标准化法》第 29 条规定："国家建立强制性标准实施情况统计分析报告制度。国务院标准化行政主管部门和国务院有关行政主管部门、设区的市级以上地方人民政府标准化行政主管部门应当建立标准实施信息反馈和评估机制。"这标志着强制性标准实施后评估制度（以下简称"实施后评估制度"）的建立，建立强制性标准实施后评估制度是我国标准化法律制度在新社会背景下，对新时期标准化工作要求的积极回应。

首先，我国标准化法律制度整体上经历了"从无到有""巩固提高""转型升级""谋求突破"四个阶段。[①] 此次《标准化法》的修订，标志着标准化法律制度的发展进入了"谋求突破"的全新阶段，意味着标准化工作重心从制定标准转向优化标准。在此背景下，实施后评估制度必不可少。其次，"标准冲突"现象越来越普遍，需要积极回应标准在实施过程中发生的"标准冲突"。自 1989 年《标准化法》颁布以来，我国颁行了大量的标准规范，源于标准制定部门的多元性、新老标准衔接的不畅，导致不同标准之间存在冲突，而这种冲突往往只有在标准实施过程中才能显现，因此实施后评估制度是协调相关冲突的重要保障。再次，标准内容与现实生活脱节，需要确保标准与社会现实生活之间的协调。以环境标准为例，正如本章第一节的统计结论，现行环境质量标准和污染物排放标准均存在长期未予修订的情形，这意味着现行强制性环境标准存在与现实需求脱节的客观情况。但具体情况需要通过实施后评估制度予以准确把握，以保证后期的复审、废除、修订等工作的有序开展。最后，实践是检验标准内容质量的根本依据，对标准实施实际效果的评估是科学评价标准内容质量的必备手段。只有科学全面地对标准实施效果进行评估，才能准确评价标准内容的实际质量，以便更好地指导和推进标准的制定修订工作。

---

① 参见蓝麒、刘瑾《标准化法的变迁与演进——新制度经济学视角的观察》，《河南财经政法大学学报》2017 年第 3 期。

如本书第一章所述，我国现已进入以风险社会为特征的后工业时代，而环境法与环境标准的融合正是为了回应后工业时代的环境风险。有学者指出，在后工业时代标准化法的核心结构从工业时代的"制定、实施、监督"三环节，转向"制定、实施、监督、评估"四环节，并指出应对风险的核心在于评估，评估应当在标准化法律体系结构中具有更重要的作用。[①] 虽然笔者认为评估不应当独立于三大环节，而应当贯穿于三大环节，但前述观点揭示了评估在后工业时代标准化法，尤其是环境标准法律制度中的重要地位。一方面为了更好地与修订后的《标准化法》相衔接，另一方面为了满足实践中对于环境标准实施后评估的需要，《国家生态环境标准管理办法（征求意见稿）》在第八章对"标准实施评估"的相关内容进行了规定。可见，生态环境主管部门已经意识到实施评估在整体环境标准法律制度体系中的重要地位，并尝试在即将到来的立法修改中予以确认。不难发现，结合环境标准自身的特点，将评估制度中重要的实施后评估制度确立于环境标准领域，对于环境法与环境标准的融合有着极为重要的意义。

（二）环境标准实施后评估制度的功能定位

环境标准实施后评估制度是《标准化法》修改后所确立的新制度在环境标准领域的具体体现，现阶段立法和理论中尚无对强制性标准评估的概念界定。但环境标准本质上属于规则的具体类型，对于强制性标准实施后评估概念的界定，可以借鉴现已研究较为成熟的立法后评估的概念界定。一般认为，立法后评估是指法律实施一定阶段后，对法律的功能作用、实施效果进行评价，进而对立法质量、价值进行评价的活动。[②] 借鉴此概念，可以将环境标准实施后评

---

① 参见李容华《后工业社会背景下我国〈标准化法〉的修改》，《河南财经政法大学学报》2017 年第 3 期。

② 参见周旺生、张建华主编《立法技术手册》，中国法制出版社 1999 年版，第499 页。

估界定为，在特定类型的环境标准实施一定阶段后，由法定评估主体对环境标准的功能作用、实施效果进行评价，进而对环境标准的制定质量、价值进行评价的活动。环境标准实施后评价制度，则是保障前述活动合法、有序开展的法律规范的总称。

　　同样，环境标准实施后评估制度也有着与立法后评估制度相似的功能，一般认为立法后评估制度具有立法完善、资源配置、责任约束、公众参与、法律宣传以及执法监督六项功能。立法完善功能即根据评估得出的科学结论，指导对立法进行保留、修改和废止等进一步的工作；资源配置功能即促进立法者更加注重立法的实施效果，以更加高效地利用有限的立法资源、增强立法实效；责任约束功能即评价结果可以有效反映立法权运行的状况，避免立法权的滥用和不作为，并为进一步的责任追究提供依据；公众参与功能即在评价过程中通过问卷调查、实地调研等方式听取公众意见，鼓励公众参与公共事务、巩固公众对立法机关的信任；法律宣传功能即在评估走访中，使公众广泛地学习法律、了解法律，最终实现对于法律的宣传；执法监督功能即在立法评估的过程中除了可以发现立法本身存在的问题外，还可能发现执法过程中存在的问题进而起到监督执法的作用。① 前述对于立法后评估制度功能的分析，基本反映了该制度的实际情况，但存在分类过于细碎的问题。具言之，资源配置和责任约束根本上是监督约束功能的两个面向，通过评估可以反映权力运行中的具体情况，一方面对权力运行形成事后的监督；另一方面对权力形成事前的约束督促其高效地运行。此外，法律宣传功能实质上是公众参与功能的必然要求，根据参与阶梯理论知情是参与的前提和基础，② 法律宣传功能只是公众参与功能的具体体现。

　　在总结借鉴立法后评估制度功能的基础上，可以将环境标准实

---

　　① 参见汪全胜等《立法后评估研究》，人民出版社 2012 年版，第 48—52 页。

　　② 参与阶梯理论的论述可参见 [美] 约翰·克莱顿·托马斯《公共决策中的公民参与》，孙柏英等译，中国人民大学出版社 2010 年版。

施后评估制度的功能概括为标准完善功能、制定监督功能、公众参与功能和实施监督功能。首先，标准完善功能主要强调通过环境标准实施后评估制度，全面、客观地掌握环境标准的实践运行状况，发现环境标准本身存在的问题，为环境标准的复审以及后续完善工作提供决策依据。其次，监督约束功能主要强调通过环境标准实施后评估制度，了解环境标准制定（修订）权的运行情况，一方面避免权力滥用和不作为；另一方面督促权力高效地行使和运用。再次，公众参与功能主要强调使公众能够全面积极地参与到标准的评估工作中，一方面使公众能更加充分地学习、了解环境标准；另一方面获得更多的公众意见，进而为最终的决策提供更加充分的依据。最终，实施监督功能主要通过对环境标准运行情况评估，间接了解环境标准在执法、司法等实施过程中的适用情况，进而发现执法、司法环境可能存在的问题，最终在完善环境标准本身的同时，也提升环境标准的有效性和实施效果。

（三）环境标准实施后评估制度的基本框架

源于环境标准实施后评估制度的新生性，对于其基本制度框架的确定和设计仍需借鉴立法后评估制度的相关理论和经验。根据现有立法后评估制度的研究成果，立法后评估制度主要由以下部分构成：一是立法后评估主体制度，该制度主要明确立法后评估活动参加者以及各类型参加者在评估工作中的定位；二是立法后评估对象制度，该制度主要明确评估对象，具体涉及评估对象的范围、类型以及选择标准等内容；三是立法后评估程序制度，该制度主要明确立法后评估的准备、启动、实施、回应等各个环节所应遵循的程序；四是立法后评估内容制度，该制度主要明确包括立法合宪性、合法性、合理性以及立法技术等立法后评估的具体内容和标准；五是立法后评估回应制度，该制度主要明确立法后评估的结果与后续修改、废止等立法活动之间的关联性。[①]

_____

① 参见汪全胜等《立法后评估研究》，人民出版社 2012 年版，第 52—417 页。

从理论上来看，同为规范性文件实施后评估制度的环境标准实施后评估制度，也应当由以上五个部分的制度构成，结合《标准化法》的具体条文来看，现有条文已经对环境标准实施后评估对象制度和回应制度已经有了较为清晰的规定。《标准化法》第 29 条第 2款规定，相关主管部门应当建立标准实施信息反馈和评估机制。具体到环境标准领域评估所指向的对象包括：国家环境质量标准、国家污染物排放标准、国家环境监测方法标准、国家环境样品方法标准、国家环境基础标准、地方环境质量标准和地方污染物排放标准共七个类型的环境标准；而《生态环境标准管理办法（征求意见稿）》则根据生态环境标准最新类型划分确定了评估对象，并明确与强制性标准配套的推荐性标准，一般与强制性标准同步开展实施后评估。[①] 因此，现有立法已经相对清晰地对环境标准实施后评估的对象进行了界定。另外，《标准化法》第 29 条明确，需要根据反馈和评估情况对其制定的标准进行复审，并且根据复审情况对标准是否需要修改、废止做出决定，因此，环境标准后评估回应制度就具体体现为定期复审制度。综上，在此主要针对评估主体制度、评估程序制度以及评估内容制度加以分析。

1. 环境标准实施后评估主体制度

环境标准实施评估主体是指组织、实施、参与环境标准评估的个人、团体和组织。在借鉴立法评估的研究成果后，笔者认为环境标准实施评估后的主体，根据其具体身份不同分为：内部评估主体、独立第三方、利益相关主体以及社会公众四类主体。[②] 而根据在环境标准实施后评估中具体地位的不同，则可以将参与主体区分为组织者、实施者和参与者。首先，组织者包括环境标准的制定主体，即国务院生态环境主管部门和省、自治区、直辖市人民政府；以及其

---

① 参见《国家生态环境标准管理办法（征求意见稿）》第八章。
② 有关四类主体的详细介绍可参见汪全胜《论立法后评估主体的建构》，《政法论坛》2010 年第 5 期。

他法定主体，即地方人民政府生态环境主管部门。① 其次，实施者主要为环境标准制定修订的具体负责部门，甚至有学者认为相应的实施后评估应成为起草单位的义务和责任。② 为了进一步明确环境标准实施评估的具体实施主体，《国家生态环境标准制修订工作管理办法（征求意见稿）》规定，生态环境部法规与标准司负责具体组织国家生态环境标准的实施评估工作，③ 生态环境部环境标准研究所则负责具体开展国家生态环境标准实施评估工作④。但从评估机制的监督约束功能来看，前述主体实施的自我评估难免影响评估结果的公信力。为保证标准实施评估工作的公正性，美国《清洁空气法》（CAA）第 109 条（b）款（2）项就通过设置法定的专家委员会负责评估标准的实施情况，并且基于评估情况向联邦环保局提出相关修订的建议。因此，引入独立第三方评估机构，使其参与评估的具体实施过程，系保证实施评估过程公正客观的有效路径。最后，参与者的结构则较为复杂，应当分为三个层次：一是作为环境标准实施主体的参与者，环境标准实施后评估的目的就是了解其实施效果，因此相关实施主体的参与是保证相关信息真实有效的首要保障。二是作为环境标准规制对象的利益相关者，环境标准实施的根本目的就是规制相关影响生态环境状态的行为，避免生态环境损害。因此，环境标准对相关行为的规制效果是环境标准实施效果的直接体现，利益相关者的参与是评估信息完整性的保障。三是作为环境标准实施利益关联者的社会公众，环境标准的实施直接关系环境公共利益的保护，因此了解社会公众对于环境标准实施情况的意见是环境保护公共性的必然选择。但需要明确的是因三者在参与过程中的利益相关程度不同，因此需要对三

---

① 参见《生态环境标准管理办法（征求意见稿）》第 47 条。

② 参见彭本利《完善我国环境标准制定程序的立法建议》，《玉林师范学院学报》2008 年第 2 期。

③ 参见《国家生态环境标准制修订工作管理办法（征求意见稿）》第 8 条。

④ 参见《国家生态环境标准制修订工作管理办法（征求意见稿）》第 10 条。

者在参与评估中的权利（权力）义务（职责）予以区别性配置。

2. 环境标准实施后评估程序制度

与立法后评估制度相似，环境标准实施后评估程序制度也应当包括：评估活动准备和启动环节、评估活动实施环节以及评估报告应用环节。[①]评估活动准备和启动环节主要包括：评估对象的选择、评估主体的确定、评估启动时间的选择以及评估方案的设计四个主要步骤，结合《标准化法》的规定，此环节的活动应当由制定主体组织，必要的时候由第三方评估机构承担具体工作。此外，《标准化法》中对于实施后评估制度的设计与定期复审制度一脉相承，评估活动的主要目标就是为定期复审提供可供参考的依据，因此评估的启动时间应当也以标准实施后的五年为周期展开，而五年的评估周期也在《生态环境标准管理办法（征求意见稿）》中一脉相承。评估活动实施环节主要包括：评估信息的收集、评估信息的整理和分析、形成评估结论及报告、评估报告公布四个步骤，其中评估信息的收集除了需要组织者和实施者参与外，还需要环境标准的实施主体、环境标准规制对象的利益相关者以及社会公众的共同参与，以全面展现环境标准在实施过程中的真实状况。而对于评估信息的整理和分析、形成评估结论及报告、评估报告公布三个步骤，评估活动的组织者必须充分尊重评估活动的实际实施者，以保证评估结论的科学、合理、客观，并通过评估报告公开对整体评估实现系统地监督约束。在评估报告应用环节，实质上就是依据评估报告对环境标准展开定期复审，在此环节中应当充分尊重评估结论，合理地作出复审结论。

3. 环境标准实施后评估内容制度

此部分制度是环境标准实施后评估制度中与立法后评估制度差异最大的部分，有学者认为，立法后评估内容制度主要包括：合宪

[①]　有关立法后评估程序的详细论述，可参见汪全胜等《立法后评估研究》，人民出版社 2012 年版，第 162—191 页。

性评估、合法性评估、合理性评估、立法技术评估以及可操作性评估五个部分。① 虽然环境法与环境标准均属于行为规则的范畴，两者相比较而言，环境法律则属于价值性规则，而环境标准更偏向于技术性规则。对于环境标准的评估则更加关注环境标准中的技术规则在现有科学技术水平下是否合理、能否达到制定时所设定的技术目标等内容。因此，笔者认为环境标准实施后评估内容制度应当包括合法性评估、合理性评估、制定技术评估三个方面的内容。合法性评估主要关注环境标准制定权、制定程序和制定内容的合法性；合理性评估虽然也包括对制定权、制定程序的合理性评估，但核心在于对内容合理性的评估，其主要涉及环境标准的科学性、系统性和适用性三个方面的内容，② 重点关注环境标准的具体内容是否与现有科学技术水平存在脱节、环境标准的具体内容在实施过程中能否实现保护和改善环境的目标、能否满足保障人体健康的基础性要求；制定技术评估则主要关注环境标准的形式结构、实质结构以及语言文字表达等要素。

二　定期复审制度：环境标准修订的内部约束

在环境标准制定修订法律制度中建立定期复审制度的目的在于确保现行有效的环境标准规范文件内容的合理性。源于环境标准在制定过程需要以一定历史阶段的经济、社会状况作为具体标准内容设定的考量因素，故而环境标准本身具有时效性的特征。由于整体社会在不断进步和发展，进而造成部分仍在适用的环境标准规范文件的内容与现阶段经济、社会状况脱节，正是为了解决环境标准的时效性特征与社会发展变化性特征之间的冲突，建立定期复审制度

---

① 参见汪全胜等《立法后评估研究》，人民出版社 2012 年版，第 199—270 页。
② 参见《生态环境标准管理办法（征求意见稿）》第 46 条。

以保证环境标准的时效性是各国通例，① 例如：美国《清洁空气法》（CAA）规定，联邦环保局应当以五年为审查周期，并结合最新科学研究成果及时更新标准数值以及《国家环境空气质量标准》（NAAQS）。② 但在我国环境标准法律制度发展及环境标准规范体系建立的过程中，呈现出"重制定轻修订，重有无轻质量"的特点，致使我国环境标准制定修订法律制度中的定期复审制度长期处于"语焉不详、内容缺失"的状态，直接导致环境标准规范处于大规模的超期服役和内容滞后的状态。故而需要立足定期复审制度的功能定位，审视现有制度存在的缺陷，进而有针对性地完善环境标准制定修订法律制度中的定期复审制度，进而保证环境标准规范文件内容的合理性。

（一）定期复审制度的功能定位

1. 确保环境标准内容的合理性

整体环境标准制定修订法律制度的根本目的就在于确保环境标准规范内容的合理性；环境标准制定法律制度着眼于在环境标准制定过程中，通过确保制定主体的权威中立、制定依据的科学有效、制定程序的公开民主，以保障环境标准规范内容在制定过程中的合理性；环境标准修订法律制度则着眼于环境标准规范内容本身时效性和社会变化性之间的冲突，通过对现行环境标准实施状况的评估、环境标准内容的复审以及必要时对环境标准的修订，保证环境标准内容与社会发展阶段的契合性，最终保证环境标准内容在实施过程中的合理性。

2. 增强环境标准修订的预见性

环境标准本身虽然不是法律规范，但其通过与环境法的融合在

---

① 参见黄锡生、谢玲《论环境标准制度中"日落条款"的设置》，《重庆大学学报》（社会科学版）2016 年第 1 期。

② 参见吕忠梅、杨诗鸣《控制环境与健康风险：美国环境标准制度功能借鉴》，《中国环境管理》2017 年第 1 期。

事实上划定了社会主体的行为界限、明确了义务边界，因而社会主体对环境标准内容本身存在一种稳定性的预期；然而，由于环境标准内容时效性的特征，为了保证环境标准内容的合理性，就要求环境标准需要随着社会的发展和技术的进步而适时修改。因此，环境标准修订法律制度需要缓和前述环境标准稳定性和变动性之间的冲突，而定期复审制度就通过增强环境标准修订的可预见性来平衡前述冲突。一方面，对于环境标准的规制对象（主要是企业）来说，定期复审制度通过明确复审周期，事实上体现出对环境标准更新时间的可预期性，同时也在该时间段内赋予了环境标准的稳定性。这种可预期性和稳定性就保障了企业在开展生产经营活动的过程中可以有计划地根据环境标准更新的周期，对其生产工艺和技术水平进行有序的改进，从而避免非常规性的标准修订造成的违法风险。另一方面，对于环境标准的制定、修订主体来说，定期复审制度的建立意味着在环境标准的制定之初，就预见了因科学技术的进步性和社会状况的变动性造成的环境标准实施效果的不确定性，因而需要使制定、修订主体，有计划地开展环境标准修订（废止）工作。

3. 强化环境标准修订的正当性

在我国现行制度背景下，环境标准的审查修订依靠外部的非常设性因素推动（如回应某些重大环境污染事件、政府部门集中清理），① 现有审查修订制度本质上依赖某一偶发性环境或行政事件，这种偶发性的环境标准审查修订，不可避免地带有随意性、偶然性，而这种随意性和偶然性直接影响了环境标准审查修订的正当性。在后评估制度支撑下的定期复审制度，能够通过内部规则常态化地促使有关主体对环境标准内容的合理性、有效性进行审查。首先，确保及时发现因时效性造成现行环境标准的滞后，在因环境标准滞后造成累积性问题之前进行事前的预防和控制。其次，保证对现行环

---

① 参见黄锡生、谢玲《论环境标准制度中"日落条款"的设置》，《重庆大学学报》（社会科学版）2016 年第 1 期。

境标准的持续性关注和评估，能够更为全面地了解现行环境标准存在的问题，为环境标准的修订提供更为充分的依据和支撑。最后，减少环境标准修订程序的随意性和偶然性，规范的定期复审制度能降低修订决策的随意性、增强修订程序的正当性，即使在定期审查后的结果是现有环境标准继续实施，该结论也是建立在谨慎审查的基础之上。

表4-2   **定期复审制度现行法律规范条文统计**

规范名称及颁布修订时间	条文	具体内容
《标准化法》 颁布时间：1988.12.29	第13条	标准实施后，制定标准的部门应当根据科学技术的发展和经济建设的需要适时进行复审，以确认现行标准继续有效或者予以修订、废止
《标准化法实施条例》 颁布时间：1990.04.06	第20条	标准实施后，制定标准的部门应当根据科学技术的发展和经济建设的需要适时进行复审。标准复审周期一般不超过五年
《环境标准管理办法》 颁布时间：1999.04.01	第15条	国家环境标准和国家环境保护总局标准实施后，国家环境保护总局应根据环境管理的需要和国家经济技术的发展适时进行审查，发现不符合实际需要的，应予以修订或者废止。 省、自治区、直辖市人民政府环境保护行政主管部门应根据当地环境与经济技术状况以及国家环境标准、国家环境保护总局标准制（修）订情况，及时向省、自治区、直辖市人民政府提出修订或者废止地方环境标准的建议
《标准化法》 修订时间：2017.11.04	第29条	国家建立强制性标准实施情况统计分析报告制度。 国务院标准化行政主管部门和国务院有关行政主管部门、设区的市级以上地方人民政府标准化行政主管部门应当建立标准实施信息反馈和评估机制，根据反馈和评估情况对其制定的标准进行复审。标准的复审周期一般不超过五年。经过复审，对不适应经济社会发展需要和技术进步的应当及时修订或者废止

（二）定期复审制度的现有缺陷

从表4-1中不难发现我国环境标准定期复审制度在相关法律法规中经历了20多年的发展，从《标准化法》中概括性的规定"应当适时复审并予以确认或及时修订、废止"，到《标准化法实施条例》中明确"复审周期一般不超过五年"，再到《环境标准管理办法》中在沿袭适时复审的基础上，明确省级环保部门对省级人民政府修订、废止地方环境标准的建议权，最终到修订后的《标准化法》确立以实施情况统计分析报告制度、标准实施信息反馈和评估机制为基础的、以五年为复审周期的定期复审制度。

从前述定期复审制度的演进历程来看，我国标准化法律制度体系中的定期复审制度已经初步形成。首先，定期复审的主体。现行规范原则上将定期复审的实施主体确定为环境标准的制定主体。此外除了明确定期复审的实施主体外，《环境标准管理办法》还赋予了省级人民政府环境保护主管部门针对地方环境标准的修改建议权。① 《生态环境标准管理办法（征求意见稿）》则沿袭了这一做法，并进一步将享有修改建议权的主体扩张至地方人民政府环境保护主管部门，并将修改建议的对象扩展至国家生态环境标准。② 其次，定期复审的周期。从最初的不明确，到修订后《标准化法》明确确定的五年，既增强了对环境标准制定主体开展定期复查工作的约束，也提升了受环境标准规制主体对环境标准修订的可预见性。《生态环境标准管理办法（征求意见稿）》也将此期限要求确立于环境标准领域。③ 最后，定期复审的依据。复审依据从最初较为抽象的科学技术的发展和经济建设的需要，④ 转变为修订后《标准化法》规定的在实施情况统计分析报告制度、标准实施信息反馈和评估机制下所形成的反馈评估情况，使得复审依据更加具体、明确，更能反映现有

---

① 根据《环境保护法》第 15、16 条的规定，省、自治区、直辖市人民政府（以下简称"省级人民政府"）可以制定地方环境质量标准和地方污染物排放标准。由于人民政府作为环境标准的制定主体其在专业性等方面，相比较环境保护主管部门存在不足，因此为了避免地方环境标准在执行长期处于不复审、不修订、不废止的状态，《环境标准管理办法》中要求省级环境保护主管部门在评估环境标准实施状况基础上，及时向省级人民政府提出修订地方环境标准的建议。

② 参见《生态环境标准管理办法（征求意见稿）》第 47 条。

③ 参见《生态环境标准管理办法（征求意见稿）》第 48 条。

④ 修订前的《标准化法》和《标准化法实施条例》中均将复审依据规定为"科学技术的发展和经济建设的需要"，而《环境标准管理办法》则将复审依据规定为"环境管理的需要和国家经济技术的发展"。两者本质上均是相对抽象的复审依据。

环境标准的实际实施状况。

定期复审制度最大的目的就是解决因环境标准内容时效性造成的标准内容的滞后性，与整体社会发展对环境标准内容合理性要求之间的冲突，即通过定期复审制度及时评估现行环境标准的内容是否合理、是否能够满足社会发展变化对环境标准内容的要求，进而决定现行环境标准是否应当继续适用、修订或者废止。尽管在上述定期复审制度演进的过程中，我国环境标准定期复审制度日趋完善，但仍然存在较为明显的重大缺陷。从定期复审制度的目的来看：一方面，及时性是对定期复审制度的首要要求，但是在现行制度中仅仅规定了五年的复审周期，却并未对复审周期届满后，未及时开展复审工作的后果予以明确。在《标准化法实施条例》施行的过程中，由于前述缺陷的存在，直接导致了定期复审制度在实际运行过程中形同虚设，造成大量标准规范文件超期服役，处于不合理、不复审、不修订、不废止的状态。修订后的《标准化法》仍未对此问题予以正面回应，实为日后定期复审制度的正常运行埋下了隐患。另一方面，保障环境标准内容的合理性是对定期复审制度的根本要求，对现行环境标准内容合理性的判断是整体制度功能能否实现的关键所在，修订后的《标准化法》仅仅明确了定期复审的依据，而未对定期复审制度如何保障前述判断公正、合理的程序予以明确，这就可能导致在实践中标准制定主体按照复审周期的要求开展复审工作，但复审后做出的判断与保障环境标准合理性的要求背道而驰。

（三）定期复审制度的具体完善

从环境标准定期复审制度的目的来看，其着重强调通过规范化、周期化的复审制度，从环境标准制定修订法律制度内部对环境标准制定主体形成约束，最终督促环境标准制定主体积极、主动地对现行环境标准进行审查，并谨慎地对现行环境标准做出继续适用、修订或者废止的决定。因此，针对前述环境标准定期复审制度所存在的缺陷，在进行具体制度完善的过程中需要以对环境标准制定主体形成有效约束为目标，最终形成相对有效的内部约束。

1. 明确逾期复审的问责机制

针对现行法律规范未规定标准制定主体未及时开展审查工作后果的问题，有学者在研究中已经指出，现行法律规范未对未及时开展审查工作的后果做出规定，使定期复审制度成为形式，并指明应当通过将定期复审与环境标准效力相衔接的方式解决此问题，即只有当制定主体通过审查做出现行标准仍可继续适用的报告获得通过，并将标准重新发布后，现行环境标准效力才能得以延续，否则，现行环境标准的效力将随着复审期限到期而自动丧失。①

该观点一针见血地指明了现行定期复审制度处于悬空状态的根本原因，但由于其对定期复审制度的目的把握存在偏差，导致其提出的完善方案存在明显缺陷。定期复审制度的目的在于督促环境标准制定主体通过及时审查保证环境标准内容的合理性，其制度设计的核心在于保障制定主体及时开展审查工作，而非在没有修订标准的情况下淘汰现有标准。通过规定标准在审查周期届满后自动失效的完善方案，并未对复审义务主体本身设定任何的不利后果，无法直接对标准设定主体产生直接性的约束；此外，如果在审查周期届满后相关环境标准自动失效，将导致环境标准规范处于空白状态，致使以相关环境标准为支撑的环境法律规范无法实施。通过上述分析不难发现，规定逾期未予复审的环境标准失效，无法对标准制定主体实现有效约束，促使其积极开展标准复审工作；甚至还会导致环境标准规范体系存在缺失，进而影响环境法律规范的实施。可见，定期复审制度得以落实的关键在于如何科学、合理地形成对环境标准制定主体的有效约束，促使其积极履行定期复审的职责。

行政机关不作为是中国环境恶化的一个重要原因，环境标准制定主体逾期不对环境标准进行审查就是行政机关不作为的具体表现。

---

① 参见黄锡生、谢玲《论环境标准制度中"日落条款"的设置》，《重庆大学学报》（社会科学版）2016 年第 1 期。

行政机关不作为背后的本质是官员的不作为，特别是领导干部的不作为，又是问题的关键所在。[①] 但在现有法律制度体系下，对于政府不作为的直接规制手段不足，欲有效解决环境标准制定主体逾期不复审的不作为现象，还要依赖对标准制定主体中负责开展复审工作的官员和领导干部形成有效约束，故通过在环境标准定期复审制度中明确相关官员的责任，成为现有制度条件下的必然选择。

对官员追究相应的责任称为"问责"，具体到环境保护领域内则称为"环境问责"，即环境保护领域中，党政机关在系统内部通过使官员的职务声誉受损或职务身份丧失、降低等方式使其对环境保护职责履行过程中的相关行为和结果承担否定性后果的制度。[②] 根据《党政领导干部生态环境损害责任追究办法（试行）》第 7 条第 1 项的规定，环境标准制定主体逾期不予复审的行为，属于采取的措施（不作为）与生态环境和资源方面法律、法规相矛盾，在此情形下工作部门领导成员应当受到追责。

综上不难发现，由于法律责任无法直接对不积极作为的行政机关本身产生有效的约束，以督促其及时进行环境标准定期复审工作，只能通过对标准制定主体的领导成员进行问责的方式，督促相关领导成员积极开展工作，最终保证定期复审工作的有序运行。具体而言，应当在环境标准定期复审的相关制度条款中明确，"环境标准制定主体工作部门的领导成员应当积极组织、开展环境标准定期复审工作，逾期未开展复审工作的相关领导成员应被问责"。但在特殊情况下确系客观条件的限制导致复审工作延迟时，为了避免在执法过程中的"一刀切"，还应进一步明确，在特殊情况下环境标准制定主体应当及时发布通告并且说明理由，同时相关通告和说明应当及时向社会公众公开并接受监督。

---

① 汪劲主编：《环保法治三十年：我们成功了吗——中国环保法治蓝皮书（1979—2010）》，北京大学出版社 2011 年版，第 36—54 页。

② 参见梁忠《论环境问责的归责原则》，硕士学位论文，西南政法大学，2016 年。

2. 公开环境标准复审决策信息

前述通过明确逾期未予复审的问责机制，根本上只能通过问责机制约束，督促标准制定主体积极、主动地开展复审工作。然而复审工作的实施并不能完全实现定期复审制度保证环境标准有效性的制度功能，其制度功能的实现还需要通过复审之后的决策加以实现。根据现有定期复审制度的规定，在复审后标准制定主体可以决定现行环境标准继续有效、修订或者废止。由于在三种可供选择的决策方式中"继续有效"的决策对于环境标准制定主体而言成本最低，通常会成为环境标准制定主体最常选择的决策结果。① 一方面，"继续有效"的决策意味着环境标准制定主体不需要继续投入显性的修订成本；另一方面，国家的环境危险防御义务内含了国家有保障现有生态环境状况不得恶化的义务，此义务意味着在修订或者废止环境标准的过程中不得降低环境标准的要求和约束。在实践中，制定主体迫于经济发展速度的压力，为了避免因修订或者废止现行环境标准，造成环境标准过于严格，而制约经济发展速度，标准制定主体可能会倾向于使现有的环境标准持续有效，以避免在标准修订或者废除的过程中所面临的阻力，从而规避在标准修订或者废除过程中所产生的隐性成本。此种情形在域外也频频出现，虽然《清洁空气法》（CAA）对联邦环保局设立了以五年为周期的标准审查要求，但是在实践中源于巨大的经济政治成本，联保环保局鲜有提高标准要求、新增标准的行为。②

---

① 在前述统计中国家环境质量标准的平均颁布时间为 14 年，而污染物排放标准的平均颁布时间为 9.38 年，这意味着两者的平均颁布时间为复审周期的 2.8 倍和 1.9 倍，表明如果环境标准的复审周期为 5 年，标准制定主体对现有环境质量标准至少做出 2 次继续有效的决策、对污染物排放标准至少做出 1 次继续有效的决策。这表明即使是过去经济、社会、环境状况快速变化的背景下，环境标准制定主体倾向于使原有约束标准相对较低的环境标准持续有效。

② See James Salzman, Barton H. Thompson, J. R., *Environmental Law and Policy*, St. Paul: West Academic, 2014, p. 115.

　　上述情形的出现，意味着复审义务主体做出现行环境标准仍具备合理性决策的成本，小于做出确认现行环境标准丧失合理性决策的成本，复审义务主体为了实现自身利益的最大化故而选择成本较低的"继续有效"决策。有学者指出，行政不作为是行政主体负有某种作为的法定义务，并且具备履行该作为义务的条件与能力，却消极地不为任何行为或者虽然在程序上有受理的意思表示，但对实体问题并无作为的行政活动样态。① 这种在复审后，脱离复审实际情况单纯根据自身成本最低化做出的"继续有效"决策，在本质上就属于程序上实施了相关作为，但对实体问题并无作为的不作为类型。

　　造成此种不作为现象发生的根源，在于现有制度框架下无法解决"委托—代理"中的道德风险，即在信息不对称情况下，具有信息优势的代理人实施了违背委托人利益的行为。② 针对此种道德风险，可以采取两个方面的制度措施：一方面，在制度上对代理人予以充分的激励，从内部促使其做出符合委托人利益的行为决策；另一方面，在制度上消除委托人与代理人之间的信息不对称，从外部使委托人充分掌握信息避免道德风险的出现。前述对于复审工作中标准制定主体相关领导成员的问责机制，属于通过予以充分激励规避道德风险的方式，③ 此种方式同样可以用于解决标准制定机构违背合理性标准做出决策的情形。除了通过予以充分激励的方式从内部保证合理决策外，还需要考虑以消除信息不对称的方式从外部保证合理决策。

---

　　① 参见刘恒、吴堉琳《行政不作为的行动逻辑及其治理》，《南京社会科学》2017年第9期。

　　② 参见张维迎《博弈论与信息经济学》，格致出版社、上海三联书店、上海人民出版社2012年版，第239页。

　　③ 问责机制对于官员的激励本质上属于隐性激励和负激励：隐性激励通过在一定条件下中断未来的合作机会来实现；负激励则是指在代理人的行为背离委托人的利益时给予其负面评价（制裁）。有关环境问责对官员的激励机制，参见梁忠《论环境问责的归责原则》，硕士学位论文，西南政法大学，2016年。

在现代社会中信息是各类主体进行活动的基础，政府信息公开是连接权力行使主体和权力监督主体之间的节点，是达到权力与制约平衡，实现对公权力监督、规范的保障。① 政府信息公开的目的就是保障公民知情权的实现，保证公民对政治的充分参与、对权力的有效监督。② 其根本机理在于消除作为委托人的公民和作为代理人的政府之间的信息不对称，以实现公民对于政府行为的充分了解和掌握，促进公民监督、约束政府行为。环境标准制定主体之所以可能在复审决策中抛弃合理性标准，做出违背公共利益的决策行为，根源于作为委托人的公民无法充分了解其在复审决策中的相关信息，导致社会公众无法对环境标准制定主体的复审行为进行有效的监督。故而为了保证社会公众充分了解环境标准制定主体的决策信息，避免社会公众因处于信息不对称地位而无法对决策主体形成有效监督和约束的情形，应当在未来的环境标准定期复审制度中明确：环境标准制定主体在做出决策时，应当公开复审文件，并且在文件中充分说明基于何种考量做出继续有效、修订或者废除的最终决策。

完整的环境标准定期复审制度应当包括：权威的复审主体、明确的复审期限、科学的复审依据、严谨的复审程序和恰当的责任约束。从前述分析当中不难发现，即使是新修订的《标准化法》也只在复审主体、复审期限和复审依据方面有所斩获，关于复审程序和责任约束的规定尚未明确。前述明确定期复审制度的问责机制和公开定期复审决策信息两个方面的完善建议，也只是分别对复审程序中与实现有效监督有关的信息公开制度，以及责任约束中可能的责任设置方式进行了讨论并指明了未来的完善方向，更加全面、系统的定期复审制度仍有赖于在未来的实践中不断探索、完善。

---

① 参见吴建依《论行政公开原则》，《中国法学》2000 年第 3 期。

② 参见刘莘、吕艳滨《政府信息公开研究》，《政法论坛》2003 年第 2 期。

第四节　环境标准诉讼制度的建立

任何制度的有效贯彻执行，既需要内在动力作用，也需要外在动力的作用，两者缺一不可。只依靠外在动力作用，制度可能难以有效贯彻执行；若只依靠内在动力作用，内在动力可能会因为失去外在的动力基础或保障趋于失效。[①] 在环境标准制定修订过程中，相关规则是对环境标准制定主体在行政权力体系内部的约束，如果这些法律规范失去来自行政机关外部的权力制约和监督，行政机关自我遵守前述规范的内在动力也会逐渐丧失，造成内部的自我监督约束制度失效。因此，为了保障环境标准制定、修订制度的有效运行，确保环境标准内容的合理性（内容的科学、合理），在制度上不仅需要制定主体、制定程序、实施后评估以及定期复审等环境标准制定修订法律制度的内部督促，还需要其他来自行政权力外部的制度予以约束。

一　外部约束：环境标准诉讼的理论证成

根据《行政诉讼法》对于行政诉讼受案范围的规定，一直以来我国行政诉讼中司法审查的对象局限于具体行政行为。即使在修订后的《行政诉讼法》将司法审查的范围扩张至规章以下的抽象行政行为，对于规章以下抽象行政行为的审查仍然需要在对具体行政行为的审查中附带进行。换言之，依照《行政诉讼法》的现有规定，原告不能针对行政机关抽象行政行为违法直接提起行政诉讼。环境标准制定修订行为本质上就是环境标准制定修订主体实施的、以规

---

① 参见刘志坚、宋晓玲《政府公务员行政责任价值论》，《西北师大学报》（社会科学版）2013年第3期。该文指出，在行政机关内部的运行中过程中，公务员自身遵守职责的动力属于内部动力，而公务员行政责任属于外部责任。公务员行政责任有助于强化公务员自身遵守并积极履行职责的相关要求。

则制定修订为内容的抽象行政行为，环境标准诉讼本质上就是针对此类抽象行政行为而直接提起的行政诉讼。在制度上确立环境标准诉讼，系对我国现有行政诉讼制度的重大突破。在本章第一节中已经充分论证了建立环境标准诉讼制度客观需求的情况下，尚需要全面论证一个基本问题——在理论上环境标准诉讼制度是否有效且可行？

（一）环境标准诉讼外部约束的客观有效性

风险社会背景下的现代国家，为了应对日益复杂的社会事务，行政权呈现出不断扩张的趋势，抽象行政行为的不断增加就是现代国家行政权扩张的一个重要面向。[1] 按照我国行政法学一般理论，按照行政行为相对人的可否统计性，将行政行为区分为抽象行政行为和具体行政行为，[2] 前者包括行政立法行为、制定行政规范性文件行为以及行政规划等。[3] 相比较具体行政行为而言，抽象行政行为相对人的不可统计性，决定了其效力范围广的特点。一旦抽象行政行为出现违法、失当的情形，不仅会影响根据抽象行政行为所作出的具体行政行为的合法性，也势必将对公民权利造成更加广泛、长久的侵害。环境标准制定修订行为系抽象行政行为的具体表现，建立环境标准诉讼程序的目的就是通过司法权对此抽象行政行为加以有效的外部约束。

首先，环境标准诉讼程序的启动具有即时性，有利于对环境标准制定修订行为形成持续性的外部约束。相比较传统的权力（立法）机关监督的非常态性，司法监督可以由原告人根据环境标准制定修订行为是否违法、对其权利造成侵害或有侵害之危险而适时启动，能够及时、快速、准确地对行政机关的环境标准制定修订行为形成

---

[1]　参见王世涛、刘雨嫣《抽象行政行为司法审查制度设计的规范分析》，《青海社会科学》2016年第1期。

[2]　参见叶必丰《行政行为原理》，商务印书馆2014年版，第81页。

[3]　同上书，第69页。

监督。其次，环境标准诉讼程序的判决具有既判力，能够形成对涉诉环境标准制定修订行为合法性的确定性判断。一方面，在程序上形成一事不再审的约束；另一方面，在实体上形成对法院、当事人不得作出相反行为的约束。① 这就使得关于某一具体环境标准制定修订行为的争议处于终局完结状态，使得司法监督形成具有终局性、稳定性的结论，及时、确定地矫正现有违法行为、救济权益侵害。最后，环境标准诉讼程序的判决具有约束力，能够对未来行政主体的环境标准制定修订行为产生约束。约束力效力包括禁止反复行为的消极约束和遵守裁判意旨的积极约束两方面，② 判决的约束保证了环境标准制定修订主体在对合法性存在瑕疵的制定修订行为，进行重做、补正等行为时不得违背司法判决的内涵，确保了经过重做、补正的环境标准制定修订行为在未来的合法性。

可见，司法监督的即时性对环境标准制定修订主体形成了一定程度的事前威慑，促使环境标准制定修订主体主动地实施合法行为；司法判决的既判力确定了已经完结的环境标准制定修订行为是否合法的性质，能够及时、确定地矫正现有违法行为、救济权益侵害；司法判决的约束力直接对环境标准制定修订主体的重做、补正行为形成了实质性的约束，保证了违法环境标准制定修订行为经过重做、补正后的合法性。上述判断也得到了域外的实践经验的例证，在美国《清洁空气法》（CAA）颁布实施的半个世纪以来，围绕环境标准制定修订问题而产生的案件，在监督环境标准制定修订行为的同时，极大地推动了环境标准内容的不断向前发展。例如：1976 年发生的自然资源保护协会（Natural Resources Defence Council，NRDC）诉联邦环保局（EPA）案，③ 直接推动了《国家空气环境质量标准》

---

① 参见杨建顺《论行政诉讼判决的既判力》，《中国人民大学学报》2005 年第 5 期。

② 参见王贵松《行政诉讼判决对行政机关的拘束力——以撤销判决为中心》，《清华法学》2017 年第 4 期。

③ See Natural Resources Defense Council v. Train，545 F. 2d 320，328（2nd Cir 1976）.

（NAAQS）对空气中铅浓度的规制;① 1980 年发生的铅工业协会
（Lead Industry Association）诉联邦环保局案（EPA），则确立了何为
对于公众健康的充分安全边界的标准;② 而自《清洁空气法》
（CAA）实施以来的各类环保团体提起的要求联邦环保局审查环境标
准的诉讼，也促使联邦环保局在承受了巨大政治压力的情况下，制
定了更加严格的空气环境标准。③ 综上，司法监督能够对环境标准制
定修订行为形成有效的外部约束，能够在事前、事中和事后有效保
障环境标准制定修订行为的合法性，进而保障通过环境标准制修订
行为所形成的环境标准内容的合理性。

（二）环境标准诉讼外部约束的现实可行性

通过环境标准诉讼对环境标准制定修订行为实现外部约束，本
质上系通过司法权对抽象行政行为的审查对行政权实现监督制约的
具体体现。长期以来，在我国司法权和行政权的关系上，司法权处
于相对弱势的地位，这也决定了在行政诉讼制度设计的过程中，行
政诉讼的受案范围限制于具体行政行为，同时法院在对专业性行政
管理行为的审查中也保持着高度的谦抑。但随着《行政诉讼法》
《环境保护法》的修改和近年来环境司法专门化的发展，使得在未来
的环境标准制定修订法律制度中，构建环境标准诉讼制度成为可能。

首先，行政诉讼制度的不断进步和行政诉讼受案范围的不断扩
张，使得未来环境标准诉讼制度成为可能。在 2014 年修改《行政诉
讼法》的过程中，是否将"规章以下行政规范性文件"（后简称
"行政规范性文件"）纳入行政诉讼的受案范围一直是备受关注的
问题。在最终的法律条文中，规章以下行政规范性文件未能纳入受
案范围，原告未获得针对行政规范性文件的诉权，法院也未获得对

---

① See Richard L. Revesz, *Environmental Law and Policy*, New York: Foundation Press, 2015, p. 320.

② See Lead Industries Association, Inc. v. EPA, 674 F. 2d 1130（D. C. Cir. 1980）.

③ See James Salzman, Barton H. Thompson, J. R., *Environmental Law and Policy*, St. Paul: West Academic, 2014, p. 116.

规范性文件的审查权力。立法通过第 53、64 条的规定确立了"一并请求"制度，赋予了人民法院拒绝适用合法性存在瑕疵的行政规范性文件并提出司法建议的权力。[①] 虽然此次立法修改未能突破抽象行政行为不得被诉的限制，但立法从原有的语焉不详到明确法院有权拒绝适用，表明了立法对于行政规范性文件态度的松动，并向着在未来立法中确立人民法院有权审查行政规范性文件，将其纳入行政诉讼的受案范围迈出了第一步。在理论上，将规章以下行政规范性文件纳入行政诉讼的受案范围已无太大争议，[②] 而作为行政规范性文件具体类型的环境标准规范性文件无疑也应当作为被审查对象进入行政诉讼中。

其次，环境司法专门化奠定了司法机关审查专业性环境案件的客观基础。抽象行政行为是否能纳入行政诉讼的受案范围的关键在于司法机关是否有能力对其进行审查。[③] 换言之，环境标准诉讼是否可行的关键在于人民法院是否有能力对环境标准制定修订行为进行审查。我国环保法庭的实践始于湖北省武汉市硚口区人民法院，该院于 1989 年设立我国首个环境保护合议庭。在此之后近 20 年间，环保法庭数量并无显著增长，截至 2008 年 10 月，全国仅有 4 家环境法庭。[④] 此后，随着环境问题的不断发酵，各地陆续开始大规模设

---

① 参见应松年主编《〈中华人民共和国行政诉讼法〉修改条文释义与点评》，人民法院出版社 2015 年版，第 169 页。

② 从 1989 年《行政诉讼法》颁布以来，我国行政法学界就一直主张将部分抽象行政行为纳入行政诉讼的受案范围，尽管对"部分"的解释存在不一致之处，但规章以下的行政规范性文件均处于"部分"的范畴之中。相关代表性观点可参见喜子《反思与重构：完善行政诉讼受案范围的诉权视角》，《中国法学》2004 年第 1 期；马怀德《〈行政诉讼法〉存在的问题及修改建议》，《法学论坛》2010 年第 5 期；薛刚凌等《法治国家与行政诉讼——中国行政诉讼制度基本问题研究》，人民出版社 2015 年版，第 288 页。

③ 参见喜子《反思与重构：完善行政诉讼受案范围的诉权视角》，《中国法学》2004 年第 1 期。

④ 参见于文轩《环境司法专门化视阈下环境法庭之检视与完善》，《中国人口·资源与环境》2017 年第 8 期。

立环境法庭。2014 年 6 月，最高人民法院设立环境资源审判庭，此后全国各级人民法院结合各地方的实际情况陆续设立各类型环保法庭。截至 2017 年 4 月，各级人民法院共设立环境资源审判庭、合议庭和巡回法庭 956 个。其中，专门审判庭 296 个，合议庭 617 个，巡回法庭 43 个。环境资源审判机构数量较去年同期增加 398 个，增幅达 71.3%。18 个高级人民法院、149 个中级人民法院和 128 个基层人民法院设立了专门的环境资源审判庭。① 专门化的审判组织能够为专业审判人员的培养及专业化审判工作的开展提供制度平台，② 随着我国环境司法专门化的不断深入，大批专业型环境审判人员的成长、专门性环境审判程序和保障制度的建立，使人民法院环境司法审判能力得到极大的提高。可以说，现阶段经过近十年磨砺的各类专业性环保法庭，已经具备了审查环境标准制定修订行为的能力和条件，能够通过环境标准诉讼形成对环境标准修订形成的有效监督和制约。

最后，《行政诉讼法》《环境保护法》确立的环境公益诉讼制度为环境标准诉讼的实现提供了充分的外部动力。司法权本身具有被动性的特点，环境标准诉讼程序的启动需要以原告提起行政诉讼为前提，因此，原告是否有积极性提起诉讼是环境标准诉讼程序能否可行的另一重要因素。环境标准诉讼本质上是以维护客观法律秩序为目的的公益诉讼，一方面，在制度层面上，《全国人民代表大会常务委员会关于授权最高人民检察院在部分地区开展公益诉讼试点工作的决定》、2017 年修改后的《行政诉讼法》第 25 条以及 2014 年修改后的《环境保护法》第 58 条分别确立了检察机关和环保团体提

---

① 参见中华人民共和国最高人民法院《中国环境资源审判（2016—2017）》（白皮书），http://www.court.gov.cn/zixun-zhuanti-aHR0cDovL3d3dy5jaGluYWNvdXJ0Lm9yZ-y9hcnRpY2xlL3N1YmplY3RkZXRhaWwvaWQvTXpbD05NaElOSUFCQUElM0QlM0Quc2h0bWw.html.

② 参见黄辉《设立环境保护专门审判组织的理论思考》，《东南学术》2010 年第5 期。

起环境行政公益诉讼的原告资格，明确了环境行政公益诉讼程序的启动者；另一方面，在实践层面上，自 2016 年 7 月至 2017 年 6 月，各级人民法院共受理社会组织提起的环境民事公益诉讼案件 57 件，审结 13 件；各试点地区人民法院共受理检察机关提起环境公益诉讼案件 791 件，审结 381 件。① 实践统计情况表明，具备原告资格的主体确实积极主动地通过提起环境公益诉讼维护环境公共利益。综合制度和实践两方面，现有具备提起环境公益诉讼原告资格的主体能够为环境标准诉讼程序的运行提供充分的外部动力。

二　逻辑基础：环境标准诉讼的类型划分

类型化研究源于其思维方式上的双向性（在对"元叙事"的进一步分解和演绎的基础上形成精细化研究的同时，也能对具体实践和个案进行归纳提炼形成一定程度抽象化的思维②），已经成为在法学研究日益精细化背景下的重要研究的进路和方法。环境标准诉讼概念形成本身就是类型化研究的结果，其本质就是行政公益诉讼在环境标准制定、修订领域中的具体运用。而对环境标准诉讼进行进一步的类型化分析，其目的在于更加系统、精确地分析和掌握环境标准诉讼的具体类型，以更好地指导具体制度的设计和司法适用。

（一）　美国环境标准诉讼的类型划分与经验借鉴

在美国，如果企业、环保组织或者公民对于现行环境标准存在质疑，可以向法院提起诉讼，法院则会根据环保局制定环境标准的行为是否与授权法案相一致，进而判断环保局在制定环境标准的过

---

① 参见中华人民共和国最高人民法院《中国环境资源审判（2016—2017）》（白皮书），http://www.court.gov.cn/zixun-zhuanti-aHR0cDovL3d3dy5jaGluYWNvdXJ0Lm9yZy9-hcnRpY2xlL3N1YmplY3RkZXRhaWwvaWQvTXpnb05ElOSUFCQUElM0QlM0Quc2h0bWww.html。

② 参见杜宇《再论刑法上之"类型化"思维——一种基于"方法论"的扩展性思考》，《法制与社会发展》2005 年第 6 期。

程中是否存在越权或者渎职。① 有学者在对美国环境标准诉讼进行研究的过程中，就将美国的环境标准诉讼类型化为：标准制定和修改诉讼、标准制定程序的诉讼和标准内容的诉讼。标准制定和修改诉讼一般是指，当原告认为联邦环保局（EPA）没有及时制定或者修改环境标准时，可以向联邦法院请求判决被告在一定期限内制定或者修改环境标准。标准制定程序的诉讼是指，如果原告认为联邦环保局在制定环境标准的过程中没有遵守相关法定程序，请求法院撤销联邦环保局制定的标准。标准内容的诉讼一般是指当原告认为联邦环保局制定的标准过于严格或者过于宽松时向法院提起的诉讼。②

上述分类基本反映了美国环境法体系和司法体制的特点，此分类实质上采取了起诉法律依据和追诉行为类型的双重分类标准。一方面，针对均属于以联邦环保局违反程序性规定制定或者修改环境标准的行为，按照起诉法律依据的不同分为标准制定和修改诉讼与标准制定程序的诉讼。标准制定和修订诉讼一般是根据联邦环境法律中的公民诉讼条款，认为联邦环保局未按照相关法律中规定的法定程序（主要是时间期限）制定和修改法律，而提起的公民诉讼（Citizen Suit）；而标准制定程序的诉讼则一般是根据《联邦行政程序法》（*Administrative Procedure Act*）的规定，原告认为联邦环保局制定、修订标准过程中的违法行为对其造成了侵害，而提起的司法审查诉讼（Judicial Review）。由于两种不同类型案件中在原告资格的审查、具体判断标准存在不同，③ 故而在对于美国环境标准诉讼的

---

① 参见吕忠梅、杨诗鸣《控制环境与健康风险：美国环境标准制度功能借鉴》，《中国环境管理》2017 年第 1 期。

② 参见邓可祝《美国环境质量标准诉讼及其启示》，《上海政法学院学报》（法治论丛）2014 年第 2 期。

③ 有关两者的分析可参见张辉《美国环境法研究》，中国民主法治出版社 2015 年版，第 421—503 页；有关环境法中司法审查的分析可参见 Daniel A. Farber, Roger W. Findley. *Environmental Law in a Nut Shell*, St. Paul: West Publishing Co., 2010, pp.1-27；有关环境公民诉讼的分析可参见 James Salzman, Barton H. Thompson, J. R. *Environmental Law and Policy*, St. Paul: West Academic, 2014, pp.99-110。

研究中并未将其统一归纳为因程序违法提起的诉讼。另一方面，针对均以联邦环境法律中的公民诉讼条款提起的标准制定和修订诉讼与标准内容诉讼，按照追诉行为违法方式的不同将其区分为程序性违法诉讼和实体性违法诉讼。前者的代表性诉讼因联邦环保局未按照诸如《清洁空气法》等具体法律的规定，对已颁布实行的环境标准按期进行内容审查而提起的诉讼；后者的代表性诉讼为，针对因联邦环保局制定的环境标准，不满足具体法律对标准提出的实体性要求而提起的诉讼。

（二）我国环境标准诉讼的应然分类和具体阐释

需要首先明确的是，在理论上，对于"行政规范性文件"的审查方式存在直接审查和附带审查两种，就环境标准而言，笔者主张采用直接审查方式。概言之，直接审查无须以依据环境标准作出的具体行政行为违法为前提。以不当环境标准作出的具体行政行为往往会造成生态环境直接损害，根据环境法"预防原则"应当尽可能提前法律对环境保护的介入。故而直接审查更符合"预防原则"的要求，使司法权可以更早地介入对环境标准的审查，避免生态环境损害的发生，本书对环境标准诉讼的后续分析以对环境标准规范性文件进行直接审查为前提展开。

我国的行政诉讼法理论脱胎于大陆法系的行政诉讼法理论，鉴于大陆法系整体司法制度和诉讼法理论与英美法系的差异，对我国环境标准诉讼的类型化分析，应当在借鉴美国环境标准诉讼分类的基础上，沿袭传统行政诉讼法基本理论而展开。传统大陆法系国家按照诉讼的提起是否直接关涉起诉人自身的利益，将诉讼分为主观诉讼和客观诉讼：主观诉讼的目的在于维护和实现起诉人自身的利益，[1] 而客观诉讼的目的在于维护客观的法秩序或者直接保护公共利

---

① 参见黄学贤、王太高《行政公益诉讼研究》，中国政法大学出版社 2008 年版，第 47 页。

益。① 行政公益诉讼就属于典型的客观诉讼，环境标准诉讼则是行政公益诉讼在环境标准领域中的具体体现。从客观诉讼的目的来看，又可以将客观诉讼分为为维护客观法秩序的客观诉讼和为直接维护公共利益的客观诉讼。

具体而言，客观法秩序在行政机关实施行政行为的过程中，就具体体现为行政机关依法行政，而此处依法行政的核心在于按照行政程序法规的要求实施行政行为，如果行政机关不依法、依程序行政，就会对公共利益产生侵害的威胁。以维护客观法秩序为目的的客观诉讼，其功能就在于通过诉讼保证行政机关符合行政程序法规的方式实施行政行为，降低侵害公共利益的风险，间接地维护社会公共利益。而以维护社会公共利益为目的的客观诉讼，本质上是在行政行为直接侵害或者威胁社会公共利益的情况下，通过诉讼消除此种直接侵害或者侵害的威胁，直接维护社会公共利益。

综上，在我国环境标准诉讼的具体类型应当包括：通过诉讼维护环境标准在制定、修订过程中的法秩序间接保护环境公共利益的诉讼类型和通过诉讼救济已经制定、修订的环境标准对环境公共利益造成直接侵害或者威胁的诉讼类型。笔者认为，在环境标准诉讼中，可以将前者称为程序违法型环境标准诉讼，将后者称为内容不当型环境标准诉讼。程序违法型环境标准诉讼是指，原告以环境标准制定主体在制定、修订环境标准的过程中违反法定程序为由提起的环境标准诉讼；内容不当型环境标准诉讼是指，原告以环境标准制定主体制定、修订或者废止环境标准的行为，导致现行有效或者即将生效的环境标准的内容不合理，直接侵害或威胁环境公共利益为由提起的环境标准诉讼。

鉴于程序违法型环境标准诉讼和内容不当型环境标准诉讼，在对环境公共利益维护的路径、涉诉违法行政行为的类型以及判决的最终救济方式等方面的差异，导致在具体诉讼规则设计的过程中将

---

① 参见于安《行政诉讼的公益诉讼和客观诉讼问题》，《法学》2001 年第 5 期。

存在一定程度上的差异性，因此在展开环境标准诉讼具体规则研究过程中，应当沿袭前述程序违法型环境标准诉讼和内容不当型环境标准诉讼的分类，进而形成更加精细化的规则设计方案。一般而言，环境行政公益诉讼的具体构造包括：原告资格、受案范围、举证责任、审查标准以及判决方式等方面的内容。一方面，鉴于环境标准诉讼属于对于行政机关环境标准制定修订行为提起的行政公益诉讼，其在追诉行为上具有特定性，并且针对行政机关环境标准制定修订行为进行司法约束，本身就是确立环境标准诉讼程序的目的，故而不再对环境标准诉讼的受案范围进行讨论；另一方面，环境标准诉讼与其他类型的环境行政公益诉讼在举证责任分配的问题上也不具有特殊性，故而也无须对环境标准诉讼的举证责任进行讨论。因此，在确定环境标准诉讼二分法的基础上，应当进一步围绕原告资格、审查标准和判决类型三个具体问题进行分析。

三　约束起点：环境标准诉讼的原告资格

在现代国家权力配置中，立法创制法律，司法实现争议中的法律，行政实现公共利益。[①] 可见，在现代国家中，行政机关被视为公共利益的代表，其任何以作为或者不作为方式实施的行为都会对公共利益造成直接或者间接的影响。行政机关公共利益代表的地位，造就了行政公益诉讼原告资格理论的内在悖论。一方面，由于行政机关的性质都关乎公共利益，进而对每一个社会成员产生直接或者间接、显性或者隐性的影响，因此，任何人在任何时候都可以对行政机关的行为提起公益诉讼，任何对于行政公益诉讼原告资格的限制，都在客观上违背了行政公益诉讼制度的目的；另一方面，出于防止滥诉占用司法资源，也避免好事者扰乱行政机关正常的工作秩序，就需要通过原告资格对行政公益诉讼的起

---

① 参见［德］拉德布鲁赫《法学导论》，米健、朱林译，中国大百科全书出版社1997 年版，第 130 页。

诉人进行必要的限制。① 行政公益诉讼原告资格的内在悖论，体现了对行政机关维护公共利益的要求和有限的社会资源之间的冲突，这种冲突反映了复杂社会中的法律难题，而"利益衡量"是一种妥当解决这种难题的方法。② 设置原告资格的目的就在于通过利益衡量来平衡这两者间的冲突，以妥当解决在社会资源约束条件下，对于行政机关维护公共利益要求的限度。在此过程中，原告与受损公共利益的密切程度、公共利益的受损方式以及维护公共利益的难易程度等因素，均会对这种"限度"产生影响。因此，在资源有限的情况下，环境司法应当着重解决环境标准制定修订过程中的重点问题，不宜进行一视同仁的"一刀切"处理，③ 不同类型的环境标准诉讼中，相关考量因素存在一定的差异性，故而对于环境标准诉讼原告资格的设置，也应当坚持类型化的研究方法。

（一）原告资格设计的基本条件

如前所述，对于原告资格的设计实质上是一种利益衡量的结果，环境法的理念要求在利益衡量的过程中实现"损失最小化"，④ 故而对于原告资格的设计应沿袭以下思路展开：首先，确定一定社会条件下为维护某种公共利益投入的社会资源（包括司法资源和行政机关日常运行受影响等）的适当限度，这个限度的确定需要考量受损公共利益的重要程度、公共利益的受损方式以及维护公共利益的难易程度等因素。一般而言，公共利益越重要、公共利益的受损事实越不能容忍、维护公共利益越难，则需要投入社会资源越多，反之则越少。其次，在确定社会资源投入公共利益维护的限度后，判断在现有资源投入限度下，原告与公共利益之间的关联性程度要求。

---

① 参见黄学贤、王太高《行政公益诉讼研究》，中国政法大学出版社 2008 年版，第 217 页。

② 参见梁上上《利益衡量论》（第二版），法律出版社 2016 年版，第 72 页。

③ 参见巩固《美国环境公民诉讼之起诉限制及其启示》，《法商研究》2017 年第 5 期。

④ 参见李启家《环境法领域利益冲突的识别与衡平》，《法学评论》2015 年第 6 期。

具言之，资源投入越多，对原告与公共利益之间的关联性要求越低；反之则要求越高。最后，根据所确定的原告与公共利益的关联性程度，结合可能出现的原告主体，最终确定行政公益诉讼的原告资格规则。

（二）程序违法型环境标准诉讼的原告资格设计

就程序违法型环境标准诉讼而言，其所维护的公共利益根本上是环境标准制定主体在环境标准制定、修订过程中的正当程序，正当程序作为现代行政法所追求的核心价值，在现代政府运行过程中具有不容置疑的重要程度，因而程序违法型环境标准诉讼所维护的公共利益类型具有显著的重要性；环境标准制定主体的程序违法根本上是对法律规则的直接性违反或者无视，具有显著的违法性，属于现代法治国家完全不可容忍的范围；司法机关对于程序违法案件的救济，一般通过要求行政机关依法实施相关的行政行为，而无须涉及对于行政行为实体性问题的考察，属于救济较为容易、成本较低的方式。综合上述因素而言，为了确保能够通过程序违法性环境标准诉讼对环境标准制定、修订过程中程序性违法进行监督救济，应当充分地投入社会资源保障程序违法型环境标准诉讼运行。一方面，由于充分的资源投入，导致在此类型行政公益诉讼中对于原告与所涉公共利益的关联性要求较低；另一方面，由于行政的正当程序属于与一切社会主体均密切相关的利益类型，故而所有的原告都与所涉利益密切相关。因此，在程序违法型环境标准诉讼中，可以放开对于原告资格的限制，确认检察机关、环保团体以及公民的原告资格。

（三）内容不当型环境标准诉讼的原告资格设计

就内容不当型环境标准诉讼而言，其所救济的公共利益系因环境标准内容不当所侵害或者威胁的环境公共利益，虽然根据国家环境保护义务，国家应当积极地保护和改善环境，通过司法权对此种类型的环境公共利益侵害或者威胁加以救济，但相比程序型违法所救济的环境标准制定、修订中的正当程序，此类环境公共利益的样态显然处于次要的地位。但由于此种类型的公共利益侵害存在范围广、持续性强等特点，仍然需要司法权提供充分的救济保障。环境标准制定主体所造成的环境标准内容不当，其发生的原因包括标准制定主体过错、专业性不足等，而对此类公共利益的救济一般仅限于因标准制定主体过错导致的内容不当，或者环境标准的内容具有明显不当的情形。

可见，整体而言对于环境标准制定主体所造成的环境标准内容不当处于相对而言较高的容忍程度；通过内容不当型环境标准诉讼对环境公共利益的侵害进行救济的过程中，法院需要对标准的实质内容进行审查。一方面，环境标准的内容具有高度的专业性，在现有条件下法院做出准确判断的难度极高；另一方面，对于高度专业性的事务，司法权通常对行政权保持谦抑，故而要求法院积极开展环境标准内容正当性审查的难度较大。综合上述因素而言，为了确保内容不当型环境标准诉讼的运行，所投入的社会资源应当处于相对有限的状态。

相对有限的资源投入，就要求提起诉讼的原告与环境公共利益侵害具有较为密切的联系。具体而言，我国《宪法》所确立的国体和政体决定了检察机关作为法律监督机关，监督保障国家法律法规的正确统一施行，① 提起诉讼是检察机关履行其职责的职权行为，其中提起行政公益诉讼是其对行政违法行为进行监督的具体方式，② 故而检察机关应当具备此类诉讼的原告资格；而环保团体、公民在此类诉讼中的原告资格应该受到一定的限制，环保团体、公民具备此类诉讼原告资格的情形应该严格限制于环境标准的内容不当直接对其所在区域内的环境公共利益造成影响，例如：如果生态环境部在

---

① 参见刘家璞、于琰峻《提起公益诉讼应是检察机关重要履职方式》，《检察日报》2017 年 4 月 24 日第 3 版。

② 参见徐全兵《检察机关提起行政公益诉讼的职能定位与制度构建》，《行政法学研究》2017 年第 5 期。

未来修订《声环境质量标准》的过程中提高或降低了某一类区域的噪声限值，那么只有处于此类噪声区域内，受此标准直接影响的环保团体、公民才能具备原告资格。

四　约束界限：环境标准诉讼的审查标准

有学者指出，修改后的《行政诉讼法》实质上将"合法性审查"原则从机械的形式合法性要求，转向了相对灵活的实质合法性标准。[①] 即将原有审查过程中通过形式上是否违反法律、法规的明确规定判断行政行为的形式合法性，转变为现有通过"滥用职权""明显不当"的标准判断行政行为的实质合法性。但由于不同类型环境标准诉讼的具体功能存在差异，对于形式合法性和实质合法性标准的把握还应当具体分析。

（一）程序违法型诉讼的审查标准

在现代行政法治中，程序具有重要地位，对于正当程序的捍卫成为现代法治国家行政法的共同目标。在我国《行政诉讼法》修订以前，就有学者指出：通过我国的法治实践表明，通过合法性审查制约政府权力的效用已经日趋降低，在防止程序自由裁量权滥用的过程中，应当构建合法性与正当性（合理性）的二元审查标准体系，通过正当性标准的运用捍卫"最低限度的程序公正"。[②] 修订后的《行政诉讼法》虽然未明确建立合法性与正当性（合理性）的二元审查标准体系，但通过纳入"明显不当"的审查标准，将原有的机械、僵硬的形式合法性标准，转化为灵活、多元的实质合法性标准。[③]《行政诉讼法》的修订实质上是间接地将部分的正当性（合理性）标准通过"明显不当"的方式转化为合法性审查标准，而"明

---

① 参见应松年主编《〈中华人民共和国行政诉讼法〉修改条文释义与点评》，人民法院出版社 2015 年版，第 226 页。

② 参见江必新《行政程序正当性的司法审查》，《中国社会科学》2012 年第 7 期。

③ 参见应松年主编《〈中华人民共和国行政诉讼法〉修改条文释义与点评》，人民法院出版社 2015 年版，第 226 页。

显不当"的界限则需要根据具体的审查对象而加以把握。

　　具体到程序违法型环境标准诉讼中，如前所述，此类型的环境标准诉讼的核心就在于维护环境标准制定修订过程中的正当程序，通过对于程序的保障而实现环境标准制定修订行为的形式合法与实质合法。因此，严格审查环境标准制定修订程序的合法性也成为世界各国的共识。① 结合我国《行政诉讼法》的规定，在此种类型环境标准诉讼的审查过程中，不仅需要严格审查环境标准制定修订行为是否符合现有法律明确规定的程序规则的形式合法性，更要在现行法律未明确规定程序规则或者程序规则规定不明确的情况下严格审查制定修订程序是否符合"正当程序"的实质合法性要求。其核心在于对环境标准制定修订过程中，对程序性自由裁量权的运用是否构成"滥用职权""明显不当"的审查，其应当遵循严格、全面的审查标准。具言之，需要充分考量和平衡以下三个方面的问题：第一，环境标准制定修订程序的实施是否明显有悖于环境标准制定修订的目的；第二，环境标准制定修订程序的运行是否违背程序公正、比例适当、参与有效、程序效益、可接受性等基本程序法原则；第三，环境标准修订程序是否充分尊重公众参与权利、是否构成对于公众参与权利的实际侵害。② 如果环境标准制定修订程序符合上述任意情形，则应当认定环境标准制定修订行为构成程序违法，但出于司法权谦抑和尊重行政权，应当结合具体程序违法后果的程度，灵活选择判决的具体类型。

---

　　① 例如：在美国就按照《联邦行政程序法》对规则制定行为的程序要求，对环境标准的制定修订行为进行严格审查，一旦存在程序违法，就直接认定存在重大违法，进而撤销制定修订形成的环境标准。参见邓可祝《美国环境质量标准诉讼及其启示》，《上海政法学院学报》（法治论丛）2014 年第 2 期。

　　② 参见江必新《行政程序正当性的司法审查》，《中国社会科学》2012 年第 7 期。该文主要针对具体行政行为的程序正当性审查而展开，笔者结合程序违法型环境标准诉讼的具体情况对相关表述进行了调整。

（二）内容不当型诉讼的审查标准

内容不当型环境标准诉讼的核心诉求，在于要求对环境标准中过于严厉或者过于宽松的具体标准内容进行审查和处理。环境标准的制定修订具有高度专业技术性，同时也具有很强的政策性，行政机关有专业优势，也有较多的自由裁量权。出于对行政机关专业性和行政自由裁量权的尊重，对于环境标准内容审查采取相对宽松的标准是世界各国的共识。以美国为例，对于环境标准内容的审查一般适用"谢弗林尊重原则"①，对行政机关制定环境标准的行为给予较高程度的尊重，实行较低强度的司法审查。② 结合我国司法实践的情况，对环境标准诉讼中的内容审查应当坚持合法性审查的标准，坚持严格的形式合法性审查和相对宽松的实质合法性审查。

首先，在形式合法性的审查中，应当坚持严格的形式合法性审查标准，重点关注环境标准的具体内容是否违背现有法律、法规以及规章关于环境标准内容范围、幅度以及种类的要求，如果存在违反前述规则的情况则应当直接认定环境标准内容不当、环境标准制定修订行政违法。例如：省级地方人民政府制定的地方污染物排放标准，因其标准的具体内容宽松于国家标准的同类型要求，则应当认定该地方污染物排放标准内容存在不当，该省级地方人民政府的环境标准制定行为违法。其次，进入实质合法性审查后，应当通过"滥用职权"和"明显不当"的标准对环境标准制定修订行为进行审查。在此需要强调，内容不当型环境标准诉讼审查标准的宽松性

---

① "谢弗林尊重原则"（Chevron Doctrine）又称为"谢弗林两步法则"（Chevron Two-step），该原则确立于美国联邦最高法院针对 1984 年发生的"谢弗林诉自然资源保护委员会"（Chevron U. S. A v. Natural Resources Defense Council）的判决中。该原则的意义在于极大地强化了司法权对于行政机关规则制定和解释行为的尊重，体现了司法权对于行政权在专业领域决策的尊重。有关该原则的详细阐释，可参见高秦伟《政策形成与司法审查——美国谢弗林案之启示》，《浙江学刊》2006 年第 6 期；James Salzman，Barton H. Thompson，J. R.，*Environmental Law and Policy*，St. Paul：West Academic，2014，pp. 70-72。

② 参见邓可祝《美国环境质量标准诉讼及其启示》，《上海政法学院学报》（法治论丛）2014 年第 2 期。

就体现在此环节。对于"滥用职权"和"明显不当"的运用应当受到严格限制。具言之,如果以环境标准过于宽松为理由提起的诉讼,应当严格限制于环境标准修订机关经过修订程序后的标准内容宽于修订前标准的情形;① 如果以环境标准过于严格为理由提起的诉讼,应当严格限制于有证据证明环境标准修订机关与相关利益主体存在关联,过分严格标准的目的在于排除竞争等其他目的,而非保护和改善环境的情形。

五 约束保障:环境标准诉讼的判决类型

(一) 行政诉讼判决的基本类型②

根据《行政诉讼法》第69—77条的规定,我国行政诉讼中的判决包括以下五种类型:驳回诉讼请求判决、撤销判决、确认判决、限期履行法定职责判决和变更判决。③ (1) 驳回诉讼请求判决,即

---

① 此种情形构成实质违法的原因在于,环境保护国家义务内含了国家负有不得使环境状况恶化的义务,降低环境标准内容的要求根本上违背了赋予相关主体制定环境标准的目的,构成实质性违法。

② 本书所讨论"行政诉讼判决的基本类型"特指我国《行政诉讼法》所确立的法定行政诉讼判决类型,不包括理论上对于行政诉讼判决的类型划分。在理论上,行政诉讼判决可以按照内容的侧重不同分为:驳回诉讼判决、补正判决、确认判决、维持判决、履行判决、给付判决、禁止判决、重做判决、撤销判决、变更判决以及赔偿判决等多种类型。参见章剑生主编《行政诉讼判决研究》,浙江大学出版社2010年版。

③ 修订前的《行政诉讼法》以及最高人民法院《关于执行〈中华人民共和国行政诉讼法〉若干问题的解释》确立了驳回诉讼请求判决、维持判决、撤销判决、履行判决、变更判决和确认判决(笔者认为赔偿判决、补救判决依附于确认判决,重做判决依附于撤销判决,并不能属于独立的行政诉讼判决类型)。在2013年修订后的《行政诉讼法》中,删除了行政诉讼判决类型中的维持判决。虽然有学者曾指出维持判决和驳回诉讼请求判决的不同功能和区别(参见黄学贤、王太高《行政公益诉讼研究》,中国政法大学出版社2008年版,第251页),但笔者认为维持合法行政行为的有效和驳回诉讼请求之间具有一体两面的关系。鉴于维持判决本身作用范围不能及于原告的不足,确立驳回诉讼请求判决肯定行政行为合法和否定原告诉讼请求的双重功能,在满足制度需求的同时简化了行政诉讼判决类型。

行政行为事实认定清楚、法律适用正确、程序符合法律规定，或者原告申请被告履行法定职责、给付义务的理由不成立的情况下，驳回原告诉讼请求的判决。（2）撤销判决，即被告行政行为存在事实认定错误、错误适用法律、违反法定程序、逾越职权、滥用职权或存在明显不当时，撤销被诉行政行为的判断。在作出撤销判决时可以全部或者部分撤销行政行为，并可以判决被告重做行政行为。（3）确认判决，包括确认违法判决和确认无效判决。确认违法判决，即被告行政行为存在违法情形，但不能、不需撤销行政行为或者不需判决履行时，可判决确认被告行政行为违法。确认无效判决，即被告行政行为存在重大且明显违法情形，且原告申请确认行政行为无效时，可判决确认被告行政行为无效。在确认判决中，可以同时判决责令被告采取补救措施，给原告造成损失的，依法判决被告承担赔偿责任。（4）限期履行判决，即被告不履行法定职责时，判决被告在一定期限内履行。（5）变更判决，即被告作出的行政处罚明显不当，或者其他涉及对款额确定、认定的行政行为确有错误的，可以判决变更。

（二）环境标准诉讼判决类型的选择

通过对上述判决类型分析，不难发现，变更判决的适用范围限于行政处罚不当，以及涉及金钱数额的行政行为，而环境标准制定（修订）行为并不涉及变更判决的适用范围。因此，首先将变更判决排除出环境标准诉讼。其次，就驳回诉讼请求判决而言，其适用范围较为明确。在环境标准诉讼适用于被诉行政行为合法，或者行政机关确无作为义务的情形。换言之，在环境标准诉讼中，只要环境标准制定修订行为合法，或者标准制定修订机关无法定作为义务时，如果由原告提起诉讼，则可直接适用驳回诉讼请求判决。最后，就确认判决、撤销判决和限期履行判决而言，确认判决的功能在于将行政公益诉讼监督行政机关的程序与效力予以明确化和法治化；撤销判决的功能在于维护法律实施的权威性和统一性；限期履行判决的功能在于监督行政机关选择性执法或者怠于履行职责。① 三者的适用均以行政机关作出的行政行为存在违法为前提，但是其各自适用的违法情形或者客观条件不同，因此，三者在环境标准诉讼中的具体适用，需要结合环境标准制定修订行为的不同情形而展开。

第一，就确认无效判决的适用范围而言。确认无效判决系修订后《行政诉讼法》新增的判决类型，其适用要求行政行为存在"重大且明显违法"，具体包括：被告完全不具备行政主体资格②、被告行使了属于其他行政主体或其他国家机关的专有职权③。结合环境标准诉讼中的具体情况，适用确认无效判决标准可以具体化为：（1）非行政主体制定修订任何类型的国家、地方环境标准；（2）非国务院环境保护行政主管部门制定修订国家环境质量标准、国家污染物排放标准；（3）非省级人民政府制定修订地方环境质量标准、地方污染物排放标准。

第二，就确认违法判决和撤销判决在环境标准诉讼中的适用情形而言。根据《行政诉讼法》第 70 条和第 74 条的规定，在适用过程中，确认违法判决和撤销判决所针对的行政行为违法类型相一致，只是在某些特殊情况下不宜撤销或者无须撤销的情况下，人民法院应判决确认违法。故而在具体界定两者的适用范围时应当先行明确前述行政行为违法类型在环境标准诉讼中的具体表现：（1）主要证据不足和适用法律、法规错误的判断，主要是针对行政处罚等具体行政行为的判断标准，而环境标准诉讼中的制定修订行为本质上系规则制定、修改类的抽象行政行为，故而此两类情形通常不出现在环境标准诉讼中。（2）违反法定程序在环境标准诉讼中应当直接体

---

① 参见刘艺《检察公益诉讼的司法实践与理论探索》，《国家检察官学院学报》2017 年第 2 期。

② 此处所指的"不具备主体资格"是指完全不具有行政主体资格的情形，不包括具备行政主体资格但不具备具体职权的情形。参见江必新主编《中华人民共和国行政诉讼法理解适用与实务指南》，中国法制出版社 2015 年版，第 343 页。

③ 参见应松年主编《〈中华人民共和国行政诉讼法〉修改条文释义与点评》，人民法院出版社 2015 年版，第 239 页。

现为违反法律、法规所规定的法定标准制定修订程序，例如：未经复审程序直接修订、废止现行环境标准；地方环境标准制定后，未经国务院环境保护主管部门备案。（3）超越职权在环境标准诉讼中体现为，环境标准制定修订中具体标准内容逾越法律的职权限制范围，例如：省级人民政府在制定修订的地方环境标准的过程中，降低国家环境标准的具体要求。（4）滥用职权和明显不当则是分别从主观和客观两个角度反映了，行政机关职权的行使不符合法律授予职权的目的。① 两者在环境标准诉讼中主要体现为，环境标准制定修订中具体环境标准内容过于宽松或者过于严厉。具言之，环境标准制定修订的直接目的在于实现保护和改善环境，如果环境标准内容过于宽松无法实现其直接目的，此时就存在内容不当的情形；反之，如果环境标准内容过于严厉，超出了保护和改善环境的必要限度，造成限制竞争等情形，也属于与其直接目的相违背。

在明确确认违法判决和撤销判决所针对的行政行为违法类型后，需要根据两者所适用的客观条件明确两者在环境标准诉讼中的适用范围。一方面，环境标准作为一种特殊类型的行为规范，其在客观上划定了各类主体行为的边界，如果因为环境标准制定修订行为违法，进而撤销具体环境标准会造成环境公共利益造成重大损害，人民法院做出确认违法判决更符合公共利益保障的要求；另一方面，环境标准制定修订行为本身系涉及高度专业性、技术性的行政行为，确认违法判决更能体现司法权对行政权的尊重和司法权的自身克制。② 从上述两方面的分析中可以发现，相对于撤销判决，确认违法判决更适宜在环境标准诉讼中适用。但撤销判决仍有其适用的独特领域，具言之，如果在环境标准修订中，出现前述行政行为违法，

---

① 参见应松年主编《〈中华人民共和国行政诉讼法〉修改条文释义与点评》，人民法院出版社 2015 年版，第 224—226 页。

② 参见黄学贤、王太高《行政公益诉讼研究》，中国政法大学出版社 2008 年版，第 253 页。

撤销修订后的标准继续适用原有标准并不会导致环境公共利益的重
大损害，反而确认违法但保持修订后环境标准的效力会导致更严重
的环境公共利益损害，在此情形中，法院应当做出撤销判决。

　　第三，就限期履行判决在环境标准诉讼中的适用情形而言。限
期履行判决的功能在于应对行政机关的不作为行为，而在环境标准
制定修订行为中，环境标准制定修订主体的不作为行为集中体现为，
逾期未对现行环境标准进行复审且未作合理说明的情形。在此类案
件中，如果人民法院经审查认为，环境标准制定修订主体未履行定
期复审义务，且未作合理说明或说明理由不成立，则应当判决环境
标准制定修订主体在一定期限内依法开展定期复审工作。

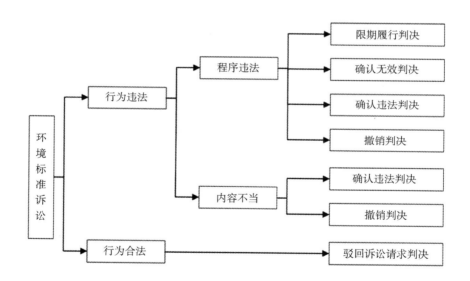

图 4-1　未来环境标准诉讼判决类型示意

　　综合上述分析，可以沿袭环境标准诉讼二元分类体系，将环境标
准诉讼中判决的具体运用情况作出如下归纳（参见图 4-1）：首先，按
照被诉行政行为是否违法将诉讼中的情形分为行为违法和行为合法两
种情形，针对环境标准制定修订行为合法的情形，应判决驳回原告诉
讼请求；而环境标准制定修订行为违法时，则应当根据违法的不同类

型，并结合不同情节确定具体的判决类型。其次，根据前文的分类，环境标准诉讼中可将被诉行政行为分为程序违法和内容不当两种类型。程序违法的行政行为又可以区分为逾期不作为、程序重大违法以及一般性程序违法三种类型；针对逾期不作为的情形，法院应当判决限期履行环境标准制定修订行为；针对重大程序违法的情形，应当判决环境标准制定修订行为及相关环境标准无效。最后，针对内容不当和一般性程序违法的情形，如果撤销制定修订行为会导致特定领域内环境标准规范缺失，为了避免环境公共利益的受损，法院应当判决确认环境标准制定修订行为违法，反之，则应当判决全部或部分撤销制定修订行为，并且判决被告重新作出环境标准制定修订行为。

本章小结

　　环境标准制定修订法律制度以保障融入环境法律规范的环境标准内容合理性为功能，源于现有制度中环境标准制定制度的残缺、环境标准修订制度的虚位以及环境标准制定修订行为外部约束的缺失，导致环境标准内容合理性的保障处于悬置的状态。环境标准内容合理性首先应当由制定主体中立权威、制定依据科学合理以及制定程序有序公开的环境标准制定法律制度加以保障。但在环境标准颁行之后，随着社会发展和技术进步，环境标准的内容合理性呈现出逐渐丧失的趋势，需要通过由环境标准实施后评估制度和定期复审制度组成的环境标准修订法律制度，通过对环境标准评估、修订，保障环境标准内容合理性的持续。然而，环境标准制定、修订法律制度根本上是从行政权内部对环境标准制定修订行为的内部约束，如果缺乏外部性的对环境标准制定修订行为的约束，将会导致内部约束的逐渐丧失，应该通过构建类型划分恰当、原告资格清晰、审查标准明确以及判决类型合理的环境标准诉讼程序的方式，通过司法权实现对环境标准制定修订行为的约束。

第 五 章

环境标准适用法律制度的整合

环境标准适用法律制度是以保障环境标准实施有效性为功能，调整环境标准在结合具体环境法律规范适用过程中的社会关系的法律规范组成的有机整体。环境标准适用法律制度的功能定位于保障环境标准实施的有效性，而环境标准实施有效性的实现根本上有赖于与环境标准密切结合的环境法律规范的有效实施。整个环境标准适用法律制度应当着重明确两个方面的问题：一是明确与环境标准相结合的环境法律规范的适用主体，二是明确环境标准在与环境法律规范结合的过程中其约束力（效力）的体现方式。本章以我国现有环境标准适用法律制度存在的问题为起点，围绕具体法律制度中存在的不同问题展开对现有制度问题完善的分析。

第一节　环境标准适用法律制度的问题阐释

就我国现阶段的环境标准适用法律制度而言，在现有制度中与环境标准相结合的环境法律规范的适用主体相对明确，且各自的职责和分工在相关环境法律规范中规定明确；但长期以来受制于对环境法与环境标准结合方式不明确的制约，在相关环境法律规范中对环境标准约束力的体现不甚明晰，导致环境标准的约束力问题长期困扰实践和理论研究。因此，有必要围绕环境标准在与环境法律规范结合过程中的约束力问题展开分析，以对环境标准适用法律制度的完善有所裨益。

一　体系残缺：环境标准效力问题的具体表现

如前所述，现行立法中对于环境法援引环境标准的具体规则存在一定程度的缺失，造成我国现有环境法律法规对环境标准的援引数量较少。而在有限的援引条款中，大多数均指向污染物排放标准，鲜有环境质量标准被援引。一般认为，环境质量标准是为保障人体健康、维护生态环境和保障社会物质财富，并考虑技术、经济条件，对环境中有害物质和因素所作的限制性规定。环境质量标准是一定时期内衡量环境优劣程度的标准，[①] 是确认环境是否被污染的根据，[②] 是政府制定环境目标和环境规划的依据，[③] 是一定时期内政府环境质量目标的技术体现。污染物排放标准，是根据国家环境质量标准，以及适用的污染控制技术，并考虑经济承受能力，对排入环境的有害物质和产生污染的各种因素所作的限制性规定，是对污染源的控制标准，[④] 是对排污行为界限的技术体现。正是由于在环境法律规范制定的过程中对于环境标准援引的不明确，导致现有环境标准效力体系的混乱。因此，现阶段认识环境标准效力的过程中，应在把握具体环境法律规范的基础上，遵循环境标准权力制约效力、行为管制效力和侵害矫正效力的效力体系，检视现有环境标准效力存在的问题。

（一）环境标准政府制约效力的缺失

从上述对于环境质量标准和污染物排放标准的界定中，不难发

---

① 参见杨志峰、刘静玲《环境科学概论》，高等教育出版社 2010 年版，第 373 页。

② 参见徐芳等编著《现代环境标准及其应用进展》，上海交通大学出版社 2014 年版，第 3 页。

③ 参见王春磊《环境标准法律效力的在审视——以环境义务为基点》，《甘肃社会科学》2016 年第 6 期。

④ 参见杨志峰、刘静玲《环境科学概论》，高等教育出版社 2010 年版，第 373 页。

现，环境质量标准主要的约束对象为政府，主要发挥对政府权力的制约效力；而污染物排放标准主要的约束对象为排污者，主要发挥对排污者的管制效力。如前所述，现行立法中对于环境法援引环境标准的具体规则存在一定程度的缺失，造成我国现有环境法律法规对环境标准的援引数量较少。而在有限的援引条款中，大多数指向污染物排放标准，这意味着在现有的环境法规范体系内，环境标准的效力主要体现为对排污者的行为管制效力，而对政府的约束效力处于相对虚位的状态。这也就不难解释为何我国环境立法呈现出"政府管制企业"的单一权威化状态。[①]

更重要的是在有限的援引环境质量标准的条款中，大都也只在规范的行为模式部分指明政府行为应符合环境质量标准的要求，但在规范的后果部分未能明确政府因违反相关环境质量标准的要求所应该承担的责任。例如，《环境保护法》第 28 条第 2 款规定，未达到国家环境质量标准的重点区域、流域的有关地方人民政府，应当制定限期达标规划，并采取措施按期达标；《环境保护法》第 44 条规定，对超过国家重点污染物排放总量控制指标或者未完成国家确定的环境质量目标的地区，省级以上人民政府环境保护主管部门应当暂停审批其新增重点污染物排放总量的建设项目环境影响评价文件。上述条款虽然明确了政府及环境保护主管部门所应遵守的义务，但未能明确违反相关义务的法律后果，这就导致了环境质量标准对于政府的约束效力处于落空的状态。可见，现阶段环境标准对于政府约束效力的不足，主要体现在相关援引环境质量标准约束政府行为的法律规范仅对政府提出了行为约束的要求，但缺乏相关的约束责任以保障其要求的实现。

（二）环境标准侵害矫正效力的否定

在理论研究中，对于环境标准侵害矫正效力的讨论多围绕

---

① 参见胡苑、郑少华《从威权管制到社会治理——关于修订〈大气污染防治法〉的几点思考》，《现代法学》2010 年第 6 期。

"污染物排放标准是否具有侵权法上的抗辩效力"这一命题展开，尽管近年来，随着对于环境标准侵权法适用以及其在侵权法中效力认识的不断深入，逐渐将研究的视野转向环境质量标准侵权法效力。① 笔者认为，传统研究由于对环境侵权间接性以及对环境标准体系把握的不充分，错误地将相关讨论集中于对污染物排放标准效力的讨论，而忽视了对环境质量标准效力的讨论。这种认识路径上的错误，导致了在对环境标准效力认识的过程中，割裂了环境标准公法效力与私法效力的联系，片面地否定环境标准在私法领域中的效力。

对于环境标准在私法中效力的讨论，源于在实践中对于排污主体是否可以依据排污行为符合污染物排放标准的要求，而主张免于承担侵权责任的讨论。一般认为，我国立法对于环境标准在环境污染责任中的效力经历了从肯定到否定的过程，现有立法持否定态度。1986 年颁布的《民法通则》第 124 条将违反"保护环境防止污染规定"作为承担民事责任的条件，通常认为此处的"规定"是指环境行政法律法规和相关环境标准。根据此规定，违反环境标准对于排污指标的限制是承担环境侵权民事责任的前提条件。

而 1989 年颁布的《环境保护法》第 41 条第 1 款，则改变了环境污染民事责任的成立条件，不再以违反"规定"作为承担民事责任的条件，将环境侵权责任确定为无过错责任，在立法上不再将违反环境标准作为承担民事责任的条件。而在随后发生的"严西湖渔场诉武汉船用机械厂等水污染损害赔偿纠纷案"，则成为否定环境标准合规抗辩效力的里程碑。在该案中，在国家环保总局答复湖北省环保局的复函中指出：现有法律法规并未将有无过错以及污染物的

---

① 对于这一研究趋势转变可参见张敏纯《论行政管制标准在环境侵权民事责任中的类型化效力》，《政治与法律》2014 年第 10 期；陈伟《环境标准侵权法效力辨析》，《法律科学》（西北政法大学学报）2016 年第 1 期；陈伟《环境质量标准的侵权法适用研究》，《中国法学》2017 年第 1 期。

排放是否超过标准作为确定排污单位是否承担赔偿责任的条件。国家或者地方规定的污染物排放标准，只是环保部门决定排污单位是否需要缴纳超标排污费和进行环境管理的依据，而不是确定排污单位是否承担赔偿责任的界限。① 湖北省高院在调解书中采纳了国家环保总局的观点，② 否定了环境标准（污染物排放标准）的合规抗辩效力。由此，在环境侵权责任的构成上，否认污染物排放标准的合规抗辩，成为理论和实务中的通说。之后颁布的《侵权责任法》、修订后的《环境保护法》以及《最高人民法院关于审理环境侵权责任纠纷案件适用法律若干问题的解释》（以下简称为《环境侵权司法解释》）等相关规定，则沿袭了原《环境保护法》第 41 条对于环境污染责任的立法模式。

上述观点背后的逻辑为：污染物排放标准是行政法上的管制标准，其决定排污者是否承担行政责任以及承担行政责任的范围。并指出行政责任和民事责任保护的对象存在根本区别，故因符合污染物排放标准不承担行政责任，不意味着不应当承担民事责任，进而否定污染物排放标准在民事法律领域中的效力。③ 但上述观点引发了在实践中的以下困境：一是无法解释在认定噪声污染责任的司法实践中，承认噪声排放标准抗辩效力的做法。二是不利于激励企业主动执行污染物排放标准，无论企业是否达标，在民事责任效果上并无差别，可能导致企业无意于治理污染，放任损害发生。④ 可见，人为地割裂环境标准的公、私法效力，否定环境标准在侵权责任认定中的作用，不仅割裂了不同类型污染纠纷对于环境标准的适用，而且不利于激励企业执行环境标准。该观点已经严重地制约了司法实

---

① 参见《国家环保局关于确定环境污染损害赔偿问题的复函》。

② 参见湖北省高级人民法院鄂高法（1992）经上调字 4 号民事调解书。

③ 参见竺效《生态损害的社会化填补法理研究》，中国政法大学出版社 2007 年版，第 70—71 页。

④ 参见张敏纯《论行政管制标准在环境侵权民事责任中的类型化效力》，《政治与法律》2014 年第 10 期。

践，并且极大地影响了环境标准的实施，需要全面、系统地对该观点进行反思，重塑环境标准在解决环境污染纠纷中的效力，保证环境标准在公法和私法体系中效力的一致性，最终保证环境法规范所认可的环境标准能够得到良好的实施。

二　认识割裂：环境标准效力问题的成因分析

在发达的现代性中，财富的生产系统地伴随着风险的社会生产。[①]环境风险正产生于这种风险的社会生产之中，为了从法律角度对环境风险予以有效回应，德国法首先引入了环境风险和环境危险的概念。"环境风险"是指对环境妨碍有产生的可能性，而这种可能性依据实践理性无法排除；"环境危险"是指环境妨碍产生的可能性程度，已经到了不可忍受的地步。[②]从上述概念中不难发现，损害发生的盖然性程度是界分风险和危险的依据。[③]上述分析，揭示了风险和危险根本的区别在于产生损害的盖然性程度，而这种盖然性程度的判断依据，不仅仅取决于现有的科技认识水平，也与社会经济发展水平等因素相关。具言之，对于盖然性程度是否可以忍受的判断，既取决于科学技术水平是否能够有效地认识和控制这种可能性的客观应对能力，也取决于一定社会经济发展水平下，整体社会对于每种妨害产生可能性的主观认识情况。因此，对于危险和风险的界分，根本上是在以客观条件为基础的综合性价值判断。

环境质量标准本质上就是这种判断依据的具体体现，其核心功

---

① 参见［德］乌尔里希·贝克《风险社会》，何博闻译，译林出版社 2004 年版，第 15 页。

② 参见陈海嵩《国家环境保护义务论》，北京大学出版社 2015 年版，第 94 页。

③ See Di. Fabio. Risikoentscheidunhgen im Rechtsstsaat, Tubingen：J. C. B. Mohr, 1994，p. 106. 转引自陈海嵩《国家环境保护义务论》，北京大学出版社 2015 年版，第 93 页。

能为基于预期的积累效益确定可接受风险的限度，① 是将抽象的可接受风险水平转化为量化的、可供判断的具体数据。② 在结合现有科学技术水平和社会经济发展状况确定环境质量标准之时，就暗含了以下内容：只有能够为环境质量标准所反映的环境状况变化，可以通过现有的经验法则加以规范，其所产生不利后果的盖然性处于不可接受的范围，属危险（具体危险）的范畴；不能为环境质量标准所反映的环境状况的变化，无法通过现有的经验法则加以规范，其所产生的不利后果的盖然性处于可以接受的范围，属风险（抽象危险）的范畴。其一方面，通过对政府的约束，要求政府实施有效的环境保护和治理行为，使环境质量状况处于环境质量标准的范围之内；另一方面，其通过自身的技术指标限制，为人们判断环境质量状况是否处于可接受风险范围之内，即判断环境是否发生了污染提供依据。

污染物排放标准是以实现环境质量标准为目标，用以规范排污行为的、抵抗或排除具体危险的标准。③ 其本质是通过技术指标界定排污行为造成环境质量下降的盖然性程度，如果排放行为遵守限值，则排污行为造成环境质量下降的盖然性程度处于可接受的程度之内；反之则处于不可接受的范围之内。其主要通过对排污行为的约束，实现环境质量目标。一方面，污染物排放标准作为公法中约束排污行为的具体规范，其具有判定排污行为是否违反公法义务的功能；另一方面，当出现能够为环境质量标准所反映

---

① See K. Pinkau, O. Renn eds. , *Environment Standards: Scientific Foundations and Rational Procedures of Regulation with Emphasis on Radiological Risk Management*, Berlin: Springer-Verlag, 1998, pp. 1-11. 转引自张晏《风险评估的适用与合法性问题——以环境标准制定为中心》，载沈岿主编《风险规制与行政法新发展》，法律出版社 2013 年版，第 146 页。

② 参见张晏《风险评估的适用与合法性问题——以环境标准制定为中心》，载沈岿主编《风险规制与行政法新发展》，法律出版社 2013 年版，第 146 页。

③ 同上。

的环境状况变化，产生了为私法体系内的侵权法所应对的具体危险时，污染物排放标准具有分析排污行为、权利侵害、损害之间的关联性的功能。

从上述对于环境质量标准和污染物排放标准的功能及作用方式的分析中表明，整体上而言环境标准的效力呈现出一种多样性的特征，其既在公法体系内发挥对于政府行为的权力制约效力和对于排污主体的行为管制效力；又通过私法体系发挥针对侵害结果的侵害矫正效力。故而，在环境标准的适用过程中不能仅仅认识到环境标准多样性效力的某一方面。前述两方面的不足正是由于在现有制度和理论当中，未能从整体上把握环境标准效力的特征，仅仅认识到了环境标准在公法体系中对于排污主体的行为管制效力，而忽视了同属公法体系中对政府行为的权力制约效力以及私法体系中对侵害后果的侵害矫正效力，进而影响了环境标准在实践当中的适用。

三　体系整合：环境标准效力制度的完善路径

环境标准结合具体环境法律规范而形成的法律效力，具体包括权力制约效力、行为规制效力和侵害矫正效力三个方面。从上述的问题分析中不难发现，现有环境标准效力问题主要集中于权力制约效力的缺失和侵害矫正效力的否定两个方面。就环境标准的行为管制效力而言，现有环境法律规范在与环境标准结合的过程中已经形成了体系完整、逻辑严密的行为管制效力体系。从环境保护基础法律《环境保护法》，到各环境保护单行法中都明确了环境标准对环境开发利用主体行为的约束力，并且通过《环境保护法》、各环境保护单行法中的行政责任以及《刑法》第 338 条污染环境罪所确立的刑事责任，形成了多层次多类型的责任体系，以保障环境标准行为管制效力的最终实现。因此，对于环境标准效力制度的完善应当着眼于权力制约效力和侵害矫正效力两个方面。

（一）明确环境标准的权力制约效力

环境标准的权力制约效力主要体现为环境标准对政府的制约效力，现阶段政府环境责任约束不足是环境污染加剧及纠纷升级的重要原因之一，而政府环境责任问题的实质是缺乏明确的政府环境义务规范以及在政府未履行环境义务状态下的政府环境责任规范，客观上存在着"重政府经济责任，轻政府环境责任""重企业环境责任，轻政府环境责任""重政府环境权力，轻政府环境责任""重政府环境义务的界定、轻政府环境责任设置"的现象。[1] 因此，欲改变上述困境需要明确环境标准的权力制约效力，根本上是健全与环境标准实施相关的政府环境责任，而健全政府环境责任则需要首先明确与环境标准相结合的环境法律规范中政府所承担的环境义务体系，并且根据环境义务体系的特点，构建相应的政府环境责任体系，以提高政府环境责任的可操作性，实现政府环境责任的明确化、规范化和制度化，最终落实环境标准的权力制约效力。

（二）重塑环境标准的侵害矫正效力

目前看来，对于否定环境标准效力的根本原因在于现有环境法律规范未能明确、有效地与环境标准相结合，而在此背景下相关实务部门[2]、专家学者[3]最早从界分环境标准公法、私法效力的角度出发，认为环境标准尤其是污染物排放标准是政府部门为落实环境行政管制规则而制定的公法标准，不能作为私法上的标准用以认定侵权责任的成立与否。而随着对于环境标准在环境侵权中效力认识的不断深入，有学者沿袭着公私界分的思路指出由于强制性环境标准其本身界定的是一种公法上对于风险预防的最低要求，并不能够体

---

[1] 参见蔡守秋《论政府环境责任的缺陷与健全》，《河北法学》2008 年第 3 期。

[2] 《国家环保局关于确定环境污染损害赔偿问题的复函》指出："国家或者地方规定的污染物排放标准，只是环保部门决定排污单位是否需要缴纳超标排污费和进行环境管理的依据，而不是确定排污单位是否承担赔偿责任的界限。"

[3] 代表性观点参见竺效《生态损害的社会化填补法理研究》，中国政法大学出版社2007 年版，第 70—71 页。

现私法上的安全价值，将强制性环境标准作为侵权法上认定侵权责任成立与否的依据是其不能承受之重。①

上述观点反映了现有理论在认识环境标准侵害矫正效力的过程中，割裂地看待环境标准在公法体系中的效力与私法体系中的效力。从整体逻辑而言环境法与环境标准的结合是现代国家回应环境风险的重要制度手段，其本质是在宪法明确国家环境保护义务的基础上，通过环境标准界分国家环境保护义务的不同类型，进而国家通过立法、行政和司法的手段履行以环境标准为界分依据的不同类型的国家环境保护义务。在此过程中，国家环境保护义务通过立法转化为不同主体所承担的义务，并通过法律规范的实施而得以实现。因此，环境标准对于环境风险和环境危险的界分发生在国家环境保护义务这一源头，换言之，无论是在公法还是私法体系中，环境标准所确立的环境义务的强度根本上是一致的，故而在认识环境标准侵害矫正效力的过程中，应当摒弃割裂看待公法私法体系的观点，从整体上认识环境标准在不同类型法律中的效力。并以此作为解释与环境标准相结合的环境法律规范的基点，在现有法律规范与环境标准结合不甚明确的前提下重塑环境标准的侵害矫正效力。

第二节　环境标准权力制约效力的强化

环境问题是一个市场本身无法有效解决的问题，因而需要借助政府规制来予以应对，政府是环境保护整体工作中的核心。但源于长期以来各级政府在经济发展压力下形成的以经济指标为核心的绩效考核体系，导致了各级地方政府在不同程度上出现了"地方政府

---

① 参见谭启平《符合强制性标准与侵权责任承担的关系》，《中国法学》2017年第4期。

公司化"的现象,① 造成各级政府在环境管理中存在比较严重的"政府失灵"现象,② 致使环境法律实施困难③、生态环境状况持续恶化。而在法律制度上，政府环境责任不完善是"政府失灵"的制度原因。④ 具体而言，虽然 1989 年颁布的《环境保护法》规定了各级人民政府对所辖区域的环境质量负责，但相当长的时间内由于我国环境立法在政府义务的具体化、明确化方面存在不足,⑤ 由于缺乏具体化的义务设置和明确化的责任配置，导致此条文缺乏运用落实⑥。为了从源头上改变上述情况，2014 年修订的《环境保护法》对强化政府环境责任、激励政府环境履职⑦的现实需求和理论呼吁予

---

① "地方政府公司化"的表述是对地方政府过度追求经济增长行为的通俗概括，也称"地方政府公司主义"或"地方政府唯 GDP 主义"，其实际上是指代地方政府在其行政管辖区域内，以追求自身利益最大化为目标，以各种行政资源的控制和支配为资本，以商业行为和超经济强制为背景的市场交易为经营手段，以获取廉价劳动力为管理策略，以伪公共利益最大化为所谓的理念，以官员老板化为从政之道，围绕"政绩"和升迁而形成的一整套类似于公司的政府行为体系。在此体系的指导下，地方政府往往不惜违反包括环境保护法律在内的法律约束以保护工商企业。详细论述参见宫希魁《地方政府公司化倾向及其治理》，《财经问题研究》2011 年第 4 期；赵树凯《地方政府公司化：体制优势还是劣势?》，《文化纵横》2012 年第 2 期。

② 参见王曦《论新时期完善我国环境法制的战略突破口》，《上海交通大学学报》（哲学社会科学版）2009 年第 2 期。

③ 环境法实施困难体现为两个面向，即有学者指出的环保执法难与环保系统窝案，"环保执法难"主要是指地方政府干预环保部门环境执法，而"环保系统窝案"主要是指环保执法主体为排污企业俘获，直接放弃针对违法排污主体的执法。参见林永生《中国环境污染的经济追因与综合治理》，北京师范大学出版社 2016 年版，第 99 页。

④ 相关论述经常出现于有关强化政府环境责任等问题探讨的研究成果中，代表性文献可参见王曦《当前我国环境法制建设亟需解决的三大问题》，《法学评论》2008 年第 4 期；张建伟《政府环境责任论》，中国环境科学出版社 2008 年版，第 25 页。

⑤ 参见徐以祥《环境权利理论、环境义务理论及其融合》，《甘肃政法学院学报》2015 年第 2 期。

⑥ 参见李挚萍《论政府环境法律责任——以政府对环境质量负责为基点》，《中国地质大学学报》（社会科学版）2008 年第 2 期。

⑦ 关于有关"《环境保护法》激励政府环境履职"的相关论述，参见巩固《政府激励视角下的〈环境保护法〉修改》，《法学》2013 年第 1 期。

以了回应，不仅将各级地方政府应对本区域环境质量负责的要求，由原来"保护和改善环境"章节中的宣誓性规定，转为在总则第6条中所确立的政府基本义务，[①] 还通过一系列条款强化了政府的环境保护职责、权力和责任。在风险社会的背景下，能有效回应环境风险的环境法律规范，需要融合体现生态环境规律的环境标准，以实现环境法律规范的具体化、可操作化。同样，前述政府环境责任条款亦需要结合环境标准方能得以有效地实施。在此过程中，环境标准通过与环境法律规范的结合，体现出对政府权力的制约效力；而准确地把握环境标准的权力制约效力，又成为落实政府环境责任的重要保障。如前所述，现有制度下环境标准权力制约效力存在政府义务设置不清、政府责任配置不利的问题。因此，本节将在厘清环境标准权利制约效力基本结构的基础上，有针对性地讨论前述两方面的问题。

一　基本结构：环境标准权力制约效力的理论阐释

环境标准适用法律制度的功能定位于保障环境标准实施的有效性，而环境标准权力制约效力的核心功能就在于保证环境标准对政府行为形成有效的约束。对于环境标准权力制约效力的把握需要在有效制约政府行为功能的指引下，准确地把握以下内容：第一，环境标准对政府将形成何种形式的制约？第二，环境标准对政府形成约束的作用客体为何？第三，如何保障环境标准对政府权力制约效力的实现？故而，需要从上述三个方面把握环境标准权力制约效力的基本结构。

（一）双重制约：环境标准制约效力的体现形式

政府是履行国家环境保护义务的核心，而宪法上抽象的"保护和改善环境"的义务需要通过法律规则而不断地具体化，但是由于

---

① 参见李挚萍《论以环境质量改善为核心的环境法制转型》，《重庆大学学报》（社会科学版）2017 年第 2 期。

环境保护工作需要以把握和遵循生态环境规律为基本前提，因此在国家环境保护义务具体化的过程中需要借助环境标准这一标尺对各类主体义务的界限予以明确。就政府承担的环境保护义务而言，环境标准实质上界定了政府环境保护义务的边界和程度。换言之，环境标准在实体上确定了政府环境保护义务的实质内容。正是环境标准所发挥的界定政府环境保护义务的作用形成了环境标准对政府权力的制约，而环境标准对于政府的制约则体现为目标和行为的双重制约。

从环境标准制定的过程来看，整体上环境标准的制定沿袭以下程序：首先，制定主体对国家整体的环境质量状况进行充分的调查评估，结合国家经济社会状况，确定一定阶段内环境保护的目标；其次，根据一定阶段内环境保护的目标和环境基准研究成果，制定环境质量标准；最后，在保障环境质量标准实现的前提下，结合现有技术经济的可行性，制定污染物排放标准。从中不难发现环境标准尤其是环境质量标准其本质上体现了一定阶段政府环境保护的目标，其与《环境保护法》中各级地方人民政府对其行政区域内环境质量负责的条款相结合明确了对政府环境质量目标的要求，形成了对政府管理行为在目标上的约束。但对政府而言，环境质量目标的要求并不能直接保证环境质量的目标的实现，环境质量目标的实现还需要通过政府具体环境管理行为予以分解和落实，因此，环境标准还需与规范政府具体管理行为的规范相结合，形成对于政府管理行为的约束。综上，环境标准在制定后通过与环境法律规范的结合，形成了对政府环境管理行为在管理目标和行为规范上的双重约束。

（二）管理行为：环境标准权力制约效力的作用客体

从对环境标准权力制约效力表现形式分析的过程中不难发现，环境标准权力制约效力的作用客体主要指向政府及政府主管部门的环境保护管理行为。有学者在对环境标准作用客体的分析中，按照环境标准的不同对环境标准所约束的政府管理行为进行了归纳，环境质量标准约束的政府管理行为包括环境规划行为、环境监测行为、环境质量报告行为以及根据环境质量报告采取的防止污染的行为。污染物排放标准制度约束的政府管理行为包括各级人民政府下达分解落实重点污染物排放总量控制指标的行为、政府主管部门对超标排污的行政处罚行为。[①] 但此种分类方法人为地割裂了环境质量标准和污染物排放标准之间的关系，污染物排放标准本身就是为了落实环境质量标准而制定的，以直接管制污染物排放行为为目标的环境标准，两者之间本身就具有紧密的关联性，这就使得不同的政府管理行为在实施的过程中可能受到环境质量标准和污染物排放标准的双重约束。因此，上述分类方式客观上就造成在概括过程中的遗漏或重复，例如：前述分类过程就忽视了环境主管部门的环评审批工作以及排污许可工作。

从上述分类方法的缺陷中不难发现，源于不同环境标准之间联系的紧密性，对于环境标准权力管制效力作用客体的分析，应当坚持以环境管理行为为中心，按照环境管理行为自身的类型化体系进行分类，再根据环境标准与不同类型环境管理行为之间的关系，最终确定环境标准权力制约效力的作用客体。生态环境问题具有潜在性、滞后性、破坏性大等特征，因而政府对于生态环境的管理行为必须从环境的整体性、区域性、变动性、开放性、有限性、综合性和可调节性等特征出发，以生态环境状况为基点展开全过程、体系化的生态环境监督管理。首先，有效的生态环境管理需要全面把握现有生态环境状况，因此政府的生态环境调查、评估行为应当是生态环境管理的起点；其次，根据整体生态环境状况，综合社会经济状况，确定一定时期内生态环境管理的目标；再次，将生态环境管理目标层层分解为生态环境管理的具体约束；最后，根据分解形成的具体约束，对影响生态环境的具体开发利用行为进行管理。

根据上述政府生态环境管理的四个阶段，可以将政府环境管理

---

① 参见施志源《环境标准的法律属性与制度构成——对新〈环境保护法〉相关规定的解读与展开》，《重庆大学学报》（社会科学版）2016 年第 1 期。

行为类型化为生态环境状况调查评估行为、生态环境管理目标确定行为、生态环境管理目标分解行为和生态环境执法行为四个类型。首先，生态环境状况调查评估行为是环境标准制定基础，因此不应也无法受到环境标准的约束；其次，生态环境管理目标的确定行为是以生态环境状况和社会经济状况为基础，故而也不受到环境标准的约束，同时环境质量标准的制定本身就是确定生态环境管理目标行为的具体类型；再次，在确定生态环境管理目标、形成环境质量标准之后，对于生态环境管理目标分解行为就首先受到环境质量标准的限制，而在依据环境质量标准制定污染物排放标准之后，进一步的环境管理目标分解行为将可能受到环境质量标准和污染物排放标准的双重约束；最后，生态环境执法行为的依据就来自环境标准或基于环境标准所产生的具体约束，因而环境标准也对生态环境执法行为产生约束。综合上述分析可见，环境标准并非对所有类型的政府环境管理行为均产生制约效力，其作用的客体仅及于生态环境管理目标分解行为和生态环境执法行为。因此，对于环境标准权力制约效力的考察和分析应当着重围绕这两方面的行为进行。

（三）政府责任：环境标准制约效力的最终保障

"法律责任的目的在于：通过使当事人承担不利的法律后果，保障法律上的权利、义务、权力得以生效，实现法的价值。"[1] 考虑到政府在环境问题解决中的主导和关键作用，各国的环境法律规范为政府规定了内容丰富的职责与义务，这些职责和义务的依法履行是解决环境问题的基本前提。为促进和保障政府职责与义务的有效履行，需要针对政府的环境违法行为设置相应的法律责任。因为如果没有法律责任的保障，政府的职责和义务就只能停留在政治倡导的阶段，只能依赖政府的自觉履行，其效果难以得到有效保障。当出现政府环境违法的情形时，如果没有相应的法律责任机制来进行救

---

① 张琪：《论当代中国法律责任的目的、功能与归责的基本原则》，《中外法学》1999年第6期。

济和惩罚，政府的环境违法行为就很难得到有效约束。

　　环境法与环境标准结合形成对政府的权力制约效力，其重要的意义就在于通过环境标准将环境法律中设置的政府环境保护义务予以具体化，对政府生态环境管理行为形成更加明确、细致的约束，并通过对违反相关义务的政府环境违法行为配置责任加以保障。如前所述，现行环境标准适用制度中，影响环境标准权力制约效力发挥的因素，一方面体现为环境法与环境标准结合过程中的不紧密、不明确，进而导致通过环境标准具体化政府环境保护义务的制度功能未能发挥；另一方面就体现为现有政府违法责任设置不全面、不系统，未能对政府违反环境义务的管理行为设置明确的责任，导致环境标准对政府的权力制约效力无法得到充分的发挥。

　　综上，为了充分保障环境标准对政府权力制约效力的实现，除了通过环境标准对环境法律规范中政府所承担的义务实现具体化以外，还应当系统化地配置政府环境责任，以保障环境法与环境标准结合后形成的具体政府环境保护义务得以履行。首先，如前所述，环境标准对政府环境管理行为的约束体现为目标约束和行为约束两个方面，目标约束最终将体现为一种以结果违法性为导向的结果责任，行为约束则最终体现为一种以行为违法性为导向的行为责任。因此，在法律责任的设置上，政府环境法律责任也可以分成两种形态：未依法完成特定环境保护目标的法律责任和违反具体的行为义务的法律责任。这两种责任形态，前者是一种结果责任，而后者是一种行为责任。结果责任和行为责任的区分是法律责任追究中一种重要的类型化方法，这是一种来源于私法的法律责任类型划分，并在公法领域中得到运用。① 由于两种类型的责任在构成要件、责任承担方式等方面存在不同，故而在具体的设置过程中需要予以区别

---

① See J. J. H. van Kempen, "Countering the Obscurity of Obligations in European Environmental Law: An Analysis of Article 4 of the European Water Framework Directive", *Journal of Environmental Law*, Vol. 24, No. 3, 2012, pp. 499-533.

对待。

其次，政府责任在设置的过程中，存在另一个特殊的问题，即政府违法行为是一种特殊的组织违法行为，针对政府环境违法行为的法律责任的设置需要从政府违法行为的组织特征出发来进行考虑。这种组织的违法行为结构具有双重性，组织和自然人之间存在着独立性和依附性的辩证统一关系。[①] 就组织而言，组织一方面是一个独立于其内部自然人的独立法律主体；另一方面，其组织的行为又要通过具体的个体自然人或多个自然人来完成。就自然人而言，履行职务时的行为具有双重性，一方面，其是体现组织意志的组织行为，具有组织属性；另一方面，其是该组织行为受到自然人意志的支配，具有自然人属性。[②] 组织违法行为的责任追究也体现为两个层面：一方面，由于是以组织的名义从事违法行为，组织违法的法律责任表现为组织的法律责任；另一方面，个体以组织的名义从事违法行为，其是违法行为的具体实施主体，其与组织之间也基于违法行为产生了法律关系，[③] 组织违法的法律责任还表现为个体的法律责任。

最后，综合上述分析，针对政府环境违法行为的法律责任有两种类型：第一种类型是政府的行政首长及其工作人员的法律责任；第二种类型是政府自身承担的法律责任，即政府环境法律责任。综合上述两方面的考量，为了保障环境标准权力制约效力的实现，在设置政府环境责任的过程中需要全面把握结果责任和行为责任的设置，以及政府行政首长及工作人员责任以及政府环境法律责任，从而形成全面、系统的政府环境法律责任框架。

---

① 参见熊选国、牛克乾《试论单位犯罪的主体结构——"新复合主体论"之提倡》，《法学研究》2003 年第 4 期。

② 参见许海波《论单位犯罪自然人承担刑事责任的根据》，《山东警察学院学报》2005 年第 5 期。

③ 参见徐晓明《行政许可后续监管体系中双罚制引入问题研究》，《现代法学》2012 年第 3 期。

二　政府义务：环境标准权力制约效力的逻辑起点

环境法与环境标准规范相融合，明确政府在环境管理行为中的义务是环境标准权力制约效力发挥的逻辑起点。因此，欲厘清环境标准的权力制约效力需要全面、系统地把握环境标准对具体政府环境管理行为的约束。如前所述，环境标准对政府环境管理行为的约束，主要体现在环境目标分解行为和环境行政执法行为之中。结合现有法律规范来看，环境标准对环境行政执法行为约束的法律规定较为明确，在环境行政执法行为中，执法主体必须准确适用污染物排放标准作为判断排污主体是否存在超标排污的违法行为，在此过程中要求执法主体根据排污主体的具体类型正确地选择所执行的具体类型的污染物排放标准并准确适用具体标准中的数值。因此，在现有法律已明确环境标准对环境行政执法行为约束的情况下，对于环境标准结合环境法律规范对环境管理行为所设定义务的讨论，将重点关注法律规范规定不甚明确的环境标准对政府环境目标分解行为约束的分析和阐释。

（一）环境目标分解行为具体类型的划分

从环境保护法律规范的目的出发，环境保护工作的本质是将对环境资源的开发利用行为限制在的生态环境功能水平的约束条件之下。在环境标准主要作用的污染控制工作中，首先，需要确定生态环境功能水平的约束条件，即在某一阶段环境质量目标指导下所测算得出的环境容量；其次，将所测算得出的环境容量科学、合理地分解至每个实际实施污染排放活动的主体，进而使实际的污染排放行为受到实质性的约束。从环境标准所主要作用的污染控制工作过程来看，环境目标分解行为本质上就是测定并配置环境容量的行为，其具体体现为一系列从宏观到具体、层层递进的环境管理行为。

不难发现环境目标分解行为根本上是围绕环境容量而展开的一系列的环境管理行为，因此准确地把握环境容量这一客观上的约束指标是准确认识环境管理行为体系的逻辑基础。环境容量并非一个法学概念体系中的概念，而是环境科学领域中的概念。通常认为，环境容量的概念由日本学者引入法学领域之中。[①] 20 世纪 70 年代末，日本为了改善环境质量状况，提出污染物排放总量控制的问题，即把一定区域的大气或水体中的污染物总量控制在一定的允许限度内。[②] 这个"一定限度"就是以日本学者 1968 年提出的环境容量为依据的。[③] 一般认为，环境容量是指在保证人群健康、人类生存和生态系统功能不受影响的前提下，自然环境或者环境要素对污染物的容许承受量或负荷量，其由绝对容量和变动容量组成。绝对容量是指在一定环境质量目标下，一定区域内环境要素所能容纳某种污染物的静态最大负荷量；变动容量是指该区域内各要素在一定确定时间段内对该种污染物的动态自净能力。[④]

从上述环境容量的概念中不难发现，环境容量是对一定空间维度、时间维度内环境要素对于某种污染物承载数量的反映。据此，政府在通过其目标分解行为确定和配置环境容量的过程中需要关注区域、强度和总量三个方面的内容。因此，在环境管理过程中通过制定环境保护规划、制定污染物排放标准以及确定污染物总量控制指标三个类型的行为，从区域、强度和总量三个方面，体系化地确定并体现环境容量，并在其约束下通过环境影响评价审批以及排污许可证发放将环境容量分解落实至实际的排污主体，并通过环境行政执法保证上述约束指标的实现。

据此，政府环境目标分解行为可以概括为两个层次：第一个层

[①] 有学者指出，"一般认为环境容量的概念首先是由日本学者提出来的"，但结合该学者在行文过程中所表达的观点和引用的文献，笔者认为只能得出"日本学者最早将环境容量的概念引入法学领域中"的观点，参见邓海峰《环境容量的准物权化及其权利构成》，《中国法学》2005 年第 4 期。

[②] 参见［日］牛山積《现代の公害法》，劲草书房 1976 年版，第 80—90 页，转引自邓海峰《环境容量的准物权化及其权利构成》，《中国法学》2005 年第 4 期。

[③] 参见［日］阿部泰隆、淡路刚久《环境法》，有斐阁 1995 年版，第 53—67 页，转引自邓海峰《环境容量的准物权化及其权利构成》，《中国法学》2005 年第 4 期。

[④] 参见《辞海》（第六版彩图本），上海辞书出版社 2009 年版，第 948 页。

次为环境质量目标的具体化，即通过环境保护规划行为、污染物排放标准制定行为和污染物总量控制指标确定行为，从区域开发强度、污染物排放浓度和污染物排放总量三个方面将环境质量目标予以具体化；第二个层次为环境约束指标的配置，即通过建设项目环境影响评价审批行为以及排污许可证发放行为，将上述经过具体化的环境质量目标分配至具体实施排污行为的主体。综上，对于环境标准对于政府环境目标分解行为约束的探讨应该针对上述两个层次的行为分别予以讨论。

（二）环境标准对环境目标具化行为的制约

政府依据环境质量标准具体化环境质量目标的行为，体现了以环境质量为政府规制目标的环境质量目标主义的要求。在环境质量目标主义的指导下，环境质量标准作为衡量人与自然关系是否和谐的标准，[①] 其一方面，体现对政府规制目标的要求，另一方面，也体现了对政府具体管理行为的制约。因此，环境质量标准对政府具体化环境质量目标的行为有着直接的约束效力，政府对于环境质量目标的具体化必须严格依据环境质量标准的要求。如前所述，政府具体化环境目标的行为包括：环境保护规划行为、污染物排放标准制定行为以及污染物排放总量控制指标确定行为。其中环境质量标准对于污染物排放标准制定行为的制约已在本书第四章进行了全面系统的讨论，为避免重复，在此仅对环境质量标准对区域规划行为以及污染物排放总量控制指标确定行为的制约进行讨论。

1. 环境质量标准对环境保护规划行为的制约

环境保护规划又称环境规划，是指对环境保护工作的总体部署和行动方案，其体现了一定时间内环境保护目标、基本任务和措施。[②] 通过规划对环境资源的开发利用和保护进行事前安排，确定环

---

① 参见徐祥民《环境质量目标主义：关于环境法直接规制目标的思考》，《中国法学》2015 年第 6 期。

② 参见吕忠梅主编《环境法学概要》，法律出版社 2016 年版，第 166 页。

境资源的开发利用强度，能更好地确定环境与发展之间的平衡点。①
从上述对于环境保护规划概念的阐释中不难发现，环境保护目标是
环境保护规划确定的根本依据，而环境质量标准作为环境保护目标
的具体外在体现，其应当成为环境保护规划制定的直接依据，② 因
此，环境保护规划制定行为应当受到环境质量标准的约束。这种约
束直接体现为以下三个方面：首先，环境保护规划中对于具体区域
开发利用强度的确定，必须依据该区域的环境质量状况和环境质量
标准的要求，不得逾越区域环境质量状况所能承载的开发利用强度；
其次，环境保护规划中对于具体区域功能的确定，必须与环境质量
标准中所确定环境功能区相一致；最后，环境保护规划不得降低对
于具体区域环境质量标准的要求。

　　2. 环境质量标准对排放总量确定行为的制约

　　排污总量控制制度在我国的发展经历了四个阶段，并逐步从政
策上升为法律，③ 从最早提出到 2014 年《环境保护法》修订后，才
正式成为我国环境保护法律体系中的基础性法律制度。排污总量控
制是将一定区域作为一个整体，根据该区域的环境质量状况，为满
足该区域环境质量要求，而将排污总量控制在一定数量之内的措
施。④ 总体而言，排污总量控制行为主要包括总量确定、总量分配以
及落实执行三个部分，这三个部分分别属于政府环境管理行为中目
标具体化、目标分解以及目标落实三个部分。其中污染物排放总量
的确定是整个排污总量控制制度的起点，而污染物排放总量核算确
定，则受制于环境质量状况和环境质量目标的双重约束，前者决定

---

　　① 参见金瑞林、汪劲《20 世纪环境法学研究述评》，北京大学出版社 2003 年版，
第 214 页。

　　② 参见王春磊《环境标准法律效力再审视——以环境义务为基点》，《甘肃社会科
学》2016 年第 6 期。

　　③ 参见赵绘宇、赵晶晶《污染物总量控制的法律演进及趋势》，《上海交通大学学
报》（哲学社会科学版）2009 年第 1 期。

　　④ 参见吕忠梅主编《环境法学概要》，法律出版社 2016 年版，第 186 页。

了环境代谢污染物的能力，而后者则决定了一定阶段内所要达成的污染控制目标。对于前者的测算属于客观的科学测算，后者的确定则取决于一定时期的政治选择和价值判断，而这种政府选择和价值判断的外在表现形式就体现为环境质量标准，故而在根本上并非环境状况决定了污染物排放总量，而是环境质量标准决定了污染物排放总量。因此，在确定污染物排放总量的过程中需要严格依照环境质量标准的要求，结合具体区域的环境质量状况最终计算确定污染物排放总量。换言之，环境质量标准是计算污染物排放总量的根本依据，在污染物排放总量计算确定过程中，不得改变或者违背环境质量标准具体指标的要求。

（三）环境标准对约束指标配置行为的制约

在依据环境质量标准具体化环境目标后，需要通过对约束指标的分解配置将约束指标下达至具体的环境开发利用（排污）主体，而环境约束指标分解配置行为则包括环境影响评价审批行为、污染物排放指标配置行为以及排污行可行为。值得注意的是在实施环境约束指标分解配置行为时，已经通过前述环境目标具体化行为形成了具体的环境规划、污染物排放总量以及污染物排放标准，这些已具体化后的指标也将对环境约束指标分解配置行为产生约束。因此，在分析环境标准对约束指标配置行为产生的制约时，需要关注环境质量标准和污染物排放标准对具体行为的双重约束。

1. 环境标准对环评审批行为的制约

环境影响评价是指对政策、规划和建设项目实施后可能造成的环境影响进行调查、分析、预测和评估，提出预防或者减轻不良环境影响的对策和措施，进行跟踪监测并实施防治环境污染和破坏的措施及方法。① 需要特别说明的是，在环境约束指标配置阶段的环境影响评价专门指向建设项目环境影响评价，而环境影响评价报告的

---

① 参见吕忠梅主编《环境法学概要》，法律出版社 2016 年版，第 168 页。

审批行为则是指环境保护行政主管部门依法对建设项目环境影响评价文件进行审批的行为，未经过环境影响审批的建设项目不得开工建设。环境影响评价源于对环境容量的关注，其目的在于保证生态环境功能不受损害的前提下，发挥环境容量的最大效用。① 可见，能够体现并反映环境容量的环境质量标准和污染物排放标准将直接对环境影响评价报告的审批行为产生直接性的约束。一方面，建设项目所在区域的环境质量状况和环境质量标准共同决定了该区域可供开发利用的环境容量；另一方面，建设项目的生产规模和其所执行的污染物排放标准共同决定了其对环境容量的开发利用强度。简而言之，环境影响评价的目的就在于确保建设项目对环境容量的开发利用强度小于该区域可供开发利用的环境容量，同时在可能的范围内减少建设项目对生态环境功能的影响。因此，在建设项目环境影响评价文件审批的过程中，审批主体需要严格依据环境质量标准和污染物排放标准确定前述指标，进而针对建设项目环境影响评价文件作出审批决定。在具体适用环境质量标准和污染物排放标准的过程中，需要保证标准文件选择的正确和具体标准约束值选择的正确，不得通过任何方式直接或者间接降低环境标准的具体要求。

2. 环境标准对总量配置行为的制约

环境质量标准贯穿于污染总量控制制度实施的始终，源于各区域环境质量状况的不同，在每一次对污染物排放数量控制指标进行分解下达的过程中，均需要结合具体区域的环境质量状况和环境质量标准确定具体区域可供利用的环境容量，进而保证每次分解、下达的污染物总量控制指标处于可供利用的环境容量的范围之内，使得由环境质量标准所体现的环境质量目标转变为科学合理的污染物总量控制指标，并最终具体落实到实际的污染排放主体，确保环境质量目标的实现。因此，在对污染物排放总量控制指标进行配置的过程中，仍然需要严格遵循环境质量标准的约束，以确保每个层级

① 参见吕忠梅主编《环境法学概要》，法律出版社 2016 年版，第 168 页。

的污染物总量控制指标在分解的过程中均能保障环境质量目标的实现。同样在具体的计算测定过程中需要保证标准文件选择的正确和具体标准约束值选择的正确，不得通过任何方式直接或者间接降低环境标准的具体要求。

3. 环境标准对排污许可行为的制约

排污许可是指具有法定职权的环境保护机关，针对有排污意愿主体的申请，经依法审查，准予其按照许可的法定条件和标准从事排污活动的行政行为。[①] 排污许可制度则是指国家规定的主管机关依据排污主体的申请，依法审查后，允许其按照排污许可证记载的相关限制条件排放污染物，约束排放主体排放行为的管理制度。[②] 我国现行立法中的排污管理制度主要以落实污染物排污标准为目的，排污许可证中主要记载排污口的数量、所设置的位置、排放污染物的种类和浓度。因此，在现行排污许可管理制度中，污染物排放标准是实施排污许可制度的直接依据。换言之，在排污许可行为中应当严格依照污染物排放标准决定是否发放排污许可证。然而现有以实施污染物排放标准为核心的排污许可制度存在与环境质量目标脱节的问题，难以确保污染物总量能够在环境质量标准划定的安全阈值之下。[③] 环境质量目标的实现需要污染物排放标准和总量控制指标的共同作用，在未来排污许可制度改革的过程中需要与污染物总量控制制度相整合，在排污许可证许可条件的设置中综合考量环境质量、实践经验、技术水平、公平、效率等多方因素，[④] 以保证排污许可制

---

① 参见李启家、蔡文灿《论我国排污许可证制度的整合与拓展》，载吕忠梅主编《环境资源法论丛》（第6卷），法律出版社2006年版，第171页。

② 参见孙佑海《排污许可制度：立法回顾、问题分析与方案建议》，《环境影响评价》2016年第2期。

③ 参见徐以祥《风险预防原则和环境行政许可》，《西南民族大学学报》（人文社科版）2009年第4期。

④ 参见梁忠《制定排污许可管理条例正当其时》，《中国环境报》2017年11月29日第3版。

度能够真正落实环境质量目标。由此可见，在未来的排污许可制度中排污许可行为将受到环境质量标准和污染物排放标准的双重约束。

三　政府责任：环境标准权利制约效力的最终落实

（一）组织责任：政府环境责任的主体构成

政府自身因违反法律所承担的法律责任在政府法律责任体系中处于核心地位。首先，法律责任的重要功能是停止和消除违法状态，对受违法行为损害的主体进行救济。法律责任救济功能的实现，必须依赖政府自身对其环境违法行为承担责任，这是行政首长及其工作人员承担法律责任所不能替代的。其次，就法律责任的惩罚和预防功能而言，政府环境违法行为的结构二元性决定了不仅应当对实施和负责的自然人进行惩罚以预防未来的违法行为，而且应当对其组织本身进行惩罚以预防组织的未来违法行为。为了最终保障环境标准对政府行为制约效力的实现，明确政府自身所承担的组织责任是整个政府责任体系的核心。而如前所述，环境标准对政府行为的制约效力体现为目标和行为的双重制约。因此，对于政府环境责任体系的设置也应当从违反目标约束的结果责任和违反行为约束的行为责任两个方面展开。

1. 结果责任：违反目标约束的责任体系

环境质量目标的直接表现为环境质量标准，而政府未能完成环境质量目标的直接表现就体现为区域环境质量状况存在不达标的情形，针对政府未能完成环境质量目标的情况，2014 年修订的《环境保护法》确定了一系列具体的责任类型。第一，政治考核责任的法制化。《环境保护法》第 26 条规定了环境保护目标责任制和考核评价制度。通过环境保护目标的层层分解，形成了对目标完成情况考核评价制度，将目标完成情况作为对政府和部门的考核依据，未完成环境保护目标的，该政府或部门将面临考核不通过的法律后果。[①]

---

① 参见袁杰主编《中华人民共和国环境保护法解读》，中国法制出版社 2014 年版，第 92—93 页。

这一考核结果将进行公布，并还会面临撤销国家授予该地区的环境保护或环境治理方面的荣誉称号等后果。但是需要注意，现阶段考核目标的设置仍然未能直接以环境质量目标作为直接的考核手段，仍然以排污总量减排、重点减排项目考核以及监测工作考核等间接性指标作为考核的核心，极有可能导致"考核优秀、环境恶化"的尴尬结果。因此，未来政治考核责任法制化的核心，在于以法律的方式明确以环境质量标准为表现的以质量目标为核心的考核指标体系，以保障目标考核所确定的责任能够促进环境质量的不断改善。

第二，明确限期达标责任。《环境保护法》第 28 条第 2 款规定了地方人民政府在本行政辖区的环境质量状况未达到国家环境质量标准要求的法律责任。确保本行政辖区的环境质量达到国家环境质量标准是地方政府最重要的最基本的义务，针对未实现环境质量达标这一最基本目标的地方政府，应当制定限期达标规划，并采取措施按期达标。[①] 在此，需要强调的是该款规定中所指的限期达标规划和达标措施是相较于现有规划和措施更加严格的规划和措施。当地方政府的环境质量未达国家标准时，如果地方政府仅仅是制定出一个限期达标规划，而不采取较以前更加有效和严格的措施，那么限期达标的计划有可能落空，第 28 条第 2 款的立法目的就不能得到实现。而这种更加严格的要求客观上增加了地方政府的负担，也更加符合法律责任的不利后果的特性。

第三，明确未完成环境质量目标的区域限批责任。《环境保护法》第 44 条第 2 款规定未能完成落实国家重点污染物排放总量控制指标或者未完成国家确定的环境质量目标的地区，省级以上政府环保主管部门应暂停新增重点污染物排放总量建设项目的环评审批。本款规定了针对重点污染物排放超总量或未完成环境质量

---

① 参见袁杰主编《中华人民共和国环境保护法解读》，中国法制出版社 2014 年版，第 101 页。

目标的地区重点污染物增量"限批"的法律后果，可以说本条款所确立的"区域限批"责任是整个环境保护法体系中最能体现环境质量目标对政府行为制约效力的条款。首先，其适用情形直接明确为总量控制指标或者环境质量目标，总量控制指标是在体现环境质量目标的环境质量标准的约束下，确定的环境质量目标的具体体现，而通过环境质量目标补充兜底则全面体现了对于环境质量的要求。其次，将责任手段确定为增量的限制，直接体现了在环境质量目标要求下，污染控制从浓度为核心转向以总量为核心的要求。最后，该责任根本上限制了地方政府的行政决策权力，使得在环境质量目标未完成的情况下，其环境开发利用的决策权力受到了直接的限制。

此外，修订后的《环境保护法》以及各单行污染防治法，也在探索公布未完成总量控制指标的地方政府名单、公开环境保护目标考核结果等新型的责任方式，以完善未完成环境保护目标的责任机制。但从上述责任机制的梳理过程中，可以发现部分责任机制中所对应的环境保护目标仍然停留在传统的总量控制指标上。虽然说从浓度控制转向总量控制已经是质量目标主义的重要体现，但一方面，通过总量控制能否实现环境质量的改善须以总量控制指标的科学、合理为前提，考虑到各级政府在确定总量控制指标的过程中存在的主观不欲和客观不能，以总量控制指标作为环境保护目标的核心仍不能充分保证环境质量状况的改善；另一方面，现行的总量控制制度以重点污染物为核心所展开，不能够全面地体现环境质量状况，可能造成"按下葫芦浮起瓢"的实践困境。因此，未来对未完成环境质量目标的责任体系加以完善的核心之一，就是确立环境质量标准在责任考核中的中心性标尺地位，确实将环境质量的规制目标落到实处。

2. 行为责任：违反行为约束的责任体系

随着民主政治和法治政府理论的发展，行政主体也成为行政法律责任的主体。① 政府是最重要的行政主体，政府也应当像其他行政主体一样承担相应的法律责任。这些法律责任的构成要件和责任形式在一般性的行政法律规范中进行规定，或者成为一种法理的公认原理并在实践中得到惯例的确认。这些政府的法律责任在环境法领域中具有适用性，即使在环境法的相关立法中没有其直接的规范。因为，环境法领域中的政府行为，也应当遵守政府行为的一般规则，包括政府法律责任的一般规则，也包括基础性行政法律规范中设置的政府责任，其主要形态包括：停止和撤销违法行为②、改正违法行为③、履行职务和义务④、赔偿损失⑤、承认错误赔礼道歉恢复名誉消除影响⑥、返还财产恢复原状⑦。

从环境标准对政府形成的具体约束来看，环境标准主要作用于政府配置环境目标和环境执法两个行为阶段，其中环境执法阶段因其本质上是行政强制、行政处罚等具体行政行为在环境行政领域中的具体运用，保障环境标准权力制约效力实现的行政责任与传统针对具体行政行为设置的行政责任并无本质区别，因此，在此不再进行讨论。对行为约束责任的讨论主要针对两个问题展开：一是在环境目标配置行为中，环境目标具体化行为主要体现为环境规划行为、污染物排放标准制定行为以及污染物排放总量确定

---

　　① 参见皮纯协、王丛虎《行政主体的行政法律责任的演进》，《行政法学研究》2000 年第 2 期。

　　② 《行政许可法》第 69 条、第 71 条，《行政处罚法》第 55 条，《行政强制法》第 61 条、第 62 条，《行政复议法》第 28 条第 1 项，《行政诉讼法》第 70 条。

　　③ 《行政强制法》第 61、62 条，《行政处罚法》第 55 条、第 57 条，《行政许可法》第 71 条、第 72 条等。

　　④ 《行政诉讼法》第 72 条、第 73 条。

　　⑤ 《行政强制法》第六十八条，《行政许可法》第 76 条，《行政处罚法》第 59 条，《国家赔偿法》第 3 条、第 4 条。

　　⑥ 《国家赔偿法》第 35 条，类推适用《民法通则》134 条的相关规定，《侵权责任法》第 15 条的规定。

　　⑦ 《国家赔偿法》第 35 条，《公务员法》第 103 条，类推适用《侵权责任法》第 15 条的规定。

行为，此类行为多属于传统意义上的抽象行政行为，当实施此类行为违法时应承担何种类型的政府责任；二是在上述抽象行政行为间接导致侵害发生是否应当配置必要的政府责任以对侵害实现有效的救济。

　　针对环境规划行为、污染物排放标准制定行为以及污染物排放总量确定行为等类型的抽象行政行为，由于其作用对象不特定、影响范围广等特征，如果采取类似具体行政行为的撤销违法行为、确认行为无效等直接影响行为效力的责任形式，可能会导致一段时间内在某一具体领域中存在规范的缺失，导致整体社会行为的混乱。因此，不宜针对此类型违法行为设置撤销违法行为、确认行为无效等影响行为效力的责任形式。笔者认为，从行政系统内部责令改正违法行为以及通过司法判决作出确认违法的责任形式，既能够通过一定的责任形式督促作出违法行为的主体改正存在缺陷的抽象行政行为，也能够维护社会秩序的相对稳定。

　　针对抽象行政行为间接导致侵害发生是否应当配置必要的政府责任以对侵害实现有效救济的问题，有学者在讨论污染排放标准对企业的效力时曾指出："一般情况下，企业达标排污可以起到阻却侵权的效力。如企业达标排污后仍发生人身、财产和环境的损害，包括累积性污染侵权、复合型污染侵权等情形，则可归咎于政府环境标准制定不得当、环境规划不当、总量控制指标设置不当等，由政府承担相应的责任。受害方可以据此提起行政诉讼。在此情形下，污染物排放标准对政府和企业起到双重规范效力。"①笔者认为，达标排污的"合规抗辩"效力尚需结合《侵权责任法》中环境侵权的条款进行具体分析，但以上论述揭示了企业达标排污或者遵守上述抽象行政行为仍然造成损害，根本上是源于抽象行政行为的缺陷或者不当，故而从责任分担的角度应当要求做出

---

① 王春磊：《环境标准法律效力再审视——以环境义务为基点》，《甘肃社会科学》2016 年第 6 期。

抽象行政行为的主体承担相应的责任。值得注意的是，源于环境问题本身的复杂性、技术性，如果要求政府一味地在此情形下承担完全的赔偿责任，将会违背"法不强人所难"的基本正义要求。故而笔者认为，在前述情形下政府所承担的责任应当为体现整体社会公平需求的补偿性责任，除非有证据证明抽象行政行为的不当并非出于技术或者社会经济承受能力的客观限制，而是源于行为主体的重大过错。这种补偿性责任和传统赔偿性责任的区别就在于，其并非对于损失的充分填补，而是出于公平的考量对承受损失的主体给予的一种为维护基本正义的补偿；但当行为主体存在重大过错时则可以参照《国家赔偿法》，启动国家赔偿程序，要求行为主体承担国家赔偿的责任。

（二）官员责任：政府环境责任的必要补充

政府的行政首长及其工作人员的环境法律责任和政府环境法律责任是两种有着密切联系，但又是不可相互替代的法律责任类型。政府部门实行行政首长负责制是各国的惯例，行政首长负责制要求行政首长个人对本部门的具体工作负有处置的全权并承担责任。[1] 行政首长对其负责的部门的环境违法行为承担法律化的政治责任，相关责任人员承担相应的行政处分等法律责任是惩罚和预防政府环境违法行为不可或缺的有力措施。[2] 通过环境保护目标责任制和对干部环保考核制度的建立，对政府负责人依法履行其环保职责和义务进行直接的激励和约束，方能克服和避免惩罚组织这种"隔靴搔痒"式的法律责任模式，以及不能给直接的行为人提供行为激励和约束的弊端和不足。通过对行政首长及工作人员施以法律化的政治责任（如绩效考核的失分、接受人大的质询、引咎辞职等）和行政处分等

---

[1]　参见田兆阳《论行政首长负责制与权力制约机制》，《政治学研究》1999年第2期。

[2]　参见吴志红《行政公产视野下的政府环境法律责任初论》，《河海大学学报》（哲学社会科学版）2008年第3期。

法律责任，是提高政府环境违法的成本、预防和约束政府的环境违法行为的直接和有效的责任形态。在众多的讨论政府环境违法的法律责任的文献中，通过强化行政首长的政治责任和政府工作人员的法律责任被认为是治理政府环境违法行为的重点。①

　　具体到有关涉及环境标准实施的政府行政首长及其工作人员的环境法律责任，应当重点突出其法律化的政治责任与环境质量目标责任之间的衔接以及行政处分责任与环境行政违法责任之间的衔接。一方面，《环境保护法》中所规定环境质量目标责任制及其考核机制本身就是政治责任法律化的典型代表，此种类型责任的设置本身就应当包括组织责任和个体责任的结合。而且在实施中，对于具体政府组织的考核也将直接影响政府的行政首长及其工作人员的考核。因此，为了确保此类型责任的全面落实，应当处理好政府组织考核失分、荣誉及声誉减损与政府的行政首长及其工作人员的个人考核失分、荣誉及声誉减损之间的关系，在法律规范的保证下形成两者之间的良性互动。另一方面，与环境标准有关的行政违法行为产生的根本原因是具体工作人员在做出具体行为的过程中未严格依照环境标准的约束，故而在行政机关承担违法行为的后果时，行政首长及相关工作人员也应当承担相应的法律责任，而这种责任应当由行政机关内部按照《公务员法》以及相关工作规程等依据做出的行政处分予以体现。因此，在未来对于与环境管理有关的行政处分规则的设计，应当强化两者之间的联系，通过确保工作人员严守环境标准的约束，确保政府与环境标准有关的管理行为合法、正当，最终使得环境标准的权力制约效力得以有效落实。

---

① 相关论述可参见杨春桃《我国〈环境保护法〉中政府环境责任追究制度的重构——以美国、日本环境立法经验为参照》，《中国政法大学学报》2013 年第 3 期；李挚萍《论政府环境法律责任——以政府对环境质量负责为基点》，《中国地质大学学报》（哲学社会科学版）2008 年第 2 期。

第三节　环境标准侵害矫正效力的重塑①

在《侵权责任法》中，环境标准侵害矫正效力的实现主要依赖于环境污染责任制度，环境污染责任是指因环境污染事实而产生的侵权责任，属特殊类型的侵权责任。我国相关法律法规中，最早对环境污染责任进行规定的为《民法通则》第 124 条，该条将违反"保护环境防止污染规定"作为承担民事责任的条件，通常认为此处的"规定"是指环境行政法律法规和相关环境标准。1989 年《环境保护法》第 41 条第 1 款，则改变了环境污染民事责任的成立条件，不再以违反"规定"作为承担民事责任的条件。而《侵权责任法》②、修订后的《环境保护法》以及《最高人民法院关于审理环境侵权责任纠纷案件适用法律若干问题的解释》（以下简称《环境侵权司法解释》）等相关规定，则沿袭了 1989 年《环境保护法》第 41 条对于环境污染责任的立法模式。

一　现状反思：效力"否定论"的逻辑缺陷及其成因分析

现有理论认为，前述立法和司法解释的发展历程，表明我国立法对于环境标准在环境污染责任中的效力经历了从肯定到否定的过

---

①　此部分的主要内容已作为《环境标准在环境污染责任中的效力重塑——基于环境物理学定律的类型化分析》一文，发表于《中国地质大学学报》（社会科学版）2018 年第 2 期。

②　在《侵权责任法》三审过程中，就有全国人大常委会组成人员提出：对符合排污标准还造成损害的，不应当考虑去追究排污者的责任，而应当考虑修改的是排污标准，并首先抓好总量控制；并认为，制定法律要考虑与我国的生产力水平相适应，是否追究符合标准的排污者的责任，要慎重考虑。参见王世进、曾祥生《侵权责任法与环境法的对话：环境侵权责任最新发展——兼评〈中华人民共和国侵权责任法〉第八章》，《武汉大学学报》（哲学社会科学版）2010 年第 3 期。然而，在最终通过的《侵权责任法》中并未对上述问题进行正面回应，可见环境标准的侵害矫正效力确系一个较为复杂的理论和实践问题，需要综合各方面的因素予以全面的考量。

程，现有立法持否定态度。"效力否定论"以《国家环保局关于确定环境污染损害赔偿问题的复函》① 为依据，认为"合标"主要是行政法上的概念，其决定排污者是否承担行政责任以及承担行政责任的范围。但由于行政责任和民事责任保护的对象存在根本区别，故因"合标"不承担行政责任，不意味着不应当承担民事责任，进而否定环境标准在民事法律领域中的效力。② 但完全地否定环境标准的效力在实践中带来以下困境：第一，无法解释在认定噪声污染责任的司法实践中，承认噪声排放标准抗辩效力的做法。第二，不利于激励企业主动执行污染物排放标准，无论企业是否达标，在民事责任效果上并无差别，可能导致企业无意于治理污染，放任损害发生。③ 上述两个方面的困境，客观上反映了"效力否定论"的缺陷。这些缺陷的存在，影响了对环境标准效力的准确认识。欲突破此种困境，重塑环境标准在环境污染责任中的效力，必须厘清现有理论的逻辑缺陷及其成因，以免在重塑环境标准效力的过程中重蹈覆辙。

（一）对环境污染事实的地位重视不足

环境污染责任的发生过程为：致害人的行为导致环境污染事实发生，进而引发人的利益损害，最终导致了环境污染民事责任。④ 环境污染事实是衔接致害人行为和受害人损害之间的桥梁，也是整体环境污染责任因果关系链条中不可或缺的一环。环境侵权最明显的

---

① 《国家环保局关于确定环境污染损害赔偿问题的复函》指出："国家或者地方规定的污染物排放标准，只是环保部门决定排污单位是否需要缴纳超标排污费和进行环境管理的依据，而不是确定排污单位是否承担赔偿责任的界限。"

② 参见竺效《生态损害的社会化填补法理研究》，中国政法大学出版社 2007 年版，第 70—71 页。

③ 参见张敏纯《论行政管制标准在环境侵权民事责任中的类型化效力》，《政治与法律》2014 年第 10 期。

④ 参见徐祥民《环境污染责任解析——兼谈〈侵权责任法〉与环境法的关系》，《法学论坛》2010 年第 2 期。

特殊性就在于并非污染物直接作用于人身或财产造成损害,[①] 而这种特殊性可以概括为"通过环境媒介产生侵权后果"[②]。一般认为,环境污染责任的构成要件包括:致害人客观上存在污染环境的行为、被害人存在因污染环境造成的损失、致害人行为和被害人损失之间具有因果关系。环境污染事实虽在构成要件中并无独立的地位,但其在因果关系要件的认定过程中发挥着重要的作用。根据环境因果关系推定理论,证明基础性事实的存在是进行因果关系推定的前提,[③] 而是否存在环境污染事实是证明基础性事实的核心内容。在"侵害行为—环境污染—损失"的链条中,环境污染处于连接两者的中心地位,只有环境污染事实客观存在,才能说明行为和损失之间存在因果关系。现有理论即使已经关注到了环境标准与侵权因果要件之间的关系,但源于忽视因果关系链条中环境污染事实的地位,而直接陷入了排放行为与损害结果之间关联性的泥潭,[④] 进而导致对如何认定环境污染事实重视不足,直接使得司法实践对于因果关系认定的困境。

　　环境科学理论认为,环境污染是指由于人类活动使得有害物质或因子进入环境当中,通过扩散、迁移和转化的过程,使整个环境系统的结构和功能发生变化,出现了不利于人类的现象。[⑤] 对于"不利于人类的现象"的判断,在现代科技条件下,已经由感性的定性判断,发展为以自然科学理论为基础、结合社会经济实际状况的定量判断,而环境标准就是定量判断标准的外在表现形式。一般认为,环境污染是指某一区域中的污染物含量超过了适用的环境质量标准规定的

---

① 参见秦天宝、段帷帷《中国环境侵权案件审理机制的新发展——基于最高人民法院公布的十起案例》,《武汉大学学报》(哲学社会科学版) 2016 年第 6 期。

② 参见徐祥民、邓一峰《环境侵权与环境侵害——兼论环境法的使命》,《法学论坛》2006 年第 2 期。

③ 参见宋宗宇、王热《环境侵权诉讼中的因果关系推定》,《中国人口·资源与环境》2008 年第 5 期。

④ 参见尤明青《论环境质量标准与环境污染侵权责任的认定》,《中国法学》2017 年第 6 期。

⑤ 参见杨志峰、刘静玲《环境科学概论》,高等教育出版社 2010 年版,第 72 页。

限值，因此环境质量标准是判断环境是否被污染的根据。[①] 而既有理论中对于环境污染事实的忽视，直接导致了用以判断是否存在环境污染事实的环境质量标准未得到侵权法理论的足够重视。

（二）对环境标准的体系结构认识偏差

环境标准是指为了保护人群健康、保护社会财富和维护生态平衡，就环境质量以及污染物排放、环境检测方法以及其他需要的事项，按照法律规定程序制定的各种技术指标与规范的总称。[②] 我国的环境标准体系包括：环境质量标准、污染物排放标准以及环境监测方法标准、环境样品标准和环境基础标准。根据《标准化法》第 7 条的规定，环境质量标准、污染物排放标准属于强制性标准，其余则属于推荐性标准。所谓强制性标准是根据法律法规的规定必须要执行的标准，违反强制性标准即违反法律规则。虽其本身并不能独自构成法律规则，但从法律规则的逻辑结构来看，强制性环境标准属于行为模式的组成部分，其本身是判断行为是否符合行为模式规定的依据。反观推荐性标准，因其不具有前述特点，故不在本书的讨论范围之内。

环境质量标准，是为保障人群健康、维护生态环境和保障社会物质财富，并考虑技术、经济条件，对环境中有害物质和因素所作的限制性规定。环境质量标准是一定时期内衡量环境优劣程度的标准，[③] 是确认环境是否被污染的根据。[④] 污染物排放标准，是根据国家环境质量标准，以及适用的污染控制技术，并考虑经济承受能力，对排入环境的有害物质和产生污染的各种因素所作的限制性规定，

---

① 参见徐芳等编著《现代环境标准及其应用进展》，上海交通大学出版社 2014 年版，第 3 页。

② 参见汪劲《环境法学》，北京大学出版社 2014 年版，第 123 页。

③ 参见杨志峰、刘静玲《环境科学概论》，高等教育出版社 2010 年版，第 373 页。

④ 参见徐芳等编著《现代环境标准及其应用进展》，上海交通大学出版社 2014 年版，第 3 页。

是对污染源的控制标准。① 现有理论对于环境污染事实的认识不足，导致在责任认定的过程中过于关注致害人行为。既有学说仅仅注意到了与侵权责任构成要件中侵权行为有关的污染物排放标准，没有注意到造成损害结果的真正原因并非排污者超过污染物排放标准排污，而是排放行为造成的环境质量的下降。把关注点仅仅放在作为管制手段的污染物排放标准上而忽视了环境质量标准。② 对致害行为的过度关注，造成了对环境标准体系的认识偏差。

（三）对环境标准的评价对象选择错误

环境标准属于管制标准的具体类型，在侵权法一般理论中，将管制标准作为过错或者违法性要件的评价依据。环境污染责任属于我国《侵权责任法》中规定的特殊侵权责任，适用无过错规则原则，行为人的主观过错不包含在责任成立要件之中，故而环境标准不可能作为过错的评价依据，在环境污染责任中发生效力。

既有理论认为，实践中承认环境标准的效力，是为了对致害行为的违法性要件加以评价。但此结论需以我国《侵权责任法》将"违法性"独立作为侵权责任构成要件为前提。"违法性"独立作为侵权责任的成立要件源于德国民法，后为我国台湾地区民法所继受。但并非所有国家的侵权法均将"违法性"作为独立构成要件，法国侵权行为法上并没有所谓不法性的概念或要件，在英美侵权法上并无相当于德国法上"违法性"的概念。③ 对于我国立法中是否采纳了"违法性"要件的问题，王利明教授从侵权法的发展趋势、我国立法对于权利和利益的保护框架、立法中过错责任的一般条款、减责免责事由、特殊侵权条款五个方面，论证了我国《侵权责任法》

---

① 参见杨志峰、刘静玲《环境科学概论》，高等教育出版社 2010 年版，第 373 页。

② 参见陈伟《环境标准侵权法效力辨析》，《法律科学》（西北政法大学学报）2016 年第 1 期。

③ 参见王泽鉴《侵权行为》，法律出版社 2016 年版，第 269 页。

中并未规定"违法性"要件。① 也有学者指出，违法性作为民事侵权构成要件与环境侵权无过错责任的归责原则精神不符。② 不难发现，《侵权责任法》并未将"违法性"要件纳入环境侵权成立要件中。因此，将"违法性"要件作为评价对象的观点，难以自圆其说。

二　困境破除：效力"重塑论"的理论基础及其分析进路

界定环境标准效力的本质，就是在认识环境污染责任的基础上，结合环境标准体系的特点及功能，选择环境标准评价对象，最终确定环境标准效力的过程。准确地认识环境污染事实、把握环境标准体系的特点、明确环境标准的功能定位，是正确选择环境标准评价对象、确定环境标准效力的基础。

（一）污染发生机理视角下污染类型化分析

近年来，越来越多的学者运用类型化的研究方法，在对环境污染进行类型化分析后，根据不同类型环境污染的特点，讨论环境标准在责任认定中的效力。其中有代表性的分类包括：（1）以环境污染的作用机理不同，将环境污染分为实质型环境污染和拟制型环境污染；③（2）以污染致害要素的不同，将环境污染分为物质型污染和能量型污染；④（3）以污染行为可标准化的程度不同，将环境污染分为行为可标准化程度较低的环境污染和行为可标准化程度较高的环境污染⑤。科技性是环境法的重要特征，在环境法的研究中需要

---

① 参见王利明《我国〈侵权责任法〉采纳了违法性要件吗?》，《中外法学》2012年第1期。

② 参见徐以祥《论环境民事侵权的证明责任》，《现代法学》2002年第5期。

③ 参见余耀军等《环境污染责任——争点与案例》，北京大学出版社2014年版，第93—94页。

④ 参见张敏纯《论行政管制标准在环境侵权民事责任中的类型化效力》，《政治与法律》2014年第10期。

⑤ 参见宋亚辉《环境管制标准在侵权法上的效力解释》，《法学研究》2013年第3期。

利用科学技术以及科学推理的结论确立行为模式和法律后果。① 上述分类，由于在类型化标准的选择过程中存在脱离污染事实、分类标准科学性不足的问题，极大地限制了对不同类型环境污染的准确认识。从科学层面来看，排污行为根本上是改变了环境中物质和能量的存在形态，进而造成了环境污染。② 从环境科学的角度出发，物质和能量存在形态的改变，所遵循基本原理并不相同，物质存在形态的改变遵循物质循环定律，能量存在形态的改变则遵循热力学第二定律，笔者以此为依据将环境污染分为物质累积型污染和能量扩散型污染。

首先，根据物质守恒定律对物质累积型污染的致害过程进行分析。物质守恒定律是指物质既不能被创造，也不能被消灭，只能从一种形式转化为另一种形式。③ 同时，自然界中的物质循环是伴随着能量流动进行的，并且能量流动是物质流动的动力。这就意味着在自然界中的物质循环无法脱离能量流动而自发进行。物质累积型污染的本质就是人类向环境排放的物质数量，超过了该环境中能量动力能够支持的物质循环的限度，使得环境中的物质循环过程发生异常，物质不断积累，最终因为物质累积超过环境容量阈值，造成环境系统的结构和功能发生变化，出现了不利于人类生存和发展的现象。水污染和大气污染是此类型污染的典型代表。

其次，根据热力学第二定律对能量扩散型污染的致害过程进行分析。热力学第二定律存在两种不同的表述方式——开尔文说和克劳修斯说，开尔文说认为"不可能从单一热源吸取热量使之完全变为功而不引起其他变化"，克劳修斯说认为"不可能用任何方式将热量从低温物体传递到高温物体而不产生其他影响"④。根据热

---

① 参见汪劲《环境法学》，北京大学出版社 2014 年版，第 27 页。
② 参见周律、张孟青《环境物理学》，中国环境科学出版社 2001 年版，第 3—5 页。
③ 参见杨志峰、刘静玲《环境科学概论》，高等教育出版社 2010 年版，第 201 页。
④ 同上书，第 200 页。

力学第二定律可以得出两个结论：一是能量总是自发地从高能量的一方传向低能量的一方；二是能量在传递的过程中会不断地被消耗。这就意味着在能量扩散型污染发生时，污染源产生的能量在进入环境之后会自发地向低能区域传递，直至该能量在传播的过程中消耗殆尽，作为污染要素的"能量"最终会消耗殆尽而不会发生累积。其致害机理为，污染源向环境释放能量，导致环境中能量传播情况发生异常，这种异常通常表现为超过正常强度的能量传播，对人类的生存和发展产生了不利影响。噪声污染是此类污染的典型代表。

最后，两种类型的污染在以下两个方面存在显著的区别。一是污染要素在污染发生的过程中是否会发生累积存在不同：在物质累积型污染中，由于物质循环的发生需要外界能量作为动力，在污染的过程中污染要素易于发生累积；而在能量型扩散污染中，由于能量传播是自发进行的，并且在传播的过程中会不断消耗，因此在污染的过程中污染要素会自发消耗不会发生累积。二是不同污染源排放的污染要素是否会发生叠加效应存在不同：在物质累积型污染中，污染要素为具体物质，不同污染源排放的污染要素容易发生叠加效应；而在能量型扩散污染中，污染要素主要以能量波的形式存在，而根据物理学原理，波的叠加需要以波的频率完全相同为前提，而不同污染源排放能量波频率完全相同的可能性极低，几乎不可能产生叠加效应。

（二）不同污染类型中环境标准体系的特点

在物质累积型污染中，环境标准主要体现为浓度标准，在污染物进入环境之后，还存在稀释扩散的过程；并且由于污染物质存在累积效应，不同污染源之间排放的污染物质较容易产生叠加效应。因此，在根据质量标准制定排放标准的过程中，需要考虑到上述较为复杂的稀释、累积、叠加等过程，导致质量标准和排放标准之间存在较大的差异性。例如：《地表水环境质量标准》（GB3838—2002）与《铅、锌工业污染物排放标准》（GB25466—2010）关于总磷含量的规定就存在显著差异。① 而这种差异性导致以下可能：达标排污使得环境中某一物质的含量超过环境质量标准规定的限值，进而造成环境污染；超标排污但环境中相关排放物质的含量未超过环境质量标准规定的限制，并未发生环境污染的情况。这两种情况的出现说明了在物质累积型污染中达标排放与环境污染之间，在科学上不能得出"达标则无污染，超标则有污染"的结论，这也是环境污染责任理论在水污染、大气污染的案件处理中，否定达标排污免责抗辩效力的根本原因。

在能量扩散型污染中，环境标准主要为强度标准，且质量标准与排放标准之间具有高度一致性、同质性，例如：《声环境质量标准》（GB3096—2008）中规定不同区域内的环境噪声限值与《社会生活环境噪声排放标准》（GB22337—2008）中规定的不同区域边界声源排放标准限制基本相同。② 但在此需要明确，质量标准与排放标准之间的一致性、同质性，并非因无须环境容量为中介而恰好重合，③ 而是由于，能量污染要素进入环境后并不存在稀释等复杂的过程、不会发生累积、不同污染源排放的要素之间不会发生叠加效应，产生的必然结果。质量标准和排放标准之间的此种关系，意味着在能量型污染的场合，排污行为是否达标与环境污染是否发生之间存

---

①　《地表水环境质量标准》（GB3838—2002）中规定的总磷含量（单位：mg/L）：Ⅰ类0.02、Ⅱ类0.1、Ⅲ类0.2、Ⅳ类0.3、Ⅴ类0.4；而在《铅、锌工业污染物排放标准》（GB25466—2010）中新建企业水污染物排放浓度限值的规定中总磷的排放量（单位：mg/L）：直接排放为1.0、间接排放为2.0。

②　《声环境质量标准》（GB3096—2008）、《社会生活环境噪声排放标准》（GB22337—2008）中规定不同区域内的环境噪声限值均为［单位：dB（A）］：0类昼间50、夜间40，1类昼间55、夜间45，2类昼间60、夜间50，3类昼间65、夜间55。仅在4类区域间有所区别，《声环境质量标准》（GB3096—2008）规定4a类为昼间70、夜间55，4b类为昼间70、夜间60；《社会生活环境噪声排放标准》（GB22337—2008）规定4类为昼间70、夜间55，而这种差异本身是由于区域的划分标准不同而致。

③　参见陈伟《环境标准侵权法效力辨析》，《法律科学》（西北政法大学学报）2016年第1期。

在着高度的一致性。即达标排放肯定不会发生环境污染，超标排放必然导致环境污染。在环境污染责任的司法实践中，也认为在当噪声排放为未超过排放标准时，排污人不承担相关侵权责任。此种做法被有些学者认为是承认了达标排放的抗辩效力，但笔者认为在此情形中，与其说是因为排污者排污行为合法而免于承担责任，还不如说是因为在达标排放的情况下，不可能超过质量标准规定的限制，不存在环境污染客观事实，切断了环境污染责任中的因果链条，故不成立侵权责任。

上述分析证明无论在何种类型的污染中，环境质量标准均是最终判定环境质量是否下降、是否发生环境污染的根本依据。在环境污染责任的研究中，需要重视不同污染类型中环境标准的不同特点，准确地把握环境标准在环境污染责任规则体系中的意义、正确地赋予其规范效力。

（三）风险社会背景下环境标准的功能定位

正如本章第一节中所述，在当今风险社会的背景之下，社会科学领域中的研究者为了能够通过构建社会规范体系以回应在财富的生产过程中所伴随生产的社会风险，从对环境妨碍发生的盖然性入手，结合一定社会条件下对此种盖然性是否可以控制以及对此种可能性的容忍程度不同，确立了"环境风险"和"环境危险"的概念体系。同时，在本书第二章中已经证立了，以环境质量标准和污染物排放标准为代表的环境标准事实上确立了"环境风险"和"环境危险"之间的界限，也就在客观上划定了国家危险防御义务与国家风险预防义务之间的界限。

在法学领域中，不同类型法律规范体系所承担的职能不同，对于"风险"和"危险"的回应方式和回应强度均有不同。一般认为，侵权法等传统法律规则体系的功能主要定位于对于"危险"的回应，即通过要求侵害主体承担排除妨害、消除危险、恢复原状以及损害赔偿等责任的方式，绝对性地排除、减轻他人人身权、财产权的危险状况。换言之，侵权法中的环境侵权规则根本上是国家为履行其环境危险防御义务，通过立法权的行使形成的法律规则，其适用范围取决于"环境危险"的边界。在环境领域中，环境质量标准就是此边界的具体体现。因此，环境质量标准不仅具有确定政府在一定时期内环境目标的功能；同时还具有反映在该时期内整体社会可接受风险的程度，划清侵权法在环境污染领域中适用范围的功能。具言之，如果致害行为引起的环境状况的变化，超过环境质量标准的限制，则存在环境污染事实，造成的不利后果归属于侵权法的调整范围；反之，则不属于侵权法的调整范围。

污染物排放标准是以实现环境质量标准为目标，用以规范排污行为的、抵抗或排除具体危险的标准。[①] 其主要通过对排污行为的约束，实现环境质量目标。一方面，污染物排放标准作为公法中约束排污行为的具体规范，具有判定排污行为是否违反公法义务的功能；另一方面，当出现能够为环境质量标准所反映的环境状况变化，产生了为侵权法所规范的具体危险时，污染物排放标准具有分析排污行为、权利侵害、损害之间的关联性的功能。具言之，当排污行为人超标排污时，造成环境污染的原因完全在于排污行为，故而排污行为人应当独自承担环境污染所造成的损害责任；而当排污行为人达标排污时，造成环境污染的原因，除了包括排污行为外，还包括污染排放标准本身的缺陷。此时如果要求排污行为人独自承担全部的损害责任，会使得排污行为人承担的责任超出其本应承担的范围，造成责任配置的不公平。故而在此情形下，应当对排污行为人的责任范围加以适当的限制，以保障责任配置的公平公正。

三　解释实现：效力"重塑论"的逻辑基点及其具体阐释

在重塑与环境污染事实密切相关的环境标准效力的过程中，应当在发挥环境标准在侵权法中功能的前提下，围绕侵权责任中的因果关

---

① 参见张晏《风险评估的适用与合法性问题——以环境标准制定为中心》，载沈岿主编《风险规制与行政法新发展》，法律出版社 2013 年版，第 148 页。

系要件而展开。但由于不同类型环境污染在发生过程中的特殊性,还需要结合具体污染类型的特点。确定环境标准效力的具体实现方式。

(一) 确立因果关系要件为效力重塑的基点

如前文所述,"过错"和"违法性"在我国均不可能作为环境标准在环境污染责任中的评价对象,但并不排除环境污染责任中其他责任构成要件作为环境标准的评价对象。环境污染事实的认定是环境民事责任成立中因果关系要件的核心,环境标准是认定环境污染是否存在的重要依据。环境标准与因果关系之间的上述联系,为通过因果关系要件搭建环境标准与环境污染责任之间的桥梁,提供了充分的理论支撑。

一直以来,因果关系在侵权法的发展历程中扮演着极为重要的角色,总体而言,因果关系理论可以分为两类:一类是"一元"因果关系理论,另一类是"二元"因果关系理论。两类理论的主要区别在于,在认定因果关系的过程中是否掺入了价值判断的因素。[①]"二元"因果关系理论,在英美法理论中体现为"双层次"因果关系,即事实上的因果关系和法律上的因果关系;[②] 而在德国和我国台湾地域的理论中,体现为责任成立因果关系和责任范围因果关系[③]。英美法理论中事实因果关系和法律因果关系的二分法与大陆法理论中责任成立因果关系和责任范围因果关系的二分法,均属于在"一元"因果关系理论中纳入价值判断后的产物,但两者在逻辑构造上存在一定的差异,前者按照判断内容的不同,将因果关系的认定区分为不包含价值判断的事实因果关系评价和包含价值判断的法律因果关系评价;而后者则是按照侵权责任发生的过程"行为—权利侵害损害—结果损害",将因果关系的认定划分为责任成立因果关系和

---

① 参见张玉敏、李益松《侵权法上因果关系理论的反思》,《云南大学学报》(法学版) 2005 年第 6 期。

② 参见胡雪梅《英国侵权法》,中国政法大学出版社 2008 年版,第 134 页。

③ 参见王泽鉴《侵权行为》,法律出版社 2016 年版,第 231 页。

责任范围因果关系，在理论和实践中均认为两者均以有相当因果关系为判断标准，故而在对两者进行评价的过程中既包含事实评价和价值判断。① 而由于我国属于成文法国家，大陆法系国家和地区尤其是德国、日本以及我国台湾地区的立法及法学理论，所采纳的责任成立因果关系和责任范围因果关系的"二元"划分理论，在我国因果关系的研究中有较大影响力。

这样的影响力也体现在环境侵权因果关系的研究中，有学者认为，"在环境侵权因果关系的认定中，包括责任成立的因果关系和责任范围的因果关系，是环境侵权因果关系的特点之一"②。更有学者指出，"区分责任成立的因果关系和责任范围的因果关系，应当成为认定环境侵权责任因果关系的基点"③。具体而言，责任成立因果关系，是指侵害行为与权益侵害之间的因果关系；责任范围因果关系，是指权益侵害与损害之间的因果关系。④ 需要注意的是，在借鉴此"二元"理论的过程中，相关学者忽略了一个重要的前提——"责任成立因果关系与责任范围因果关系建立在侵权法区别构成要件、违法性及有责任之上"⑤，而我国《侵权责任法》中并未区分违法性和有责任，因而在研究中直接套用该理论存在逻辑上缺陷。

虽然该理论不能在现有的立法背景下直接套用于环境侵权因果关系，但其从责任成立和责任范围的角度来划定因果关系功能的思路仍有重要的借鉴意义。在我国司法实践认定环境污染责任的过程中，就对责任成立判定和责任范围划定进行了区别。具体表现为在判决书的说理部分中，首先，从侵权责任的成立要件，即侵害行为、

---

① 参见王泽鉴《侵权行为》，法律出版社 2016 年版，第 233—235 页。

② 参见杨素娟《论环境侵权诉讼中的因果关系推定》，《法学评论》2003 年第 4 期。

③ 参见侯茜、宋宗宇《环境侵权责任中的因果关系》，《社会科学家》2006 年第 3 期。

④ 参见［荷］J. 施皮尔《侵权法的统一：因果关系》，易继明等译，法律出版社 2009 年版，第 86 页。

⑤ 王泽鉴：《侵权行为》，法律出版社 2016 年版，第 233 页。

损害结果和因果关系三个方面论证环境污染责任是否成立；其次，在侵权责任成立的基础之上，结合被害人过错、致害人主观心态以及致害人侵害行为对结果的作用等各个方面衡量致害人应当承担的责任范围。在此过程中，侵害行为与损害结果的因果关系在责任成立和责任范围两方面均发挥着重要的作用，这也说明在实践中并未因为立法上未区分违法性和有责任，而影响因果关系在确定责任成立和划定责任范围中的作用。

　　在确定责任成立的过程中，因果关系主要体现为一种盖然性有无的判断，在环境污染责任中这种判断主要体现为判定是否存在环境污染事实；在确定责任范围的过程中，因果关系主要体现为一种原因力大小的判断，在环境污染责任中，这种判断体现为侵害行为本身影响力大小的分析。无论是在责任成立因果关系判断的过程中，还是在责任范围因果关系分析的过程中，既需要从事实层面判断原因与结果之间的客观联系，也需要从价值层面衡量法律应在何种范围内认定此种联系。环境标准就是在科学基础上，结合现有社会经济条件，在经过利益衡量后所形成的、具体化的判断依据。具言之，环境质量标准通过污染物质的限值衡量是否存在环境污染事实，环境污染事实是责任成立因果关系中不可缺少的一环，因而环境质量标准具有判定责任成立因果关系是否成立的效力；污染物排放标准评价侵害行为对环境影响程度，对环境影响程度的大小决定了损害结果的范围，损害结果的范围直接决定了责任范围的大小，因而污染物排放标准应当具有划定责任范围的效力。

　　（二）环境质量标准证成因果关系效力的具体实现

　　前文的分析已经指出，环境质量标准作为因果关系分析中判定环境污染是否发生的依据，应当具有判定环境污染责任是否成立的效力。此结论虽然未得到现有立法和相关理论的直接确认，但已得到司法实践的认可。笔者分别以水污染和噪声污染作为物质累积型污染和能量扩散型污染的样例，对现有判决中对于环境质量标准在因果关系认定中的运用情况加以分析，并制作表 5-1 和

表 5-2。

表 5-1 　　　　　　　**部分水污染侵权纠纷案件因果关系认定情况统计**

案件号	环境标准的类型	判定结果
（2014）宜秀民一初字第 00460 号	《渔业水质标准》GB11607—1989	污染物超过质量标准，造成环境污染，且被告未能举证因果关系不成立，判定因果关系成立
（2014）西民初字第 3549 号	未引用具体的质量标准	因原告在举证的过程中未能及时申请相关部门进行水质监测，不能证明被告的排污行为是否超过环境质量标准，造成环境污染，原告承担举证不能的后果，因果关系不成立
（2014）曲民初字第 936 号	《渔业水质标准》GB11607—1989	污染物超过质量标准，造成环境污染，且被告未能举证因果关系不成立，判定因果关系成立
（2014）汉民初字第 717 号	《渔业水质标准》GB11607—1989	污染物超过质量标准，造成环境污染，且被告未能举证因果关系不成立，判定因果关系成立
（2014）安民初字第 1351 号	《渔业水质标准》GB11607—1989	污染物超过质量标准，造成环境污染，且被告未能举证因果关系不成立，判定因果关系成立

表 5-2 　　　　　　　**部分噪声污染侵权纠纷案件因果关系认定情况统计**

案件号	环境标准的类型	判定结果
（2015）石民初字第 2859 号	《社会生活环境噪声排放标准》GB22337—2008《声环境质量标准》GB3096—2008	《社会生活环境噪声排放标准》标准不适用于居民楼内为本楼居民日常生活提供服务而设置的设备（如电梯、水泵、变压器等设备）产生噪声的评价，且噪声污染情况未超过《声环境质量标准》，并不存在噪声污染的事实，因果关系不成立
（2014）虹民三（民）初字第 870 号	未引用具体的质量标准、排放标准	因原告在举证的过程中未能证明噪声污染的相关检测报告，无法衡量相关声源污染是否超过相关标准，未能证明噪声污染的事实，因果关系不成立
（2014）鄂黄梅民初字第 01426 号	《社会生活环境噪声排放标准》GB22337—2008	噪声排放超过排放标准，造成环境污染，且被告未能举证因果关系不成立，判定因果关系成立
（2013）翠屏民初字第 3045 号（2013）翠屏民初字第 3046 号（2013）翠屏民初字第 3045 号（2013）翠屏民初字第 3046 号	《声音环境质量标准》GB3096—2008	噪声超过质量标准，造成环境污染，且被告未能举证因果关系不成立，判定因果关系成立

　　通过表 5-1 和表 5-2 的分析表明，在具体案件的审理中，所有判决书对因果关系是否成立的认定，均围绕环境标准而展开。但需

要注意的是，在表 5-1 列举的水污染案件中均以质量标准作为判定的依据，而表 5-2 列举的噪声污染案件中存在质量标准和排放标准混用的情况。在能量扩散型污染中，质量标准和排放标准存在同质性，违反排放标准必然违反质量标准，虽然在具体案件中引用的是排放标准，但其目的还是判定污染事实是否存在，在此情形下，可视为直接引用了质量标准。在认定因果关系成立的案件中，理由均为超过质量标准规定的限值，造成环境污染的客观事实；而在否定因果关系成立的案件中，基于为未超过环境标准规定的限值或者不能证明超过环境标准的限制，而认定不存在或不能证明存在环境污染的事实。从对上述判决的分析中不难发现，司法实践中已经承认，环境质量标准具有判定因果关系是否成立的效力。

这一结论不但符合环境污染责任中"侵害行为—环境污染—损失"因果链条的内在逻辑，也与我国相关立法的具体规定相符。现有的《侵权责任法》《环境保护法》《噪声污染防治法》《水污染防治法》等法律及相关司法解释中，均以存在环境污染作为环境污染责任成立的基本前提，而环境污染是否存在需以环境质量标准为判断依据。故而，明确环境质量标准在环境污染责任中，具有判定责任成立因果关系是否成立的效力，既能够充分发挥环境质量标准在侵权法中的功能，也与现有司法实践中的做法相契合，更是对现有法律体系的合理解释。

（三）污染物排放标准划定责任范围效力的具体实现

通说认为，排污标准是公法上的工业标准，是确认某一排污行为是否违法的依据，但这一"违法"的法律后果主要是承担行政法或刑法上的责任，在侵犯他人人身、财产利益的场合，还要承担侵权责任。① 而既有理论正是基于此种认识，否定了排放标准在环境污染责任中的效力。但随着社会结构日趋复杂与精细，人们在社会交

---

① 参见侯佳儒《中国环境侵权责任法基本问题研究》，北京大学出版社 2014 年版，第 183 页。

往中的行为准则越来越依赖于预先设定的行政管制规范，从而使社会生活具有一定程度的可预测性；如果合乎既定准则，则可以作为违法阻却事由或侵权抗辩事由，否则将导致人民活动领域的萎缩。[①]而绝对地否定污染物排放标准的效力，就造成了这种活动领域的萎缩——即便是合法、达标的排污行为也会招致损害赔偿责任，使排污企业捉摸不透究竟以何标准来约束自己的排污行为才能有效保证自己的生产安全。[②]因而，必须重塑排放标准在环境污染责任中的效力，以解决上述困境。

有学者在反思上述困境的过程中指出，经法定程序和公众参与制定的环境标准，公民有遵守、履行和忍受的义务，污染物排放标准对公民的法律效力与对排污者的法律效力，事实上是一体两面的关系，根本上是环境标准所界分的环境利益对不同主体的体现，在整体上并不存在公法和私法的界分。当对侵害行为人存在明确的污染物排放标准时，源于环境标准对社会公众所确定的侵害容忍义务是一致的，故该标准对侵害行为人的法律约束力是确定的，无论是单行环境法中的公法性规范，还是侵权责任法中的私法性规范。换言之，污染物排放标准既是环境执法的依据，也是环境司法的依据。进而指出，在环境侵权案件中应承认该污染物排放标准的"合规抗辩"效力，即一般情况下侵害行为人达标排污可以起到阻却侵权的效力。如侵害行为人达标排污后仍发生人身、财产的私益侵害，则应当可归咎于政府环境标准制定不得当等问题，由政府承担相应的救济责任。[③]该观点虽然体现了整体认识环境标准效力的思路，但源于对我国侵权责任法责任构成认识得不全面，不当地确定了污染物

[①]　参见苏永钦《私法自治中的经济理性》，中国人民大学出版社 2004 年版，第 33 页。

[②]　参见薄晓波《回归传统：对环境污染侵权责任归责原则的反思》，《中国地质大学学报》（社会科学版）2013 年第 6 期。

[③]　参见王春磊《环境标准法律效力再审视——以环境义务为基点》，《甘肃社会科学》2016 年第 6 期。

排放标准的效力。如前所述，污染物排放标准只能作为认识因果关系强弱的判断依据，故而通过以污染物排放标准为基础的"合规抗辩"，进而完全地阻却侵权责任确不甚恰当。

以污染物排放标准作为限制排污者责任范围的依据，不仅能为企业的排污行为提供明确的指引，避免企业活动范围的萎缩；也使超标排污者较达标排污者，承担更大范围的赔偿责任，从而更好地发挥侵权责任制度的负向激励功能，促进排污者更多地依照排放标准实施排污行为。但需要注意的是，在能量扩散型污染中，不存在违反环境质量标准但不违反污染物排放标准的可能性，污染物排放标准不可能发生限制责任范围的效力。因此，污染物排放标准限制责任范围的效力，仅发生于物质累积型环境污染责任的认定中。

明确污染物排放标准限制责任范围的效力，不仅为上述理论所支持，也能在我国现有法律框架中寻找到充分的制度空间。《环境保护法》《侵权责任法》等基本法律并未对污染物排放标准在环境污染责任中的效力进行明确规定；同时《水污染防治法》《大气污染防治法》等涉及物质累积型环境污染的环境单行立法中，也仅从行政责任判定的角度对污染物排放标准的效力进行界定。而存在相关规定的《环境侵权司法解释》，也只是否定了污染物排放标准作为免责抗辩的依据。现有立法中的空白，为通过法律解释的方式，明确污染物排放标准限制责任范围的效力提供了可能。具体而言，污染物排放标准作为评价排放行为危害程度的依据，其能够在一定程度上反映排污行为对损害结果影响力的大小，在超过环境质量标准的限制、存在环境污染的前提下，达标排污行为相较于超标排放行为对损害结果的影响力较小，为了保障法律责任配置的公平、激励排污者遵守排放标准，应在侵权责任上对两者加以适当的区别。在此情况下，以达标排放为依据，对排污者的责任加以一定程度的限制，实质上是因果相当的体现。故而，明确污染物排放标准在环境污染责任认定中限制责任范围的效力，与现有规定并无冲突，是对现有法律框架体系的合理解释。

四　特殊规则：生态环境损害责任中侵害矫正效力的体现

早期环境法理论认为民事侵权规则中的环境侵权规则受限于保护权益的局限性，无法涵盖人类侵害行为对生态环境利益侵害，进而选择了对环境侵权概念进行扩张解释的思路，将人类侵害行为造成的生态环境利益的损害涵盖于环境侵权的概念范围之下。但扩张解释环境侵权概念的理论选择，导致了对传统侵权法律理论的颠覆，为了保持侵权法概念体系逻辑的严谨性，环境法学界逐渐提出将人类侵害行为造成的生态环境利益损害剥离出环境侵权的概念，使环境侵权的概念回归侵权法体系。[1] 正是在这样的发展历程中，"生态环境损害"的概念逐渐为环境法理论所接纳，用以专门表达人类侵害行为对生态环境利益造成的损害，由此也就产生了生态环境损害责任。作为对生态环境侵害矫正重要组成的生态环境损害责任，由于其致害过程的特殊性，导致在生态环境损害责任构成要件以及构成要件的认定判断方面存在其特殊性，而环境标准在生态环境损害责任中的适用也必然与环境侵权责任中存在不同之处，故而需要根据其自身特点加以分析、阐释，以全面认识环境标准的侵害矫正效力。

（一）基础界定：生态环境损害责任概念内涵与体系定位

早期环境法学界运用环境侵权的概念指代一切因人类生态环境侵害行为所导致的人身、财产以及环境利益的损害。马骧聪教授指出，环境侵权是一种特殊侵权，其行为侵犯的客体包括他人的财产权、人身权和环境权。[2] 曹明德教授认为，环境侵权是侵权行为的一种，包括环境污染和生态破坏两个方面，可以定义为：因为行为人污染环境造成他人财产权、人格权以及环境权受到侵害，依法应承

---

① 参见周骁然《民法典中环境侵权原因行为的立法选择——基于法学、环境科学的交叉视野》，《安徽大学学报》（哲学社会科学版）2018 年第 1 期。

② 参见马骧聪主编《环境保护法》，四川人民出版社 1998 年版，第 141—142 页。

担民事责任的一种特殊侵权行为。① 王明远教授认为可以将环境侵权的概念界定为"因产业活动或其他人为原因，致使自然环境的污染或破坏，并因而对他人人身权、财产权、环境权益或公共财产造成损害或有造成损害之虞的事实"②。

但对环境侵权的上述定义主张，已经脱离了传统侵权法的分析框架，面临着重大的争议。故而逐渐有学者提出以"环境侵害"③的概念取代原环境法学中"环境侵权"的概念地位，并使"环境侵权"的概念回归侵权法的概念体系。④ 张梓太教授指出，在解释环境污染和环境破坏致人损害的问题上，适用"环境侵权"这一概念，较使用"环境损害"或"环境侵害"更为妥当。污染环境和环境破坏致人损害，本质上就是一种侵权行为，使用"环境侵权"这一概念更便于和传统侵权行为制度相衔接。并随即指出，环境侵权是指因生产活动或其他人为原因，造成环境污染和其他公害，并给他人的财产、人身等权益造成损害或损害危险的法律事实。⑤ 也有学者进一步指出，"环境侵权"是侵权行为法的概念，主要是造成人的利益损害，而环境侵害不仅仅造成人的利益损害，还造成了环境的损害，前者和后者是包含关系。⑥

也正是在这样的背景下，为了概括因"环境侵权"回归民法体系后出现的概念空白，学界逐渐开始使用"生态（环境）损害"这一概念，用以概括人类环境侵害行为所造成的环境利益的损害。竺

---

① 参见曹明德《环境侵权法》，法律出版社 2000 年版，第 17—26 页。

② 参见王明远《环境侵权救济法律制度》，中国法制出版社 2001 年版，第 13 页。

③ 有学者指出，"环境侵害"的内涵比"环境侵权"更丰富，它指因人为活动，致使环境遭受污染或破坏，从而侵害他人或相当多数居民的生活权益、环境权益及其他权益，或危及人类的生存和发展的法律事实。参见陈泉生、周辉《论环境侵害与环境法理论的发展》，《东南学术》2007 年第 3 期。

④ 参见张宝《环境侵权的解释论》，中国政法大学出版社 2015 年版，第 25 页。

⑤ 参见张梓太《环境法律责任研究》，商务印书馆 2004 年版，第 26—27 页。

⑥ 参见徐祥民、邓一峰《环境侵权与环境侵害——兼论环境法的使命》，《法学论坛》2006 年第 2 期。

效教授认为"生态损害"是指人类活动造成或者可能造成人类生存和发展所必需的生态环境的组成部分或者整体的物理、化学、生物功能的重大退化。① 徐祥民教授也适用了"生态损害"的概念，并将其界定为因人类在开发、利用实践中未遵循生态规律，致使人类活动突破环境承载能力导致生态系统的组成要素、结构或者功能发生严重不利变化的事实。② 柯坚教授则使用了"生态环境损害"的概念，并指出"生态环境损害是指因为人为环境污染而造成环境质量下降、自然生态功能退化以及自然资源衰竭的环境不良变化，相对于环境侵权责任，其是一种新型的环境损害责任"③。尽管对概念的具体描述和阐释中存在一定不同，但上述概念的核心要义在于强调"生态环境损害"是不同于传统侵权损害的针对生态环境本身的损害，④ 其本质上侵犯的是生态环境公共利益。这一特点也在现行政策性文件中得到了体现，中共中央办公厅、国务院办公厅分别于2015 年 12 月 3 日、2017 年 12 月 17 日印发的《生态环境损害赔偿制度改革试点方案》《生态环境损害赔偿制度改革方案》指明，"生态环境损害是指因污染环境、破坏生态造成大气、地表水、地下水、土壤、森林等环境要素和植物、动物、微生物等生物要素的不利改变，以及上述要素构成的生态系统功能退化"，并且明确界分了涉及人身损害、财产损害的侵权损害与生态环境损害之间的界限。⑤ 在此统一使用"生态环境损害"的概念，并沿用相关政策性文件中的概

---

① 参见竺效《生态损害的社会化填补法理研究》，中国政法大学出版社 2007 年版，第 60 页。

② 参见徐祥民等《海上溢油生态损害赔偿的法律与技术研究》，海洋出版社 2009 年版，第 8 页。

③ 参见柯坚《环境法的生态实践理性原理》，中国社会科学出版社 2012 年版，第 218 页。

④ 参见竺效《生态损害综合预防和救济法律机制研究》，法律出版社 2016 年版，第 64 页。

⑤ 参见《生态环境损害赔偿制度改革试点方案》《生态环境损害赔偿制度改革方案》"三、适用范围"部分的具体阐述。

念定义。

　　按照"生态环境致害行为"侵害利益客体的不同对"生态环境致害行为"的后果进行了类型上的区分，使完整地构筑"生态环境致害行为"的责任体系成为可能（参见图 5-1）。按照此思路，可以将生态环境致害行为导致的后果区分为，"生态环境损害"和"环境侵权损害"。"生态环境损害"是指因环境污染或其他破坏生态平衡的行为①导致的环境公共利益损害，因"生态环境损害"而形成的责任则为"生态环境损害责任"；"环境侵权损害"则是指因环境污染或其他破坏生态平衡的行为导致的人身、财产利益损害，因"环境侵权损害"而形成的责任则为"环境侵权责任"。

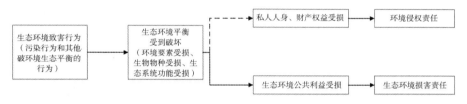

图 5-1　生态环境致害行为法律责任体系示意

　　"生态环境损害责任"作为一种独立的责任类型，因此在判断行为人是否应当为其行为承担"生态环境损害责任"时就应当根据"生态环境损害责任构成要件"进行判断。现阶段尚无专门立法对"生态环境损害责任构成要件"进行专门性的规定，因此在司法实践和理论研究中更多的是参照环境侵权责任的构成要件构建"生态环境损害责任构成要件"。一般认为，生态环境损害责任的构成要件应

———————

　　①　一般而言对相关行为的描述应为"污染环境、生态破坏"，但将两者加以并列存在逻辑上的不周延之处，为了逻辑的周延应将相关行为描述为"污染环境或者其他破坏生态系统平衡的行为"。具体论述参见周骁然《民法典中环境侵权原因行为的立法选择——基于法学、环境科学的交叉视野》，《安徽大学学报》（哲学社会科学版）2018年第 1 期。

当包括生态环境致害行为、生态环境损害事实以及因果关系三个部分。[①] 其中生态环境致害行为是指污染环境以及其他破坏生态平衡的行为；生态环境损害事实是指生态平衡受到破坏并导致不利于人类的客观后果；因果关系是指生态环境侵害行为与生态环境损害事实之间的因果关系。在未来生态环境损害索赔案件中，对于上述构成要件的运用将成为环境司法实践中的重要内容，如前所述，环境质量标准和污染物排放标准分别作为判断环境污染是否被污染的依据和污染排放行为是否存在危险性的认定依据，直接与前述生态环境损害事实以及因果关系的认定存在直接的关联性。因此，需要准确全面地分析环境标准在生态环境损害责任中的作用、把握其侵害矫正效力。

（二）要件变化：环境标准在生态环境损害责任中效力基础[②]

对于环境标准在生态环境责任认定中效力的讨论也与在环境侵权中的讨论相似，集中于对生态环境侵害行为"违法性"的评价，即行为主体遵守国家环境标准的致害行为是否应当承担生态环境损害责任。有学者从以下三个方面整体性地否定了环境标准在生态环境损害责任中的效力：首先，环境标准通常只是对潜在生态环境致害性的最低水平的要求，其往往低于可供选择的更高的科学技术标准的要求。如果承认其效力容易对行为主体产生负向激励，不利于要求行为主体主动提高行为的环境安全性，更谨慎有效地防范生态环境损害的发生。其次，环境标准是公共选择无法避免的结果。但在确定环境标准的过程中存在更多考量经济社会发展的因素，缺乏

———————

[①]　参见竺效《生态损害综合预防和救济法律机制研究》，法律出版社 2016 年版，第 114—157 页。

[②]　在此需要明确，在现阶段环境标准体系中仅仅能体现对于部分环境要素的要求，换言之，现有环境标准体系主要是针对污染环境这一改变环境要素的生态环境致害行为而确定的规范体系，因此，在本书关于生态环境损害责任的讨论中，仅仅针对因污染物排放行为导致的生态环境损害问题。

对于科学性的尊重。因此，需要更严格的法律责任制度来激励行为主体选择比环境标准更适合的行为方式，以弥补公共选择在环境标准制定中的不足。最后，在行为主体遵守国家环境标准的情况下，仍要求致害行为主体承担生态环境损害责任将成为环境行政管理的"安全阀"，可以使行政救济和司法救济之间存在缓冲地带，使司法救济成为行政救济之后的最后一道防线。① 上述观点在否定环境标准在生态环境损害责任中效力的过程中，仍然存在与环境侵权责任论述中相同的忽略生态环境损害的形成过程、片面把握环境标准体系以及错误选择评价对象的问题，因此需要以生态环境损害形成过程为基础，体系化掌握环境标准体系，进而准确地定位环境标准在生态环境损害责任构成要件中的评价对象，最终准确地确定环境标准在生态环境损害责任中的效力。

　　首先，对比环境侵权损害的形成过程，生态环境损害形成过程具有因果链条直接性的特点。在环境侵权损害中，人身、财产权益的受损实际存在间接性，即"生态环境致害行为—生态环境损害—人身、财产损害—人身、财产权益损害"；而在生态环境损害中，生态环境公共利益的损害具有直接性，即"生态环境致害行为—生态环境损害—生态环境公共利益损害"。其次，如前所述，在环境标准体系中环境质量标准的重要功能之一就在于判断环境状况是否受损，而污染物排放标准在规范排污行为、界定排放义务的功能之外，还体现了排放行为与环境状况受损直接的关联性。故而，在分析判断环境标准效力的过程中需要结合环境标准的具体类型而展开。最后，从生态环境责任构成要件判断来看，由于生态环境损害形成过程的直接性，一方面，在环境侵权要件中作为因果关系要件考察的生态环境损害事实，就转化为客观损害事实要件进行考察；另一方面，致害行为与生态环境损害之间的关联性，从环境侵权损害因果关系认定中的间接性依

---

　　① 参见竺效《生态损害综合预防和救济法律机制研究》，法律出版社 2016 年版，第 132—133 页。

据，转化为生态环境损害因果关系认定中的直接性依据。

（三）阐释实现：环境标准在生态环境损害责任中的效力

正是由于上述生态环境损害责任相较于环境侵权责任的不同，导致环境标准在生态环境损害责任认定的过程中产生了不同的效力。一方面，源于生态环境损害事实作为生态环境损害责任中的事实要件，用以评价环境质量状况变化、判断生态环境状况是否存在客观上损害的环境质量标准就成为判断是否具有生态环境损害事实的核心乃至唯一的依据。因此，环境质量标准在生态环境损害事实认定上具有全面的效力。环境质量状况达标则不存在生态环境损害，反之则存在生态环境损害。另一方面，从污染物排放标准与环境质量标准的关系来看，在理想状态下是否遵守污染物排放标准将直接决定环境质量状况是否达标。在理想状态下遵守污染物排放标准具有阻却因果关系成立的效果。但在现实中两者之间可能并不存在这种直接性的关联，故而需要承认污染物排放标准判定因果关系是否成立的效力，必须首先证明污染物排放标准在保障环境质量状况达标问题上的有效性。因此，笔者认为当污染物排放标准具有保障环境质量状况达标的有效性时，是否遵守污染物排放标准具有判断因果关系是否成立的效力，反之则不具备此种效力。

此外，即使是在生态环境损害责任中，污染物排放标准作为评价排放行为危害程度的依据，能够在一定程度上反映排污行为对损害结果影响力的大小，但在超过环境质量标准的限制、存在环境污染，造成生态环境损害的前提下，达标排污行为相较于超标排放行为对损害结果的影响力较小，为了保障法律责任配置的公平、激励排污者遵守排放标准，应在责任追究上对两者加以适当的区别。这也是为何有观点认为，在环境民事公益诉讼中针对超标排污造成损害的行为人适用惩罚性赔偿的根本依据所在。[①] 综上，在生态环境损

---

① 参见周骁然《论环境民事公益诉讼中惩罚性赔偿的制度构建》，《中南大学学报》（社会科学版）2018 年第 2 期。

害责任的认定过程中，环境质量标准具有判定是否存在损害的效力，而污染物排放标准则兼具认定因果关系是否成立以及确定污染行为人责任范围的效力。

本章小结

环境标准适用法律制度以保障融入环境法律规范的环境标准实施有效性为功能，环境标准实施的有效性根本上有赖于融合了环境标准的环境法律规范的有效实施。因此，环境标准适用法律制度的核心在于明确环境标准在相关法律规范实施过程中的约束力。但源于长期以来对环境标准法律制度认识得不全面，导致在理论上未能全面、系统地认识环境标准的效力体系。传统理论人为地割裂了环境标准在公法与私法体系中的效力，致使环境标准效力存在行为管制效力一元化的问题。从环境标准作为界分"环境危险"和"环境风险"的依据的角度而言，其对于"环境危险"和"环境风险"的划分结果不因公法或私法属性的不同而不同，不同属性的法律只是在应对具体事实中的具体作用手段不同。故而，环境标准不仅应当在公法领域中发挥对于政府的权力制约效力以及对开发利用行为人的行为管制效力，还应当在私法领域中发挥对生态环境致害行为的侵害矫正效力。因此，一方面，需要通过明确与环境标准实施相关的政府环境义务以及政府环境责任的方式，强化环境标准的权力制约效力；另一方面，需要结合责任构成要件以及不同类型环境侵害的形成机理，重塑环境标准在侵权责任和生态环境损害责任中的侵害矫正效力以最终形成能够有效落实环境标准权力制约效力、行为管制效力以及侵害矫正效力的环境标准适用法律制度。

结　　语

　　工业文明的滚滚车轮催生了无处不在的社会风险，社会风险体系中的环境风险则催生了以有效应对和解决环境问题、实现人类社会可持续发展为己任的环境法。从环境风险生成的机理来看，其根源于人类行为逻辑与生态环境规律之间的冲突。因此，在环境法应对和解决环境问题的过程中，必须将以体现人类社会行为逻辑的法律规则与体现自然生态规律的科学法则相结合，以真正实现人类社会与生态环境之间的和谐、有序。这决定了相较于传统的法律规范体系，环境法律规范体系将更多地彰显科学理性的特质。环境标准法律制度之所以生成的关键，在于在环境法律体系内部形成一种常态化、稳定化、体系化的制度支撑，以保障体现社会理性的环境法律规范与体现科学理性的环境标准规范之间的融合，以在环境法内部实现社会理性与科技理性的协调、互动。

　　本书从环境标准法律制度的生成基础为起点，论证了环境标准法律制度是实现环境法与环境标准融合唯一可行的制度路径。进而在理论上全面阐释了环境标准法律制度的地位、价值目标、功能定位以及结构体系，在系统地描绘了应然状态下环境标准法律制度样态的前提下，结合我国环境标准法律制度的现状提出了构筑体系化的环境标准法律制度的具体实践方案。首先，环境标准法律制度在现代环境法治国家的环境法律制度体系中处于基础性地位，其在根本上决定了国家在履行环境保护国家义务的过程中，应对和解决具体环境问题的具体方式。其次，环境标准法律制度作为基础性环境保护法律制度，其价值目标的确定应当与国家环境保护义务和环境基本法的目标保持一致，即"保护和改善环境"。再次，构建环境标准法律制度的目的就在于保障环境法与环境标准的有效融合，而在此过程中，一是需要确保环境标准在形式上满足融合的形式正当性要求，二是需要确保环境标准满足融合的内容合理性要求，三是需要确保环境标准融入环境法后实施的有效性，故而，应当将环境保护法律制度的功能定位于保障环境标准的形式合法性、内容合理性以及实施有效性。最后，在功能定位的指引下，确立由实现形式正当性保障功能的环境标准援引法律制度、实现内容合理性保障功能的环境标准制定修订法律制度以及实现实施有效性保障功能的环境标准法适用法律制度，组成的"三位一体"的环境标准法律制度体系。

我国现行的环境标准法律制度存在援引法律制度缺失、制定修订法律制度残缺以及适用法律制度混乱的问题，针对上述问题确立以构建环境标准援引法律制度、完善环境标准制定修订法律制度以及整合环境标准适用法律制度为内容的回应方案，以力求在我国能够最终形成体系完整的"三位一体"环境标准法律制度。首先，在构建环境标准援引法律制度的过程中，应明确环境标准的法律性质、优化环境标准的体系结构以及确立环境标准援引方式。其次，在完善环境标准制定修订法律制度的过程中，通过选择权威中立的标准制定主体、确定科学系统的标准制定依据以及建立开放有序的标准制定程序，完善现有残缺的环境标准制定法律制度；构建环境标准实施后评估制度以及环境标准定期复审制度，落实现有处于虚位状况的环境标准修订法律制度；建立类型划分合理、原告资格明确、审查标准清晰以及判决类型健全的环境标准诉讼制度，通过司法权约束保障环境标准制定修订的有序进行。最后，在整合环境标准适用法律制度的过程中，应当明确其核心在于确立完整的由权力制约效力、行为管制效力以及侵害矫正效力构成的环境标准效力体系，进而通过构筑与环境标准相关的政府环境义务和政府环境责任体系的方式强化现有羸弱的环境标准权力制约效力，同时在把握环境侵权责任和生态环境损害责任构成要件的前提下，重塑环境标准的侵害矫正效力，以形成完整的环境标准效力体系。

　　然而，理想的环境标准法律制度体系的形成无法毕其功于一役。虽然在整体上而言未来我国环境法治工作的重点将逐渐从立法转向法律实施，但现有环境标准法律制度在规范体系上仍存在众多的空白、混乱和不足。不难预见，我国未来环境标准法律制度的建设，需要同时面临新规范的制定和旧规范的整合两大工作，为了避免相关工作再次陷入"见招拆招"的窘境，需要在回应现实需求的同时，结合系统化、体系化的环境标准法律制度理论，以指导环境标准法律制度建设工作实践，最终在我国环境制度体系中建立体系完整、逻辑严密的环境标准法律制度。确保我国整体环境法律体系中社会理性和科学理性的互动融合，在以社会理性为基础的环境法制定与实施过程中，彰显出环境法特有的科学理性的光芒。

参考文献

一 中文参考文献

（一）著作类

［德］伯恩·魏德士：《法理学》，丁晓春、吴越译，法律出版社 2005 年版。

［德］伯恩·魏德士：《法理学》，丁晓春、吴越译，法律出版社 2013 年版。

［德］哈贝马斯：《在事实与规范之间——关于法律和民主法治国的商谈理论》，童世骏译，生活·读书·新知三联书店 2003 年版。

［德］汉斯·J. 沃尔夫等：《行政法》（第一卷），高家伟译，商务印书馆 2002 年版。

［德］卡尔·拉伦茨：《法学方法论》，陈爱娥译，商务印书馆 2003 年版。

［德］拉德布鲁赫：《法学导论》，米健、朱林译，中国大百科全书出版社 1997 年版。

［德］罗伯特·阿列克西：《法概念与法效力》，王鹏翔译，商务印书馆 2015 年版。

［德］尼古拉斯·卢曼：《法社会学》，宾凯、赵春燕译，世纪出版集团、上海人民出版社 2013 年版。

［德］施密特·阿斯曼：《秩序理念下的行政法体系建构》，林明锵

等译，北京大学出版社 2012 年版。

[德] 乌尔里希·贝克、[英] 安东尼·吉登斯、斯科特·拉什：《自反性现代化——现代社会秩序中的政治、传统与美学》，赵文书译，商务印书馆 2014 年版。

[德] 乌尔里希·贝克：《风险社会》，何博闻译，译林出版社 2004 年版。

[美] E. 博登海默：《法理学：法律哲学与法律方法》，邓正来译，中国政法大学出版社 2004 年版。

[美] 彼得·伯克、格洛丽亚·赫尔方：《环境经济学》，吴江、贾蕾译，中国人民大学出版社 2013 年版。

[美] 罗斯科·庞德：《通过法律的社会控制、法律的任务》，沈宗灵译，商务印书馆 1984 年版。

[美] 史蒂芬·布雷耶：《规制及其改革》，李洪雷、宋华琳等译，北京大学出版社 2008 年版。

[美] 约翰·克莱顿·托马斯：《公共决策中的公民参与》，孙柏英等译，中国人民大学出版社 2010 年版。

[荷] J. 施皮尔：《侵权法的统一：因果关系》，易继明等译，法律出版社 2009 年版。

[日] 交告尚史等：《日本环境法概论》，田林、丁倩雯译，中国法制出版社 2014 年版。

[日] 原田尚彦：《环境法》，于敏译，法律出版社 1999 年版。

[英] 安东尼·吉登斯：《第三条道路及其批判》，孙相东译，中共中央党校出版社 2002 年版。

[英] 安东尼·吉登斯：《失控的世界》，周云红译，江西人民出版社 2001 年版。

[英] 彼得·泰勒-顾柏、[德] 詹斯·O. 金编著：《社会科学中的风险研究》，黄觉译，中国劳动社会保障出版社 2010 年版。

[英] 查尔斯·狄更斯：《双城记》，宋兆霖译，国际文化出版公司 2015 年版。

蔡守秋：《基于生态文明的法理学》，中国法制出版社 2014 年版。

蔡守秋主编：《环境资源法教程》，高等教育出版社 2010 年版。

蔡守秋主编：《环境资源法学》，人民法院出版社 2003 年版。

曹明德：《环境侵权法》，法律出版社 2000 年版。

曹明德主编：《环境与资源保护法》，中国人民大学出版社 2013
　年版。

常纪文、王宗延主编：《环境法学》，中国方正出版社 2003 年版；

陈慈阳：《环境法总论》，中国政法大学出版社 2003 年版。

陈海嵩：《国家环境保护义务论》，北京大学出版社 2015 年版。

陈泉生主编：《环境法学》，厦门大学出版社 2008 年版。

陈新民：《德国公法学基础理论》（下），山东人民出版社 2002
　年版。

陈真亮：《环境保护的国家义务研究》，法律出版社 2015 年版。

陈忠林：《意大利刑法纲要》，中国人民大学出版社 1999 年版。

窦玉珍主编：《环境法》，清华大学出版社 2008 年版。

杜群：《环境法融合论：环境、资源、生态法律保护一体化》，科学
　出版社 2003 年版。

高中华：《环境问题抉择论》，社会科学文献出版社 2004 年版。

郭红欣：《环境风险法律规制研究》，北京大学出版社 2016 年版。

韩德培主编：《环境保护法教程》，法律出版社 2003 年版。

何海波：《法学论文写作》，北京大学出版社 2014 年版。

侯佳儒：《中国环境侵权责任法基本问题研究》，北京大学出版社
　2014 年版。

胡静：《环境法的正当性与制度选择》，知识产权出版社 2009 年版。

胡雪梅：《英国侵权法》，中国政法大学出版社 2008 年版。

黄明健：《环境法制度论》，中国环境科学出版社 2004 年版。

黄锡生、李希昆主编：《环境与资源保护法学》，重庆大学出版社
　2011 年版。

黄学贤、王太高：《行政公益诉讼研究》，中国政法大学出版社 2008

年版。

江必新主编:《中华人民共和国行政诉讼法理解适用与实务指南》, 中国法制出版社 2015 年版。

金瑞林、汪劲:《20 世纪环境法学研究评述》, 北京大学出版社 2003 年版。

金瑞林:《环境与资源保护法学》, 高等教育出版社 2013 年版。

金瑞林主编:《环境法学》, 北京大学出版社 2002 年版。

蓝文艺:《环境行政管理学》, 中国环境科学出版社 2004 年版。

李春田主编:《标准化概论》, 中国人民大学出版社 2014 年版。

李锦辉:《规范与认同——制度法律理论研究》, 山东人民出版社 2011 年版。

李清伟主编:《法理学》, 格致出版社、上海人民出版社 2013 年版。

梁慧星:《民法解释学》, 法律出版社 2015 年版。

梁上上:《利益衡量论》, 法律出版社 2016 年版。

林永生:《中国环境污染的经济追因与综合治理》, 北京师范大学出版社 2016 年版。

刘宗德:《认证认可制度研究》, 中国计量出版社 2009 年版。

吕忠梅:《环境法新视野》, 中国政法大学出版社 2000 年版。

吕忠梅:《环境法学》, 法律出版社 2004 年版。

吕忠梅主编:《环境法学概要》, 法律出版社 2016 年版。

马骧聪主编:《环境保护法》, 四川人民出版社 1998 年版。

秦天宝主编:《环境法——制度·学说·案例》, 武汉大学出版社 2013 年版。

施问超、施则虎主编:《国家环境保护标准研究》, 合肥工业大学出版社 2017 年版。

史学瀛主编:《环境法学》, 清华大学出版社 2010 年版。

史玉成、郭武:《环境法的理念更新与制度重构》, 高等教育出版社 2010 年版。

舒国滢主编:《法理学导论》, 北京大学出版社 2012 年版。

苏永钦:《私法自治中的经济理性》,中国人民大学出版社 2004 年版。

谈珊:《断裂与弥合:环境与健康风险中的环境标准问题研究》,华中科技大学出版社 2016 年版。

唐双娥:《环境法风险防范原则研究》,高等教育出版社 2004 年版。

汪劲:《环境法学》,北京大学出版社 2006 年版。

汪劲:《环境法学》,北京大学出版社 2014 年版。

汪劲主编:《环保法治三十年:我们成功了吗——中国环保法治蓝皮书(1979—2010)》,北京大学出版社 2011 年版。

汪全胜等:《立法后评估研究》,人民出版社 2012 年版。

王灿发:《环境法学教程》,中国政法大学出版社 1997 年版。

王灿发主编:《新〈环境保护法〉实施情况评估报告》,中国政法大学出版社 2016 年版。

王明远:《环境侵权救济法律制度》,中国法制出版社 2001 年版。

王社坤编著:《环境法学》,北京大学出版社 2015 年版。

王月明:《宪法学基本问题》,法律出版社 2006 年版。

王泽鉴:《民法学说与判例研究》(第一册),中国政法大学出版社 1997 年版。

王泽鉴:《侵权行为》,法律出版社 2016 年版。

奚晓明主编:《最高人民法院关于民事公益诉讼司法解释理解与适用》,人民法院出版社 2015 年版。

徐芳等编著:《现代环境标准及其应用进展》,上海交通大学出版社 2014 年版。

徐祥民等:《海上溢油生态损害赔偿的法律与技术研究》,海洋出版社 2009 年版。

徐以祥:《行政法学视野下的公法权利理论问题研究》,中国人民大学出版社 2014 年版。

薛刚凌等:《法治国家与行政诉讼——中国行政诉讼制度基本问题研究》,人民出版社 2015 年版。

薛晓源、周战超主编：《全球化与风险社会》，社会科学文献出版社
　　2005 年版。

杨冬雪等：《风险社会与秩序重构》，社会科学文献出版社 2006
　　年版。

杨志峰、刘静玲：《环境科学概论》，高等教育出版社 2010 年版。

叶必丰：《行政行为原理》，商务印书馆 2014 年版。

应松年主编：《〈中华人民共和国行政诉讼法〉修改条文释义与点
　　评》，人民法院出版社 2015 年版。

余耀军等：《环境污染责任——争点与案例》，北京大学出版社 2014
　　年版。

袁杰主编：《中华人民共和国环境保护法解读》，中国法制出版社
　　2014 年版。

张宝：《环境侵权的解释论》，中国政法大学出版社 2015 年版。

张辉：《美国环境法研究》，中国民主法制出版社 2015 年版。

张建伟：《政府环境责任论》，中国环境科学出版社 2008 年版。

张明顺主编：《环境管理》，武汉理工大学出版社 2003 年版。

张维迎：《博弈论与信息经济学》，格致出版社、上海三联书店、上
　　海人民出版社 2012 年版。

张文显：《法哲学范畴研究》，中国政法大学出版社 2001 年版。

张梓太：《环境法律责任研究》，商务印书馆 2004 年版。

章剑生主编：《行政诉讼判决研究》，浙江大学出版社 2010 年版。

周律、张孟青：《环境物理学》，中国环境科学出版社 2001 年版。

周旺生、张建华主编：《立法技术手册》，中国法制出版社 1999
　　年版。

周训芳、李爱年主编：《环境法学》，湖南人民出版社 2008 年版。

竺效：《生态损害的社会化填补法理研究》，中国政法大学出版社
　　2007 年版。

竺效：《生态损害综合预防和救济法律机制研究》，法律出版社 2016
　　年版。

卓泽渊:《法的价值论》,法律出版社 2006 年版。

　　(二) 论文类

[德] 乌尔里希·贝克:《从工业社会到风险社会（上篇）——关于
　　人类生存、社会结构和生态启蒙等问题的思考》,王武龙译,《马
　　克思主义与现实》2003 年第 3 期。

[日] 大须贺明:《环境权的法理》,林浩译,《西北大学学报》（社
　　会科学版）1999 年第 1 期。

[瑞士] 胜雅律:《从有限人权概念到普遍人权概念——人权的两个
　　阶段》,载沈宗灵、王晨光编《比较法学的新动向——国际法学会
　　议论文集》,北京大学出版社 1993 年版。

[英] Elizabeth Fisher:《风险规制中的标准制定和对责任公共行政的
　　探求》,宋华琳译,载杨建顺主编《比较行政法——方法、规制与
　　程序》,中国人民大学出版社 2007 年版。

白贵秀:《基于法学视角的环境标准问题研究》,《政法论丛》2012
　　年第 3 期。

薄晓波:《回归传统:对环境污染侵权责任归责原则的反思》,《中
　　国地质大学学报》（社会科学版）2013 年第 6 期。

毕岑岑等:《环境基准向环境标准转化的机制探讨》,《环境科学》
　　2012 年第 12 期。

蔡守秋:《从环境权到国家环境保护义务和环境公益诉讼》,《现代
　　法学》2013 年第 6 期。

蔡守秋:《论环境标准与环境法的关系》,《环境保护》1995 年第
　　4 期。

蔡守秋:《论政府环境责任的缺陷与健全》,《河北法学》2008 年第
　　3 期。

曹金根:《环境标准法律制度的困境与出路》,《河南社会科学》
　　2015 年第 11 期。

曹明德、刘明明:《论美国告发人诉讼制度及其对我国环境治理的启
　　示》,《河北法学》2010 年第 11 期。

常纪文：《环境标准的法律属性和作用机制》，《环境保护》2010 年第 9 期。

陈德敏、杜辉：《环境法学研究范式变革的基础与导向》，《南京师大学报》（社会科学版）2009 年第 3 期。

陈海嵩：《国家环境保护义务的溯源与展开》，《法学研究》2014 年第 3 期。

陈海嵩：《环境权实证效力之考察——以宪法环境权为中心》，《中国地质大学学报》（社会科学版）2016 年第 4 期。

陈虹：《环境公益诉讼功能研究》，《法商研究》2009 年第 1 期。

陈历幸：《法律规范逻辑结构问题新探——以现代西方法理学中"法律规范"与"法律规则"的不同内涵为背景》，《社会科学》2010 年第 3 期。

陈泉生、周辉：《论环境侵害与环境法理论的发展》，《东南学术》2007 年第 3 期。

陈伟：《环境标准侵权法效力辨析》，《法律科学》（西北政法大学学报）2016 年第 1 期。

陈伟：《环境质量标准的侵权法适用研究》，《中国法学》2017 年第 1 期。

陈征：《基本权利的国家保护义务功能》，《法学研究》2008 年第 1 期。

邓海峰：《环境容量的准物权化及其权利构成》，《中国法学》2005 年第 4 期。

邓可祝：《美国环境质量标准诉讼及其启示》，《上海政法学院学报》（法治论丛）2014 年第 2 期。

杜辉：《论制度逻辑框架下环境治理模式之转换》，《法商研究》2013 年第 1 期。

杜宇：《再论刑法上之"类型化"思维——一种基于"方法论"的扩展性思考》，《法制与社会发展》2005 年第 6 期。

冯彦君：《论职业安全权的法益拓展与保障之强化》，《学习与探索》

2011 年第 1 期。

高利红、周勇飞：《环境法的精神之维——兼评我国新〈环境保护法〉之立法目的》，《郑州大学学报》（哲学社会科学版）2015 年第 1 期。

高秦伟：《政策形成与司法审查——美国谢弗林案之启示》，《浙江学刊》2006 年第 6 期。

宫希魁：《地方政府公司化倾向及其治理》，《财经问题研究》2011 年第 4 期。

龚向和、刘耀辉：《基本权利的国家义务体系》，《云南师范大学学报》（哲学社会科学版）2010 年第 1 期。

龚向和：《国家义务是公民权利的根本保障——国家与公民关系新视角》，《法律科学》（西北政法大学学报）2010 年第 4 期。

巩固：《环境法律观检讨》，《法学研究》2011 年第 6 期。

巩固：《美国环境公民诉讼之起诉限制及其启示》，《法商研究》2017 年第 5 期。

巩固：《政府激励视角下的〈环境保护法〉修改》，《法学》2013 年第 1 期。

郭俊杰、邓江平：《对专家使用和管理的问题分析及对策建议》，《中国政府采购》2013 年第 3 期。

郭淑珍：《科技领域的风险决策之研究——以德国法为中心》，硕士学位论文，台湾大学法律研究所，1998 年。

何佩佩、邹雄：《再探环境法之目的》，《社会科学家》2015 年第 5 期。

何鹰：《强制性标准的法律地位——司法裁判中的表达》，《政法论坛》2010 年第 2 期。

侯茜、宋宗宇：《环境侵权责任中的因果关系》，《社会科学家》2006 年第 3 期。

侯佳儒：《环境法兴起及其法学意义：三个隐喻》，《江海学刊》2009 年第 5 期。

胡苑、郑少华：《从威权管制到社会治理——关于修订〈大气污染防治法〉的几点思考》，《现代法学》2010 年第 6 期。

黄辉：《设立环境保护专门审判组织的理论思考》，《东南学术》2010 年第 5 期。

黄锡生、谢玲：《论环境标准制度中“日落条款”的设置》，《重庆大学学报》（社会科学版）2016 年第 1 期。

江必新：《行政程序正当性的司法审查》，《中国社会科学》2012 年第 7 期。

江山：《法律革命：从传统到超现代——兼谈环境资源法的法理问题》，《比较法研究》2000 年第 1 期。

蒋莉、白林：《关于完善我国环境标准体系的若干思考》，《理论导刊》2012 年第 5 期。

焦洪昌：《“国家尊重和保障人权”的宪法分析》，《中国法学》2004 年第 3 期。

解亘：《论管制规范在侵权行为法上的意义》，《中国法学》2009 年第 2 期。

柯华庆：《实效主义法学方法如何可能》，《法学研究》2013 年第 6 期。

柯坚：《事实、规范与价值之间：环境法的问题立场、学科导向与实践指向》，《南京工业大学学报》（社会科学版）2014 年第 1 期。

蓝麒、刘瑾：《标准化法的变迁与演进——新制度经济学视角的观察》，《河南财经政法大学学报》2017 年第 3 期。

雷磊：《法律规则的逻辑结构》，《法学研究》2013 年第 1 期。

李步云、邓成明：《论宪法的人权保障功能》，《中国法学》2002 年第 3 期。

李启家、蔡文灿：《论我国排污许可证制度的整合与拓展》，载吕忠梅主编《环境资源法论丛》（第 6 卷），法律出版社 2006 年版。

李启家：《环境法领域利益冲突的识别与衡平》，《法学评论》2015 年第 6 期。

李容华：《后工业社会背景下我国〈标准化法〉的修改》，《河南财经政法大学学报》2017 年第 3 期。

李晓林：《法律与标准关系简析》，《标准科学》2009 年第 11 期。

李兴宇：《论我国环境民事公益诉讼中的"赔偿损失"》，《政治与法律》2016 年第 10 期。

李岩：《我国环境标准体系现状分析》，《上海环境科学》2003 年第 2 期。

李艳芳：《公众参与环境保护的法律制度建设——以非政府组织（NGO）为中心》，《浙江社会科学》2004 年第 2 期。

李挚萍：《论以环境质量改善为核心的环境法制转型》，《重庆大学学报》（社会科学版）2017 年第 2 期。

李挚萍：《论政府环境法律责任——以政府对环境质量负责为基点》，《中国地质大学学报》（社会科学版）2008 年第 2 期。

梁忠：《论环境问责的归责原则》，硕士学位论文，西南政法大学，2016 年。

廖建凯、黄琼：《环境标准与环境法律责任之间的关系探析》，《环境技术》2005 年第 2 期。

廖丽、程虹：《法律与标准的契合模式研究——基于硬法与软法的视角及中国实践》，《中国软科学》2013 年第 7 期。

林明锵：《论基本国策——以环境基本国策为中心》，载李鸿禧教授六十华诞祝贺论文集编辑委员会编《现代国家与宪法——李鸿禧教授六十华诞祝贺论文集》，月旦出版有限公司 1997 年版。

刘东亮、郑春燕：《宪法基本国策研究》，《西南政法大学学报》2000 年第 1 期。

刘恒、吴堉琳：《行政不作为的行动逻辑及其治理》，《南京社会科学》2017 年第 9 期。

刘三江等：《强制性标准的性质：文献与展望》，《学术界》2016 年第 2 期。

刘莘、吕艳滨：《政府信息公开研究》，《政法论坛》2003 年第 2 期。

刘卫先：《我国环境法学研究中的盲目交叉及其克服》，《郑州大学学报》（哲学社会科学版）2015 年第 6 期。

刘卫先：《环境风险类型化视角下环境标准的差异化研究》，《中国人口·资源与环境》2019 年第 7 期。

刘卫先：《科学与民主在环境标准制定中的功能定位》，《中州学刊》2019 年第 1 期。

刘艳阳等：《气象强制性标准与法律法规的协调性研究》，《标准科学》2016 年第 12 期。

刘艺：《检察公益诉讼的司法实践与理论探索》，《国家检察官学院学报》2017 年第 2 期。

刘志坚、宋晓玲：《政府公务员行政责任价值论》，《西北师大学报》（社会科学版）2013 年第 3 期。

柳经纬：《标准的规范性与规范效力——基于标准著作权保护问题的视角》，《法学》2014 年第 8 期。

柳经纬：《标准与法律的融合》，《政法论坛》2016 年第 6 期。

栾志红：《论环境标准在行政诉讼中的效力——以德国法上的规范具体化行政规则为例》，《河北法学》2007 年第 3 期。

吕忠梅、焦艳鹏：《中国环境司法的基本形态、当前样态与未来发展——对〈中国环境司法发展报告（2015—2017）〉的解读》，《环境保护》2017 年第 18 期。

吕忠梅、刘超：《环境标准的规制能力再造——以对健康的保障为中心》，《时代法学》2008 年第 4 期。

吕忠梅、杨诗鸣：《控制环境与健康风险：美国环境标准制度功能借鉴》，《中国环境管理》2017 年第 1 期。

马怀德：《〈行政诉讼法〉存在的问题及修改建议》，《法学论坛》2010 年第 5 期。

彭本利、蓝威：《环境标准基础理论问题探析》，《玉林师范学院学报》2006 年第 1 期。

彭本利：《完善我国环境标准制定程序的立法建议》，《玉林师范学院学报》2008 年第 2 期。

皮纯协、王丛虎：《行政主体的行政法律责任的演进》，《行政法学研究》2000 年第 2 期。

秦立栓等：《国家自然科学基金项目评审专家管理办法改进研究》，《中国高校科技》2017 年第 4 期。

秦鹏等：《环境治理公众参与的主体困境与制度回应》，《重庆大学学报》（社会科学版）2016 年第 4 期。

秦天宝、段帷帷：《中国环境侵权案件审理机制的新发展——基于最高人民法院公布的十起案例》，《武汉大学学报》（哲学社会科学版）2016 年第 6 期。

施志源：《环境标准的法律属性与制度构成——对新〈环境保护法〉相关规定的解读与展开》，《重庆大学学报》（社会科学版）2016 年第 1 期。

施志源：《环境标准的现实困境及其制度完善》，《中国特色社会主义研究》2016 年第 1 期。

宋华琳：《论行政规则对司法的规范效应——以技术标准为中心的初步观察》，《中国法学》2006 年第 6 期。

宋亚辉：《环境管制标准在侵权法上的效力解释》，《法学研究》2013 年第 3 期。

宋宗宇、王热：《环境侵权诉讼中的因果关系推定》，《中国人口·资源与环境》2008 年第 5 期。

孙佑海：《排污许可制度：立法回顾、问题分析与方案建议》，《环境影响评价》2016 年第 2 期。

谭启平：《符合强制性标准与侵权责任承担的关系》，《中国法学》2017 年第 4 期。

田信桥、吴昌东：《环境标准的法学分析》，《标准科学》2009 年第 12 期。

田兆阳：《论行政首长负责制与权力制约机制》，《政治学研究》1999 年第 2 期。

汪全胜：《论立法后评估主体的建构》，《政法论坛》2010 年第 5 期。

王彬辉：《加拿大环境标准制定程序及对中国的启示》，《环境污染与防治》2011 年第 3 期。

王冰、杨虎涛：《论正外部性内在化的途径与绩效——庇古和科斯的正外部性内在化理论比较》，《东南学术》2002 年第 6 期。

王春磊：《环境标准的法律效力——问题梳理及实践动向》，《中州学刊》2016 年第 11 期。

王春磊：《环境标准法律效力再审视——以环境义务为基点》，《甘肃社会科学》2016 年第 6 期。

王贵松：《行政诉讼判决对行政机关的拘束力——以撤销判决为中心》，《清华法学》2017 年第 4 期。

王利明：《我国〈侵权责任法〉采纳了违法性要件吗?》，《中外法学》2012 年第 1 期。

王世川等：《我国法律制定程序对强制性标准管理之借鉴》，《中国标准化》2013 年第 8 期。

王世进、曾祥生：《侵权责任法与环境法的对话：环境侵权责任最新发展——兼评〈中华人民共和国侵权责任法〉第八章》，《武汉大学学报》（哲学社会科学版）2010 年第 3 期。

王世涛、刘雨嫣：《抽象行政行为司法审查制度设计的规范分析》，《青海社会科学》2016 年第 1 期。

王树义：《环境治理是国家治理的重要内容》，《法制与社会发展》2014 年第 5 期。

王树义：《论生态文明建设与环境司法改革》，《中国法学》2014 年第 3 期。

王万山、谢六英：《正外部性激励优化的经济分析》，《江西农业大学学报》（社会科学版）2007 年第 2 期。

王伟：《浅析我国强制性标准的法律化——以农业环境标准为例》，《生态经济》2012 年第 10 期。

王文革：《论中国环境知情权法律保护现状、问题及完善对策》，

《内蒙古社会科学》（汉文版）2009 年第 4 期。

王文革：《我国能效标准和标识制度的现状、问题与对策》，《中国
　　地质大学学报》（社会科学版）2007 年第 2 期。

王曦：《当前我国环境法制建设亟需解决的三大问题》，《法学评论》
　　2008 年第 4 期。

王曦：《论新时期完善我国环境法制的战略突破口》，《上海交通大
　　学学报》（哲学社会科学版）2009 年第 2 期。

王曦、卢锟：《规范和制约有关环境的政府行为：理论思考和制度设
　　计》，《上海交通大学学报》（哲学社会科学版）2014 年第 2 期。

韦敏、蔡仲：《规制性科学视角下我国 PM2.5 标准制定中的“反向
　　规制”》，《科学学研究》2016 年第 11 期。

吴建依：《论行政公开原则》，《中国法学》2000 年第 3 期。

吴凯：《论领域法学研究的动态演化与功能拓展——以美国“领域
　　法”现象为镜鉴》，《政法论丛》2017 年第 1 期。

吴卫星：《生态危机的宪法回应》，《法商研究》2006 年第 5 期。

吴志红：《行政公产视野下的政府环境法律责任初论》，《河海大学
　　学报》（哲学社会科学版）2008 年第 3 期。

喜子：《反思与重构：完善行政诉讼受案范围的诉权视角》，《中国
　　法学》2004 年第 1 期。

肖攀：《建立以保障健康为中心的环境标准制度》，载《生态安全与
　　环境风险防范法治建设——2011 年全国环境资源法学研讨会论文
　　集》，广西桂林，2011 年 8 月 6—9 日。

熊选国、牛克乾：《试论单位犯罪的主体结构——“新复合主体论”
　　之提倡》，《法学研究》2003 年第 4 期。

徐健：《19 世纪初德国的自由主义国家理论及其实践》，《北京大学
　　学报》（哲学社会科学版）2007 年第 2 期。

徐全兵：《检察机关提起行政公益诉讼的职能定位与制度构建》，
　　《行政法学研究》2017 年第 5 期。

徐祥民、邓一峰：《环境侵权与环境侵害——兼论环境法的使命》，

《法学论坛》2006 年第 2 期。

徐祥民：《环境污染责任解析——兼谈〈侵权责任法〉与环境法的关系》，《法学论坛》2010 年第 2 期。

徐祥民：《环境质量目标主义：关于环境法直接规制目标的思考》，《中国法学》2015 年第 6 期。

徐祥民：《环境权论——人权发展历史分期的视角》，《中国社会科学》2004 年第 4 期。

徐晓明：《行政许可后续监管体系中双罚制引入问题研究》，《现代法学》2012 年第 3 期。

徐以祥、周骁然：《论环境民事公益诉讼目的及其解释适用——以"常州毒地"公益诉讼案一审判决为切入点》，《中国人口·资源与环境》2017 年第 12 期。

徐以祥：《风险预防原则和环境行政许可》，《西南民族大学学报》（人文社科版）2009 年第 4 期。

徐以祥：《公众参与权利的二元性区分——以环境行政公众参与法律规范为分析对象》，《中南大学学报》（社会科学版）2018 年第 2 期。

徐以祥：《行政法上请求权的理论构造》，《法学研究》2010 年第 6 期。

徐以祥：《环境权利理论、环境义务理论及其融合》，《甘肃政法学院学报》2015 年第 2 期。

徐以祥：《论环境民事侵权的证明责任》，《现代法学》2002 年第 5 期。

许海波：《论单位犯罪自然人承担刑事责任的根据》，《山东警察学院学报》2005 年第 5 期。

许育典：《国家目标条款》，《月旦法学教室》2005 年第 30 期。

许宗力：《行政法对民、刑法的规范效应》，载葛克昌、林明锵主编《行政法实务与理论》，元照出版有限公司 2003 年版。

杨朝霞：《论环境标准的法律地位——对主流观点的反思与补充》，

《行政与法》2008 年第 1 期。

杨春桃：《我国〈环境保护法〉中政府环境责任追究制度的重构——以美国、日本环境立法经验为参照》，《中国政法大学学报》2013 年第 3 期。

杨建顺：《论行政诉讼判决的既判力》，《中国人民大学学报》2005 年第 5 期。

杨素娟：《论环境侵权诉讼中的因果关系推定》，《法学评论》2003 年第 4 期。

杨雪冬：《风险社会理论述评》，《国家行政学院学报》2005 年第 1 期。

尤明青：《论环境质量标准与环境污染侵权责任的认定》，《中国法学》2017 年第 6 期。

于安：《行政诉讼的公益诉讼和客观诉讼问题》，《法学》2001 年第 5 期。

于文轩：《环境司法专门化视阈下环境法庭之检视与完善》，《中国人口·资源与环境》2017 年第 8 期。

张嘉尹：《环境保护入宪的问题——德国经验的初步考察》，《月旦法学杂志》1987 年 7 月第 38 期。

张敏纯：《论行政管制标准在环境侵权民事责任中的类型化效力》，《政治与法律》2014 年第 10 期。

张明楷：《行政刑法辨析》，《中国社会科学》1995 年第 3 期。

张琪：《论当代中国法律责任的目的、功能与归责的基本原则》，《中外法学》1999 年第 6 期。

张翼：《论人权与基本权利的关系——以德国法和一般法学理论为背景》，《法学家》2010 年第 6 期。

张艳、李广德：《技术标准的规范分析——形式法源与实质效力的统一》，《华北电力大学学报》（社会科学版）2014 年第 2 期。

张晏、汪劲：《我国环境标准制度存在的问题及对策》，《中国环境科学》2012 年第 1 期。

张晏：《风险评估的适用与合法性问题——以环境标准制定为中心》，
载沈岿主编《风险规制与行政法新发展》，法律出版社 2013 年版。

张义清：《基本国策的宪法效力研究》，《社会主义研究》2008 年第
6 期。

张玉敏、李益松：《侵权法上因果关系理论的反思》，《云南大学学
报》（法学版）2005 年第 6 期。

张震：《环境权的请求权功能：从理论到实践》，《当代法学》2015
年第 4 期。

赵绘宇、赵晶晶：《污染物总量控制的法律演进及趋势》，《上海交
通大学学报》（哲学社会科学版）2009 年第 1 期。

赵立新：《环境标准的健康价值反思》，《中国地质大学学报》（社会
科学版）2010 年第 4 期。

赵鹏：《风险、不确定性与风险与预防原则》，载沈岿主编《风险规
制与行政法新发展》，法律出版社 2013 年版。

赵树凯：《地方政府公司化：体制优势还是劣势？》，《文化纵横》
2012 年第 2 期。

赵树坤：《我国法理学中"法律规则"论拷问》，《法学论坛》2013
年第 5 期。

周珂、罗晨煜：《论环境权"入法"：从人权中来，到人权中去》，
《人权》2017 年第 4 期。

周珂、史一舒：《环境行政决策程序建构中的公众参与》，《上海大
学学报》（社会科学版）2016 年第 2 期。

周珂、张卉聪：《论我国可持续发展法律后评估》，《上海大学学报》
（社会科学版）2013 年第 5 期。

周启星等：《环境基准值的科学研究与我国环境标准的修订》，《农
业环境科学学报》2007 年第 1 期。

周启星、王如松：《乡村城镇化水污染的生态风险及背景警戒值的研
究》，《应用生态学报》1997 年第 3 期。

周骁然：《环境标准在环境污染责任中的效力重塑——基于环境物理

学定律的类型化分析》，《中国地质大学学报》（社会科学版）
2017 年第 1 期。

周骁然：《论环境民事公益诉讼中惩罚性赔偿的制度构建》，《中南
大学学报》（社会科学版）2018 年第 2 期。

周骁然：《民法典中环境侵权原因行为的立法选择——基于法学、环
境科学的交叉视野》，《安徽大学学报》（哲学社会科学版）2018
年第 1 期。

周佑勇、刘艳红：《行政刑法性质的科学定位——从行政法与刑法的
双重视野考察》（上），《法学评论》2002 年第 2 期。

（三）其他类

《环境科学大辞典》委员会：《环境科学大辞典》（修订版），中国环
境科学出版社 2008 年版。

李军：《完善标准体系，保障人体健康——环境标准应综合考量技术
水平和社会经济实力等因素》，《中国环境报》2014 年 1 月 7 日。

梁忠：《制定排污许可管理条例正当其时》，《中国环境报》2017 年
11 月 29 日。

刘家璞、于琰峻：《提起公益诉讼应是检察机关重要履职方式》，
《检察日报》2017 年 4 月 24 日。

田世宏：《关于〈中华人民共和国标准化法（修订草案）〉的说
明——2017 年 4 月 24 日在第十二届全国人民代表大会常务委员会
第二十七次会议上》，http://www.npc.gov.cn/npc/xinwen/2017-
11/07/content_ 2031365.htm。

夏征农、陈至立主编：《辞海》（第六版彩图本），上海辞书出版社
2009 年版。

张帆：《环境标准制度应以公众健康保障为中心》，《中国经济时报》
2009 年 3 月 12 日。

中国百科大辞典编委会编：《中国百科大辞典》，华夏出版社 1990
年版。

中国社会科学院语言研究所词典编辑室编：《现代汉语词典》，商务

印书馆 2012 年版。

中华人民共和国最高人民法院：《中国环境资源审判（2016—2017）》（白皮书），http：//www. court. gov. cn/zixun-zhuanti-aHR0cDovL3d3dy5jaGluYWNvdXJ0Lm9yZy9hcnRpY2xlL3N1YmplY3RkZXRhaWwvaWQvTXpBBd05NaElOSUFCQUElM0QlM0Quc2h0bWw. html。

周扬胜、张国宁：《环境空气质量标准还需法律准绳》，《中国环境报》2015 年 7 月 8 日。

二　外文参考文献

Daniel A. Farber and Roger W. Findley, *Environmental Law in a Nut Shell*, St.Paul：West Publishing Co., 2010.

D.M.Connor, "A New Ladder of Citizen Participation", *National Civil Review*, Vol.77, No.3, 1988.

Fernández M.D., Vega M.M.and Tarazona J.V., "Risk-Based Ecological Soil Quality Criteria for the Characterization of Contaminated Soils：Combination of Chemical and Biological Tools", *Science of the Total Environment*, No.366, 2006.

Harper & Row, Publishers, Inc. H.Maslow, *Motivation and Personality*, Maslow, 1954.

H.L.A.Hart, *Concept of Law*, London：Oxford University Press, 1961.

J.J.H.van Kempen, "Countering the Obscurity of Obligations in European Environmental Law：An Analysis of Article 4 of the European Water Framework Directive", *Journal of Environmental Law*, Vol.24, No.3, 2012.

James Salzman and Barton H.Thompson, J.R., *Environmental Law and Policy*, St.Paul：West Academic, 2014.

Joseph L.Sax, "The Public Trust Doctrine in Nature Resources Law：Effective Judicial Intervention", *Michigan Law Review*, Vol.68, No.4, 1970.

Jonathan R. Nash, *Environmental Law and Policy*, New York: Aspen Publishers, 2010.

Maurie J.Cohen, "Risk Society and Ecological Modernisation: Alternative Visions for Post-Industrial Nations", *Futures*, Vol.29, No.2, 1997.

P.S.Cohen, *The Modern Social Theory*, New York: Basic Books, 1968.

Piet Strydomed., *Risk, Environment, and Society: Ongoing Debates, Current Issues, and Future Prospects*, Buckingham: Open University Press, 2002.

Richard L. Revesz, *Environmental Law and Policy*, New York: Foundation Press, 2015.

Russo R.C., "Development of Marine Water Quality Criteria for the USA", *Marine Pollution Bulletin*, No.45, 2002.

Sherry Arnstein, "A Ladder of Citizen Participation", *Journal of the American Institute of Planners*, No.4, 1969.

US Environmental Protection Agency, *Water Quality Criteria and Standards Plan- Priorities for the Future* (*EPA 822- R- 98- 003, Office of Water*), Washington D.C., 1998.

Wu F.C., Meng W.and Zhao X.L., et al., "China Embarking on Development of Its Own National Water Quality Criteria System", *Environmental Science & Technology*, Vol.44, No.21, 2010.

索　引

后　　记

　　本书是在我同名博士学位论文的基础上，在国家社科基金后期资助项目之优秀博士论文资助项目的支持下，经过整理、修改后形成。每每翻开一本环境法学教材，总能在关于环境法特征的介绍中看到有关环境法科技性（科学性）的阐述。从接触环境法学之初，我就一直在思考环境法的科技性究竟该如何体现在环境法律制度以及具体环境法律规范之中。随着对环境法学理论的不断深入学习，我逐渐认识到环境法科技性的关键，在于将现有能够为人类所掌握和认知的自然生态规律融入规范人类行为的法律规范之中。而环境标准法律制度的功能，就在于保障体现自然生态规律的环境标准，按照法律规范的逻辑结构融入环境法律体系，并同时保障环境标准内容的合理以及实施的有效。毫不夸张地说，环境标准法律制度乃是环境法科技性特征的灵魂所在。

　　在先前的研究成果中，对于环境标准法律制度的研究，多集中于环境标准制定程序、环境标准在侵权法中的效力以及环境标准与环境法关系等具体命题。对于环境标准法律制度的整体性研究，更多处于寥寥数言、浅尝辄止的状态。这也坚定了我从环境标准法律制度生成的社会基础入手；通过阐明环境标准法律制度在整体国家法律制度体系中的地位，及其自身的价值目标、功能定位以及体系结构；并结合我国环境标准法律制度的现状及存在的问题，全面地分析和把握整体环境标准法律制度，并针对我国环境标准制度存在的问题提出完善方案。遗憾的是，在博士论文写作及书稿修改过程中，我愈发清醒地认识到，欲驾驭此论题不仅需要系统的环境法学理论支撑，更需要诸如宪法学、民商法学、诉讼法学等其他法学二级学科，乃至环境科学、生态学、经济学、管理学等其他一级学科的理论支撑。在此过程中，我深感自己在浩若星辰的理论世界中的渺小。由于自身对于前述理论及知识储备的薄弱，导致本书虽然几经修改仍然存在诸多不足与遗憾。这些不足与遗憾，注定了本书出版只是我理论研究过程中的一个起点，它们将鞭策我在今后的研究中更加勤奋、努力，以支撑我对环境标准法律制度，乃至环境法科技性特征作更加深入、全面的思考。

在本书完成之际，最应该感谢的是我的博士导师徐以祥老师。《师说》有云：“师者，所以传道授业解惑也。”感谢恩师以您自身平和谦逊、刻苦严谨的治学之道，教会了学生在学术研究这条道路上，唯有秉持兼容并包、孜孜不倦、认真细致的品格，方能不迷失于这纷繁复杂的花花世界。感谢恩师将您融汇中西、逻辑严密的学术思想与理论，通过深入浅出、简单朴实的方式毫无保留地传授于学生，虽然时至今日仍未能完全掌握其要义，但也足以让学生对环境法学有相对全面、系统的认识。感谢恩师每每在学生疑惑困顿之时，总能切中要害、醍醐灌顶地解开学生心中的谜团。世有伯牙，子期无憾也；吾有恩师，学生之幸也！同时还要感谢师母鸿雁老师，在困难甚至艰辛的博士研究生学习过程中，您不仅时时地提醒学生要加强锻炼、保重身体，还总以您爽朗明亮的笑容向我传递着不断前行的动力与勇气。

再次感谢我的硕士导师杨士龙老师，如果没有您的收留，学生或许根本不会有继续求学的机会；没有您的鼓励，学生或许仍然不能放下过去、放眼未来；没有您的鞭策，学生或许早已迷失自我、浑浑噩噩。在博士研究生学习及留渝工作后，身处重庆的我无法常常向您求教学习，但在有限的见面时间内，您不仅关心学生的学习、工作状况，还常常以您独特的视角和观点解答学生心中存有的疑惑。可以说没有您的帮助和引导，就没有今天已经收获博士学位的学生，也更加不会有这本以博士学位论文为基础的专著的出版。

回顾博士学位论文及书稿的完成过程，需要感谢每一位对书稿直接给予帮助和支持的老师。首先，要感谢论文开题组的刘俊老师、张志辽老师、赵爽老师和张辉老师。在论文开题答辩时，你们在给予学生肯定、支持的同时，也用真知灼见为学生指明本选题写作过程中的重点及可能存在的难点，使学生的写作思路能够更加清晰、明确。其次，感谢预答辩组的刘俊老师和张志辽老师，在论文初稿形成之时，及时指出了初稿中存在的诸多不足及缺失，使得学生的论文能够得以展开进一步的修改和完善。再次，感谢博士论文的各位评阅专家及答辩组的曹明德老师、秦天宝老师、秦鹏老师、刘俊老师和胡大武老师，你们不但在评阅和答辩中对论文提出了宝贵的修改意见，也因为你们的厚爱使得该论文获得西南政法大学优秀博士学位论文的称号。感谢国家社科基金后期资助项目的评审专家，是你们的肯定使得本书获得首批国家社科基金后期资助项目之优秀博士论文资助项目的资助，你们在通信评审中提出的修改建议，也促成了本书最终的修改完善。最后，感谢国家社科规划办的董俊华老师、刘凯老师、刘冰老师和毕艳璐老师，在整体项目进行过程中给予的指导和帮助；感谢中国社会科学出版社的梁剑琴老师和周慧敏老师，感谢你们在书稿编辑、校对和出版过程中的专业指导和辛勤付出。

感谢博士求学生涯中的每一位伴行者和同行者。感谢亦师亦友的战东升老师，每每与您研讨总能感受到留日学者的严谨与细致，骁然受益良多。感谢彭致强老师在博士学习期间的支持与鼓励，您给予的帮助与支持使学生的学习过程更加顺利、自如。感谢张焱师兄、谭先银师兄、张文波师兄、莫张勤师姐、王宏师兄以及同窗好友徐永德博士、唐军博士、王文文博士、钟颖博士、陈建博士和李兴宇博士在我求学道路上的诸多鼓励和帮助。感谢与我一起分享快乐、共担忧愁的房建恩博士、刘恒科博士、徐超博士、陈鸣博士、杨丽梅博士、薛艳华博士、廖呈钱博士、陈耿华博士、向超博士、何松龄博士以及最帅的忠哥（北京大学梁忠博士）、江哥（重庆大学何江博士）和彪哥（西南政法大学杨昌彪博士）。感谢西南政法大学经济法学院这个优秀并温暖的集体，感谢这个集体中的每一位成员，在你们的言传身教下，骁然逐渐领悟到了何谓"西政精神"、何谓"西政经济法人"。

感谢我的家人，尤其是我的奶奶。自我开始攻读博士研究生，您就一直在与病魔相抗争，我论文写作期间您的病情迅速恶化，您还不忘让父亲转告我要认真完成论文、切勿挂念。我也不断努力加快论文写作的进度，只盼在论文提交评审后能够及时归家。然事与愿违，在论文即将提交之际，您永远地离开了我，划过天际的飞机也没能赶上您离开的步伐，这份遗憾时至今日不曾淡忘。感谢爷爷对我的理解，在奶奶去世的大丧之期仍不忘催促我归校完成论文。感谢外公、外婆、父亲、母亲一直以来对我的无限支持和包容。感谢伴我一路走来的爱妻苗元菡，"死生契阔，与子成说。执子之手，与子偕老"。

谨以此书献给我的奶奶！

周骁然

2020 年 2 月于春城昆明